物流客户服务与管理系列规划教材

物流客户心理学

周爱国　卢发翠　主　编

中国物资出版社

图书在版编目（CIP）数据

物流客户心理学/周爱国，卢发翠主编．—北京：中国物资出版社，2009.3
（2015.7 重印）
（物流客户服务与管理系列规划教材）
ISBN 978－7－5047－3038－1

I. 物… Ⅱ. ①周…②卢… Ⅲ. 物资企业－企业管理：销售管理－商业心理学
Ⅳ. F253　F713.55

中国版本图书馆 CIP 数据核字（2009）第 016414 号

策划编辑　张　茜
责任编辑　刘泽刚
责任印制　方朋远
责任校对　孙会香　梁　凡

中国物资出版社出版发行
网址：http://www.clph.cn
社址：北京市西城区月坛北街 25 号
电话：(010) 68589540　邮政编码：100834
全国新华书店经销
中国农业出版社印刷厂印刷
开本：710mm×1000mm　1/16　印张：14.5　字数：284 千字
2009 年 3 月第 1 版　　2015 年 7 月第 2 次印刷
书号：ISBN 978－7－5047－3038－1/F・1189
印数：4001—5000 册
定价：26.00 元
（图书出现印装质量问题，本社负责调换）

序 言

拓展客户难,维持客户更难,经济越是不景气,客户资源就越是稀缺,于是客户关系管理越来越风靡。

当今是一个客户革命的时代,客户凌驾于各路商家之上成了指点江山的上帝。他们拥有选择的权力,任随自己的意愿和好恶在目不暇接、铺天盖地的产品或服务面前左挑右选;他们决定企业的销售,决定企业的生产,甚至决定企业组织的设计。一言以蔽之,客户几乎决定一切!这对于任何企业包括成长中的物流企业在内,面对纷纷抢滩中国的跨国企业,面对越来越挑剔的客户,能否拥有一支一流的客户服务团队和提供优秀的客户服务是企业生存或覆灭的关键。

但是,我们对物流客户服务管理的探索才刚刚起步,物流客户服务人员的客服意识和能力亟待提升,很多物流企业的客户服务中心往往只是一个被动地接受投诉的地方。从这个意义上讲,提高物流客户服务人员的服务意识,加强物流客户服务队伍素质技能的培训是物流企业面临的一个十分重要的课题。

正是在这样的背景下,由周爱国先生担任丛书主编的,面向中、高等职业教育的物流客户服务与管理系列规划教材《物流客户拓展实务》、《物流大客户管理》、《物流客户关系管理实务》、《物流客户投诉与危机处理》、《物流客户心理学》等,即将由中国物资出版社正式出版,这对完善我国物流理论体系,填补物流客户服务专业教材的空白,培养高质量的物流客户服务人才将具有极大的推动作用!我作为中国物流与采购联合会的副会长,应作者和出版社之邀,很乐意为本套教材的出版写几句话,以示支持!

本套物流客户服务与管理系列规划教材是在借鉴并大胆引入德国职业教育"行动导向法"(以培养学生职业行动能力为导向,重在提升学生专业能力、社会交往能力和自主能力的教学方法)成功经验的基础上,结合我国物流职业教育发展的现状和物流企业的实际,经过一年多的精心准备和反复酝酿编写而成的。透过全新的模块式结构和精彩内容,我认为本套教材鲜明地体现了以下几方面的特点:

第一,有机融入了"行动导向"这一先进教学理念。整个系列教材按单元式布局,打破学科体系,按模块来组织教材内容。树立就业为导向,以适应客户服务工作岗位的能力要求。

　　第二，以能力本位为主，坚持知识、能力、素质协调发展。依据物流客户服务职业能力需求，坚持能力训练与实战操作并重，围绕物流客户服务岗位业务流程，以知识够用、实用为原则，旨在提高职校生或物流客户服务人员的基本执业能力。

　　第三，充分考察并全面分析职校生的学情，体例鲜活经典，以真正贴近职校生的实际。全套教材体例新颖，图文并茂，体现操作性，突出实战性，增强趣味性。每单元由学习导航、案例导读（或营销寓言）、案例赏析、能力训练、小思考、单元小结、关键词集成、考点自测等主要体例构成。为方便教师教学，每本教材还配有电子教案。

　　第四，坚持实用性与前瞻性的有机统一，把知识点分为必备知识和知识拓展。强化实训环节，形成了"必备理论＋实用技能＋经典案例"的教材特色。每单元开设了知识小链接、小贴士、心理测试等栏目，这既是学生基本知识的一种延伸，又为学生或企业客服人员自学引导、拓展相关知识提供了前沿资料，也为教学活动提供了课堂讨论素材。

　　第五，有一支较强的编写团队和作者阵容。以周爱国为丛书主编的这支主、参编队伍，既有现代物流客户服务理念和长期从事物流职业教育的经历，又有一定的客户服务和营销实战经验，以及丰厚的理论功底，还有专家的认真审定和出版社的层层把关，从而确保了本套教材的质量。

　　总之，这套物流客户服务与管理系列规划教材，是一套集理论性、实用性、系统性于一体，编撰精良、技能性强的物流客户服务和营销岗位工作操作指南，也是帮助物流职场人士增强自身能力的不可多得的一套实用培训教材。

　　当然，任何事物都有一个从不成熟、不完善到逐步成熟、逐步完善的发展过程，物流客户服务与管理系列规划教材的编写也不例外。应该说，这项工作还刚起步，要一步到位，尽善尽美也不太现实，而且还有很长的路要走。作者和出版社为编写本套系列教材进行了大胆探索和创新，希望这种探索和创新能起到抛砖引玉的作用，为推动我国物流客户服务教育事业的发展，为物流企业的做强做大作出一份宝贵的贡献。

2008 年 8 月

前　言

本书根据目前我国职业技术院校学生的特点和培养目标，以物流企业客户服务岗位员工应知应会的知识为线索，重点介绍物流客户服务中的心理学问题。坚持模拟实训与实战操作并重，力求对物流客户心理学的基本理论与实践应用作较为全面、系统、科学的阐述，从而形成"必备理论＋实用技能＋经典案例"之教材特色。本书是物流客户服务与管理专业系列规划教材之一，既可作为（中、高职）职业技术院校物流客服专业教材，又可作为物流相关专业学员短期培训学习的专业用书。

本书以"浅显、够用、实用"为编写原则，立足于物流客户服务人员对物流客户心理学知识的了解和掌握，以强调建立自我价值、创设自我影响力、开发自我创造力为基点，探讨在物流过程中与客户交流的一些基本规律、处理方式和策略等问题。以实例分析为主，力图使学员了解和掌握物流客户心理学的相关基础知识与实际应用技巧。

本教材每单元由学习导航、案例导读、案例赏析、小思考、单元小结、关键词集成、考点自测、心理测试、测试答案等主要体例构成。所列举的案例，既有典型的模仿意义，又通俗易懂，目的是强化学习的针对性和参考性。每单元都配有实训巩固和案例综合分析题，让学员在学习理论的同时又能培养实际操作意识，强化对知识的理解领悟，从而提高执业能力。另外，每单元还插入了知识小链接、小贴士等栏目，为读者拓展相关知识提供了前沿资料，也为教学活动提供了课堂讨论的素材。

本书共分6个单元，内容包括导论、物流客户的心理认知与分析、物流客户购买行为分析、物流客户谈判心理与风格、应对不同物流客户的策略、与物流客户交往的礼仪。

为做好《物流客户心理学》的教学工作，我们建议授课教师以行动导向教学、案例式教学、讲解式教学为主，辅之以讨论式教学、角色扮演等教学方法。总课时为60学时，具体学时分配如下表：

学时分配表

序号	内　容	学时	理论	实训
1	第 1 单元　导论	8	5	3
2	第 2 单元　物流客户的心理认知与分析	10	6	4
3	第 3 单元　物流客户购买行为分析	11	6	5
4	第 4 单元　物流客户谈判心理与风格	14	8	6
5	第 5 单元　应对不同物流客户的策略	11	6	5
6	第 6 单元　与物流客户交往的礼仪	6	4	2

　　本书由高级讲师周爱国、卢发翠任主编。由湖北省秭归县职业教育中心高级讲师卢发翠编写第 1 单元；武汉市财政学校高级讲师周爱国编写第 2、3、4 单元；武汉市第一商业学校讲师甘毅编写第 5 单元；湖北省兴山县职业教育中心高级讲师袁可贵编写第 6 单元。全书由周爱国、卢发翠负责统稿，武汉市财政学校高级讲师崔亮担任主审。

　　物流客户心理学是一门研究物流客户心理变化规律的科学，也是一门年轻的学科。尽管我们做了大胆的尝试和探索，但由于成书时间仓促，加之编者水平有限，书中难免有不妥之处，有些问题可能还值得商榷，有待进一步完善，在此恳请读者批评指正。

　　为了方便教师教学，本教材还配有习题答案（电子版）。请有此需要的教师登录中国物资出版社网站（www. clph. cn）下载。若有不解之处，请来函或网上询问，zhouagok@126. com 或 zgsxc@163. com，我们会效犬马之劳。

编　者

2009 年 1 月

目录 CONTENTS

第1单元 导 论

学习导航 ▶▶▶

- ◆ 理解心理学的界定
- ◆ 了解物流客户概念和类型
- ◆ 了解物流客户心理学的产生与发展
- ◆ 掌握物流心理学的性质、研究对象和内容

案例导读

"吓"走客户的电话

【经典回放】　某物流公司总经理正应一个重要客户之约，商谈合作之事。谈兴正浓，总经理的手机来电。听语气，隐约感觉是另一重要客户要查货。

"我查一下，马上给您回电话"。总经理向身边的客户道歉说："失陪一下"。于是抓起办公桌上的电话，给自己公司的业务经理去了一个电话，要求尽快查询回复。十分钟后，电话铃又响了，业务经理回复："货物五天前已经发出，应该到达了。"总经理询问："货物是否已送了？"答："不清楚。"总经理要求问清楚后再回电话，态度冰冷而严肃。又过了五分钟，电话铃再次响起。告之："货物已经到达两天，但仓库由于某种特殊原因而未送货。"

总经理拨通了分公司电话，问询了该货物未送的原因，并严肃地批评了分公司，要求马上安排车把货物送达客户。

最后，总经理再次拨通客户电话，告之："货物已抵达并安排妥当，马上把货物送过去。"并再三赔不是，承诺这样的情况再也不会发生了。

等电话处理结束，与之约谈的客户起身告辞了，总经理连忙问下次约谈时间，约谈的客户礼貌地说："再定吧！走了！"

想一想：一个电话为什么会让约谈的客户走掉？主要原因是信息反馈不及时，不能实时响应查询结果；业务经理的责任心不够，不能把总经理交代的任务一次性地彻底完成；分公司的工作协作性太差，缺乏全局观念；而总经理又与正在约谈的客户沟通不够，因而顾此失彼。这些都是客户心理认可的最大障碍。

可见，了解和适应客户的心理需求，在物流活动中是非常重要的。物流客户服务人员应充分了解和认识到这一点，从而更加注重对客户心理方面的探究，把脉物流客户心理变化的规律。

第1模块　物流客户和客户心理学概述

必备知识

一、心理学的界定

知识小链接

受暗示实验

让一个人水平伸出双手，掌心朝上，闭上双眼。然后告诉他，现在他的左手上系了一个氢气球，并且不断向上飘；他的右手上绑了一块大石头，正在向下坠。三分钟以后，我们就会看到他双手之间的差距。

再如：在公共汽车上，你会发现这样一种现象：一个人张大嘴打了个哈欠，这时他周围会有好多人也忍不住打起了哈欠。

其实，人很容易受到周围信息的暗示，并把他人的言行作为自己行动的参照。

（一）心理学概念

什么是心理学呢？心理学是一门以解释、预测和调控人的行为为目的，并通过研究、分析人的行为来揭示人的心理活动规律的科学。

人们通过对心理的研究，并总结其活动规律，就能增强人在社会交往中的有效度；学习心理学，能提高人的交际能力，使人能把握好交往的分寸，洞悉对方的心理活动和想法，从而达到引导对方行为的目的。

案例赏析

心理学笑话一则

【经典回放】　某单位举行女同胞大会，主持人怎么也没办法让会场安静下来，这时一位心理学教授对主持人说："你只要向她们提出一个问题，会场会马上安静下来的。""什么问题？""女士们，你们当中谁的年龄最大？"主持人照办，会场果然马上安静下来了！

【画龙点睛】　这则案例说明：只有了解了人的心理，才能驾驭人的行为。

了解了别人的心理，就能有效引导别人的行为。其实，调节自我的行为也是一样，通过对人与人之间思想行为的研究，能提高自我辩证地看待问题的能力，探索出一条人际交往的规律，以指导自己的行为方式，准确驾驭自己，从而加强自我约束能力，提升自我在他人心中的位置。

对心理学的学习和研究，既能指导自己与人交往，又能指导自我进行调节，是人生成功的重要法宝。如："看到、听到、感到、想到、行动"就是心理学中的"感觉"和"知觉"；"记得、想起"就是心理学中的"记忆"；"猜想、盘算"就是"思维"问题；"高兴、惬意、喜欢"属于"情感"范畴；"忍耐、坚持"则属于"意志"方面的问题。这些现实生活中的所想、所感、所悟，就是心理学所研究的人的心理活动或心理现象，是有一定规律可循的。我们只要能把握好人的心理活动规律，就能在人际交往中获得成功。

其实，对人的心理的探讨与研究，自有人类文明史以来就已经开始了。中国古代哲学、医学、教育和文艺理论等许多著作中，有着丰富的心理学思想。1879年，德国著名心理学家冯特在德国的莱比锡创造了第一个心理学实验室，开始对人的心理活动进行系统的研究。心理学也正是从那时就真正脱离了哲学的怀抱，走上了独立发展的道路。但是，心理学仍然是一门年轻的学科，还处于不断发展之中。

(二) 心理学的应用

目前，心理学的研究领域正在不断扩大，进入了既高度分化又高度综合的阶段，特别是在商贸经济领域中，对人的心理活动的研究和应用已越来越广泛。

在商务活动中，合理而巧妙地利用人的心理活动规律，会达到事半功倍的效果。因为人们有从众心理，所以就有了商家举办的各种集中的营销活动，有的甚至利用"托儿"来营销；因为人们有求新、求异、求奇的心理，所以就有了五彩缤纷的商务广告；因为人们有求安避害的心理，所以就有了"绿色"、"环保"之类的营销理念，等等。反之，如果我们对一些特殊的心理效应视而不见，不能很好地把握人的心理活动规律，那就会给我们的商务活动带来意料不到的损失。

下面介绍几种与商务活动密切相关的心理效应：

1. 首因效应

首因效应也叫"第一印象"效应。第一印象是在短时间内以片面的资料或第一知觉为依据而形成的印象。

案例赏析

"亏本"的生意

【经典回放】　小刘的小型货运公司开业了，第一单生意下来，亏了不少。有时新客户上门谈生意，他竟然不会与别人讨价还价。公司的好多人都急坏了，可小刘整天还是乐呵呵的。一段时间下来，小刘的生意却越来越好了。

【画龙点睛】　其实，小刘正是利用了人的心理首因效应和心理定式的积极作用，建立了自己的固定客户群。以损失眼前的小利来建立良好的第一印象，获得客户的心理认可，从而建立和扩大自己的客户网络。这是非常聪明而又有远见的营销策略。

心理学研究发现，与一个人初次交往，45秒钟内就能产生第一印象。这一最先的印象对他人的社会知觉产生较强的影响，并且在对方的头脑中形成并占据着主导地位。近代心理学家艾宾浩斯曾经指出："保持和复现，在很大程度上依赖于有关的心理活动第一次出现时注意和兴趣的强度。"并且这种先入为主的第一印象是人的普遍的主观性倾向，会直接影响到以后的一系列行为。

因此，良好的第一印象非常重要。

小贴士

与客户打交道时，头4分钟至关重要，这被称为4分钟法则。

2. 瓦拉赫效应

奥托·瓦拉赫是诺贝尔化学奖获得者，他的成才经历极富传奇色彩。瓦拉赫在开始读中学时，父母为他选择了一条文学之路。不料一学期下来，教师为他写下了这样的评语：瓦拉赫很用功，但过分拘泥，难以造就成文学之材。此后，父母又让他改学油画，可瓦拉赫既不善于构图，也不会润色，成绩全班倒数第一名。面对如此"笨拙"的学生，绝大部分老师认为他成才无望，只有化学老师认为他做事一丝不苟，具备做好化学实验的素质，于是建议他学化学。这时瓦拉赫智慧的火花一下子被点燃了，终于获得了成功。

瓦拉赫的成功说明了这样一个道理：找准强点、弱点和最佳点，便可取得惊人的成绩。后人称这种现象为"瓦拉赫效应"。该效应被广泛应用于商务领域。

3. 门坎效应

所谓门坎效应，是指一个人接受了较低层次的要求后，适当引导，往往会逐步接受更高层次的要求。该效应是美国社会心理学家弗里德曼与弗雷瑟于 1966 年做无压力屈从实验过程时发现的。实验者让助手到两个居民区劝人们在房前竖一块写有"小心驾驶"的大标语牌。当在第一个居民区向人们直接提出这个要求时，遭到很多居民的拒绝，接受者仅为被要求者的 17%。在第二个居民区时，先请求各居民在一份赞成安全行驶的请愿书上签字，由于这是很容易做到的小小要求，故几乎所有的被要求者都照办了。几周后再向他们提出竖牌的要求时，接受者竟占被要求者的 55%。

小贴士

你想要得到一根香肠，千万不要去抢，对手握得正牢。你只有先恳求对手给你极薄的一片，第二天再求他给一薄片，第三天仍如此，这样一日一片，最后整根香肠就会归你。这是匈牙利政治家拉科西·马加什的论述，人们称之为香肠效应，也称得寸进尺效应。

心理学家认为，一般情况下，人一旦接受了他人的一个微不足道的要求，为了避免认知上的不协调，或想给他人以前后一致的印象，就有可能接受更大的要求。因此，首先提出乐于接受的、较小较易的要求，待实现后再提出较大的要求，就容易被人接受了。

4. 晕轮效应（光环效应）

晕轮效应是指由于某人或某事的突出特征给人留下了深刻的印象，从而忽视了其其他方面的信息。它有"积极肯定的晕轮"和"消极否定的晕轮"之分，两者都会干扰人们对信息的评价。

从认知角度讲，晕轮效应仅仅抓住并根据事物的个别特征来对事物的本质或全部特征下结论，这是很片面的。因而，在人际交往中，我们应该告诫自己不要被别人的晕轮效应所迷惑。

5. 名片效应

名片效应，即两个人在交往时，若某一方首先表明自己与对方的态度和价值观相同，就会使对方感觉到你与他有更多的相似性，从而很快缩小与你的心理距离，更愿同你接近，从而结成良好的人际关系。在这里，有意识、有目的地向对方所表明的态度和观点，如同名片一样把你介绍给了对方。

案例赏析

求职的"名片效应"

【经典回放】　有一位求职青年，应聘几家单位都被拒之门外，感到十分沮丧。最后，他又抱着一线希望到一家公司应聘。在此之前，他先打听了该公司老总的历史。通过了解，他发现这个公司老总以前也有与自己相似的经历，于是他如获至宝，在应聘时与老总畅谈自己的求职经历，以及自己怀才不遇的愤慨。果然，这一席话博得了老总的赏识和同情，最终把他录用为业务经理。

【画龙点睛】　恰当地使用"心理名片"，可以博得别人的赏识和同情，尽快促成人际关系的建立，从而达到目的。

要科学地利用"名片效应"，使"心理名片"起到应有的作用。首先，要善于捕捉对方的信息，把握真实的态度，寻找积极的、对方可以接受的观点，"制作"一张有效的"心理名片"。其次，寻找时机，恰到好处地向对方出示你的"心理名片"。这样，你就可以达到目标。

6. 南风效应

法国作家拉封丹曾写过一则寓言，讲的是北风和南风比威力，看谁能把行人身上的大衣脱掉。北风首先来一个冷风凛凛，寒冷刺骨，结果行人为了抵御北风的侵袭，便把大衣裹得紧紧的。南风则徐徐吹动，顿时风和日丽，行人觉得很暖和，便解开纽扣，脱掉了大衣。

在处理人与人之间的关系时，要特别注意方法，发展客户也是一样。

7. 从众效应

从众是指个人的观念与行为，由于接受了群体的引导或压力，而朝着与多数人一致的方向变化的现象。

小贴士

　　笑话：一日闲逛街头，忽见一长队绵延，赶紧站到队后排队，唯恐错过什么购买紧缺必需品的机会。等到队伍拐过墙角，发现大家原来是排队上厕所，才哑然失笑。

　　用通俗的话说，从众就是"随大溜"。可以表现为在临时的特定情境中对占优势的行为方式的采纳，也可以表现为长期性的对占优势的观念与行为方式的接受。如果合理而巧妙地利用从众效应，就会吸引更多的客户！

　　其实，在人际交往中，只要重视研究人的心理活动规律，就会有意外的收获。当然，影响人与人交往的心理效应很多很多，只要我们用心探究和体悟，就会给我们的工作带来很大的帮助。

二、物流客户内涵

（一）物流客户的定义

1. 物流

　　物流源于英语"logistics"，即后勤。根据 1985 年美国物流管理协会的解释：物流是一个规划控制的过程。即物流是以满足客户需求为目的的，为提高原料、在制品、制成品以及相关信息从供应到消费的流动、存储效率和效益而进行的计划和控制过程。

　　按《辞海》上的定义：物流是"商流"的对称，即商品流通过程中，商品实体运动的经济活动。如商品运输、储藏、包装、分类等业务。

　　我国国家标准《物流术语》（GB/T 18354—2006）对物流下的定义是：物流是指"物品从供应地向接收地实体流动的过程。根据需要将运输、储存、装卸、搬运、包装、流通加工、配送、信息处理等基本功能实施的有机结合。"具体地说：物流业务管理集现代运输、信息网络、仓储管理、产品后续加工和营销策划于一体，有别于传统的仓储、运输等企业管理。高级的物流更是需要高素质的员工队伍和相应的现代化设备为基础，才能实现其功能。当然，我们所讨论的物流客户服务方面的内容以及物流客户服务人员的心理学意识和水平问题就更为关键了。

2. 物流客户

　　《辞海》对客户是这样解释的："过去是商行或经纪人对往来主顾的称呼。多指赊货记账、定期结账的往来户。"随着商业活动的发展，现在的客户定义范围已超过了这个定义。应该说与企业有商务往来的所有主顾都是客户。

客户的概念有外延和内涵之分。外延的客户是指市场中广泛存在的、对企业的产品或服务有不同需求的个体或消费群体；内涵的客户则是指企业的供应商、分销商以及下属的不同职能部门、分公司、办事处、分支机构等。

那么，什么是物流客户呢？物流客户就是物流企业的服务对象，包括与物流企业有关的股东、雇员、顾客、合作者、政府官员、社区居民等。

物流客户有两个显著特性：

（1）物流客户是物流企业最重要的战略资源

物流客户是企业交易的对象，消费企业提供的物流产品或服务，是给企业"送钱"的人，是企业唯一的利润中心，是企业生存、发展的"衣食父母"，是企业蕴涵价值极高的资产，是企业不可忽视的最重要的战略资源。

（2）物流客户不同于一般顾客

顾客是企业服务对象的泛指，代表着一个被服务的群体，是一张没有名字、没有具体特征的脸；物流客户是指物流企业拥有具体名称、地址、经营特性等详细资料的服务对象。

客户与企业之间的联系比一般意义上的顾客更加亲近密切。物流客户是针对物流市场某一特定人群或细分市场而言的。顾客可以由任何人或机构来提供服务，而物流客户则主要由专门的人员或机构来提供服务。

（二）物流客户类型

要想赢得客户，必须清晰地判定客户的类型，只有这样，销售方法才能到位。在实际工作中，需要根据客户之间细微的差异，选择最为恰当合理的销售方法，这是销售的开始，同时也为销售的成功奠定了坚实的基础。

按不同的分类标准，物流客户有多种不同的分类方法。

1. 按客户规模的大小分类

物流客户可以分成大型客户、中型客户、小型客户。一般地说，中型和小型物流客户要求物流运营商提供的产品或服务内容较单一，如货物运输服务、仓储服务等；而大型物流客户要求物流运营商提供的物流服务较为综合，需要提供供应链解决方案的综合服务，也就是要求物流公司以供应链组织者的角色来整合系统资源，提供集成化物流服务。

知识小链接

供应链

供应链是围绕核心企业，通过对信息流、物流、资金流的控制，从采购原材料开始，到制成中间产品以及最终产品，再由销售网络把产品送到消费者手中的，将供应商、制造商、分销商、零售商直到最终用户连成一个整体的网络结构和模式。

2. 按物流业务类型分类

物流客户可以分为单一需求客户和综合需求客户。有些客户只需要提供单一服务，如仓储服务，就是需要提供信息化的仓储资源，高效率、低成本地提供信息查询及货物查取。再如运输服务，只需要提供先进的运输技术，更高效、更安全、更经济地实现货物位移就行了。而综合需要的客户呢，所需要的不仅是物流企业的具体操作性服务项目，而且还需要物流企业以供应链组织者的角色来整合系统资源，提供集成化物流服务。这类客户既要求物流公司能提供仓储服务，能合理利用信息化的仓储资源，高效率、低成本地提供信息查询及货物查取，又要求能进行运输服务，利用先进的运输技术，更高效、更安全、更经济地实现货物位移，此外还要求能提供供应链解决方案，以供应链组织者的角色整合系统资源，并能提供集成化物流服务。

3. 按物流客户的心理特质来分类

物流客户可分为情感冲动型客户、热情开朗型客户、圆滑难缠型客户、顽固不化型客户、犹豫不决型客户等。

（1）情感冲动型物流客户

这一类型客户属于胆汁质，一般表现为热情、开朗、直率、精力旺盛、容易冲动、性情急躁，具有很强的外倾性；他们购买产品迅速，很少有过多考虑，容易接受物流客户服务人员的意见，喜欢尝试新的产品；但是比较粗心，容易忽略对他们不利的条件。在与这类物流客户打交道时，重要的是要留下良好的第一印象，并建立一定的感情基础，在最初与之打交道的时候不必过于强调物流策划方案的意义和优势，而主要工作是如何同他们建立良好的关系。而且，在向这类客户推荐物流产品或服务时，应该以特别周到细致的服务为推介重点。

80%的精力用来建立感情，20%的精力用于推销产品或服务。

（2）热情开朗型物流客户

这一类型物流客户的主要业务负责人一般都属于多血质气质类型。在处事表现中，一般表现为活泼好动，反应迅速，善于交际，但兴趣易变，具有外倾性。与这类客户打交道，需要的是明快的物流策划方案和灵活聪慧的物流新产品推介人员，在与这类客户的最初交往中，要以明快的工作作风和热情机灵的业务人员来引起客户的兴趣，同时，随着业务的进行，要不断地调整工作策略和思路，才能应付客户易变的特性，以保证其成为稳定的客户。

（3）圆滑难缠型物流客户

这类客户往往比较精明，基本属于理智型。其特点为：购买行为以理智为主，凭学识和经验来选择物流产品或服务。购买活动中善于观察、分析、比较，根据自己的经验和物流产品的知识，广泛收集所需的物流产品信息，经过周密的分析和思考，才能作出最终决定。因此，此类客户很少感情用事，主观性较强，不受他人及广告宣传的影响，他们挑选物流产品仔细、认真、很有耐心。在整个购买过程中保持高度的自主性，并始终由理智来支配行动。不会急于作出决定，处事比较圆滑。

应对这种类型的客户，除了要求物流企业本身的物流产品出众外，几乎没有什么特殊的招数，但如果物流企业本身的品质超常出众，不妨采取"欲擒故纵"的心理招式，以赢得这类客户的信任。

（4）顽固不化型物流客户

不管你谈的是什么问题，这类客户总认为自己永远是正确的。这就是顽固不化型客户的典型特征。与这类客户交流，主要依赖物流业务人员的工作技巧与工作策略，需要公关，也需要攻心，若与客户打赢了心理战术，也就赢得了物流客户。

销售就是察颜、观色、攻心。

（5）犹豫不决型物流客户

这类客户属于抑郁—敏感型。从气质心理学的角度来分析，这一类型的客户一般沉默寡言，不善交际，对新环境、新事物难以适应，缺乏活力，情绪不够稳定；遇事敏感多疑，言行谨小慎微，内心复杂，较少外露。若能为客户提供足够信赖的条件和理由，也就能赢得此类物流客户。

除上述分类法以外，有人以客户为人处世风格和心理特质的不同，按《三国演义》里面的代表人物将其划分为孔明型客户、曹操型客户、刘备型客户、周瑜型客户等。不同心理特质的客户，其消费心理预期也是不一样的。在对物流客户进行管理时，划分成不同类型进行分类管理，有利于达到预期的效果。按物流客户的心理特质来分类，是我们这本书重点讨论的内容之一，在第5单元中我们将作具体的分析讨论。

案例赏析

怎么救回"快跑掉"的客户

【经典回放】　某饮料企业的物流公司配货员来给一家超市送货，以下是他和超市经理之间的对话：

物流公司的配货员："某经理，我来给你们送货。"

经理看了看货物，对配货员说："你们公司送货怎么这么慢呢？我们订的货应该在昨天就能送到！可你现在才来，你看，我们的客户都跑掉了！"

公司配货员："对不起，我们公司那边很忙，车怎么也调不过来，所以，晚了一点时间，请你原谅！"

超市经理："怎么你们送来的货与我们的订单规格和型号也不完全一样啊？"

物流公司配货员："是有些新上市的新产品，与原来订单有点儿出入，不过，这些配送的新产品投入市场后，销售很好，考虑到你这里是我们的老客户，我们才配过来一些呢！"

超市经理："这个产品不对，我们要的是150毫升的饮料，你送的是500毫升的；这个产品型号不对，货品也不对。像你们这样送货，我们的客户全都得跑光了。产品不对！时间也不对！我们要求退货，真是受不了你们，我不会再和你们打交道了！"

【画龙点睛】　很显然，这是一个比较难缠的客户，为了避免这种情况的产生，企业物流部门就应当选派最灵活的业务人员，制订合理的客户配送计划，并且在货物配送方案更改之前，必须与客户进行有效沟通，这将是提高经营绩效的第一步。作为直接和客户接触最多的物流客户服务人员，除了具有良好的态度、亲切的笑脸和感谢的心来服务于客户外，还必须具备较强的沟通能力和随机应变的机智。在物流服务中出现问题时，物流部门马上采取对策加以解决。

4. 按物流客户购买态度来分类

物流客户可分为积极主动独立型客户和消极被动依赖型客户两大类。

（1）积极主动独立型客户

这类客户处事比较理智，有原则、有规律，不会因为与某物流企业关系的好坏而选择该企业，更不会因为个人的感情色彩而选择该企业，在与这类客户的交往中，"首因效应"或是"晕轮效应"一般对他们影响不大。

这类客户工作团队内的大部分成员工作都比较细心、比较负责，而且在选择物流企业时通常比较理性，会从多方面来权衡，会综合各种因素，往往会咨询很多公司，对价格、质量、服务及自身承受能力等因素都要全面考虑，最后才决定是否与你合作。他们在选择物流企业之前都会做适当的心理考核比较，得出理智的选择。在其整个团队中，不乏"专家分析型"的领军人物，也就是有渊博的专业知识，能运用知识于实践的能力，而且很注重专业论证，一切决策均以专业数据作为主要依据。这类客户是事业的忠实伙伴，一旦赢得其信任，并有幸发展成为忠实客户，就会促使自身事业的发展，因为这类客户极可能是一个严厉的老师，会时时督促物流企业管理或服务的提升与进步。

应对这类客户，可把自身的优势与特长、物流方面的经验、新奇而科学的设想等方面都直观地展现给对方，而且给这类客户承诺的事情就一定要做到，反之能做到的就一定要承诺到，以实力说话，以优势说话。

（2）消极被动依赖型客户

这类客户是较难沟通的一类，在物流业务往来中，往往会耗费大量的精力和心力。如果处理得不好，就会直接影响企业的客户拓展和稳定。一般是客户企业中的关键业务人员和业务团队中的主要人员的心理特质决定这类客户的购买心理和行为。

把消极被动依赖型客户细分又有很多类别，主要包括临时任务型客户、保守犹豫型客户和精明吝啬型客户。

◆ 临时任务型客户。这类客户的主要责任人只是临时接受上级给予的任务，而且这个任务也不是自己工作职责范围之内的，在业务接洽时是被动的，没有计划和安排，但是，这类客户对物流企业的后期工作又会产生影响。

◆ 保守犹豫型客户。这类客户的主要责任人在企业的位置不是很高，所以，在业务活动中十分谨慎、保守、犹豫，但是这样的客户有潜力，因为这类人员在企业正处于被关注的地位，一般是处于上升趋势。这样的客户把眼光重点定位在如何使企业获得更大的利益，故一定要站在客户利益最大化的角度去考虑，以最合理、最科学的策划来帮助其完成目标，这样的客户很有可能会发展成为企业未来的潜力客户。

◆ 精明吝啬型客户。这类客户的业务主要责任人是那种喜欢表现自己的人，精明、反应快，但往往又较虚荣、爱面子、多疑。在实际工作中，当遇见的客户非常健谈、肢体语言非常丰富、非常喜欢表现和突出自己时，一般来说，就可判断他属于这种类型。

这类客户一般比较精明，想赚其钱不容易，他们不会因为稳定、因为信任、因为关系而轻易地选择一家固定的物流企业，他们会进行反复的比较，而且经常会隐瞒事实，夸大自己。对这样的客户，虽然不能寄予太多的希望，但也要根据自身的优势和特长来随时影响他，以期尽可能多一次合作。这类客户的胃口一开始就不能得到满足，所以该用心计和策略的时候就一定要用，当然这也不是企业发展的重点客户。

三、物流客户心理概述

（一）物流客户的心理过程

物流客户的心理过程与其他客户的心理过程一样。首先是受到一定的心理刺激，这种刺激来源于知觉系统的信息，即看到的、听到的、想到的等，由此产生一定的心理需要和动机，然后才采取心理行动。这种心理行动就是去搜索信息，在搜索信息的过程中不断筛选、评估、选择，最后作出决定，实现最终的商务活动。这一系列的心理活动过程完成后，方可达到这一次行为中的心理平衡。

总之，物流客户心理就是物流客户在进行物流活动的过程中，由于知觉系统带来的信息刺激所产生的一系列兴趣、需要、动机以及与之相适应的思维方式等过程。

（二）物流客户服务人员了解客户心理的意义

1. 有利于洞察物流客户的需求

了解物流客户心理的诉求和需要，将"心"比"心"，站在客户的角度想事情，就能做别人做不到、想不到的服务，让客户觉得我们是最好的。如在货物发出去的时候，我们就要想到会发生的事情和解决的办法，让客户不用再为自己的货物费心，让他们相信我们的服务，我们的服务就是隐形资源，在与客户合作时，能给予他们最想要的完美的服务和他们还没想到的更多服务，这样，客户就成为了我们真正的朋友。

　　　　卖给客户所需要的商品。

　　2. 有利于消除物流客户的抵触心理

　　物流客户服务人员向客户推销物流产品或服务的过程，实际上就是双方心理较量的过程。在这场较量中，物流客户服务人员面对的最首要难题就是如何消除物流客户的抵触心理，使客户放下防备，让双方在一个平等的位置上进行交流。这就要求物流客户服务人员不但是一名营销高手，同时也是一位心理学家。在正式销售之前，物流客户服务人员要了解客户产生抵触心理的原因，然后才采取措施以获得客户信任，有效地接近物流客户，最后成功地说服客户，顺利成交。

　　3. 有利于激发物流客户的购买欲望并引导购买

　　大多数客户对最后付诸购买的行动都要进行理性的分析和冷静思考。这时物流客户服务人员的当务之急就是顺势激发客户的购买欲望，以帮助客户下定购买的决心。若物流客户服务人员能对物流产品或服务进行完美的示范和成功的展示，将产品或服务的优势淋漓尽致地表现出来，就能引起物流客户的注意和兴趣，并将兴趣转化为物流客户的购买欲望。

　　物流客户的最终购买决定，是其在社会生活实践中所形成的各种稳定的具有一定倾向性的心理特征、状态、属性的总和作用的结果。最终购买决定的形成包括心理过程和心理结构两部分，心理过程主要是指认识过程、情感过程和意志过程。心理结构则包括心理倾向和心理物性；心理倾向包括需要、动机、兴趣、理想、观念和信念；心理特性则包括气质、性格和能力。物流客户服务人员若能根据这些因素，掌握引导客户购买的技巧，就能成功引导客户进行购买。

　　4. 有利于化解物流客户的拒绝并促进成交

　　物流客户服务人员在拓展物流客户的过程中，客户会以各种理由进行委婉的或强硬的拒绝，这是正常的。而化解客户拒绝既是一种技巧、一个策略，更是一门艺术。物流客户人员面对客户的拒绝，以积极的心态和行之有效的方法来分析客户拒绝的原因，正确对待客户的异议，不同客户争论，选准化解拒绝的时机，并掌握应对之策，就更容易赢得客户了。

小思考

现在 10000 吨本地特产——脐橙需要尽快运往上海。

（1）如果你是物流的客户（水果商），你在选择物流公司时，会考虑哪些因素？

（2）如果你是物流公司，你打算用哪些服务承诺来赢得这个客户？

第 2 模块　物流客户心理学的产生与发展

知识拓展

一、物流客户心理学的产生

物流客户心理的探究，是与物流业的产生而同时产生的。自从有了丰富多样、数量巨大的商品贸易活动开始，就有了物流业，只不过那时并没有相关的理论和概念，但对于伴随着这些活动而产生的人的心理的探究已经开始了。

在早期，是没有现代物流的概念的，更没有专业的物流公司，那时的商业企业要买卖商品，都要自行解决运输、仓储等问题，所以商业同时肩负着商品买卖交易和物品流通两种职能。当商业企业经营到了一定的规模，销售买卖的商品越来越丰富多样，数量越来越大时，商业再负担物流管理就无法形成专业效益了，所以，物品流通的职能才逐渐地从纯贸易性商业中分离出来、独立运营。人们开始研究在物流活动中如何进行人际交往，什么样的交际策略和技巧才是最有效的，如何与对方愉快地合作等问题。对人的心理活动规律的探究与物流活动联系起来了，这也可以说是物流客户心理学的雏形。也就是说：物流心理学最初是和人际交往技术与策略融合在一起的，是以基础心理学为依据的。

应该说，"物流"这一概念所涵盖的活动在很早就有了，比如，古代贯通中西方的商路——丝绸之路，是历史上横贯欧亚大陆的贸易交通线，它不仅促进了欧亚非各国和中国的友好往来与文化交流，而且历史上的"大汉、盛唐"也是随着丝绸之路的发展和丝路贸易的繁荣而产生政治、经济和文化思想的飞跃。同时，也成就了一大批富商巨贾。可以说，那时的物流已成规模了。

有道是："物品经过时间或空间的转移，会产生附加价值。"这说明了物流业的最大利益性和可发展性。这种以人与人的交往为基础的商务活动，其利益性和可发展性也取决于人与人的交往是否有效。于是，就要求探究人的心理活动规律，这样，物流客户心理学就应运而生了。

二、物流客户心理学的发展

（一）与其他学科的融合

早期的有关物流客户心理的思想都是融合在其他学科之中的。当人们在商业活动中意识到了解人的心理活动的重要性时，往往借用普通心理学的理论来指导。后来又慢慢有了交际心理学、管理心理学、行为心理学、商业心理学、销售心理学、客户心理学等心理学科的理论。所以，在物流客户服务之初，客户服务人员也是通过把握其他心理学科中的一些相关思想来指导自己的行动的，而且在这些实践活动中也悟出了一些物流客户心理学的思想，并逐渐积累下来了。

知识小链接

物流客户超级心理学

客户绝对不会有错，如果发现客户有错一定是我的错。如果我没错，一定是因为我的错才害客户犯错。如果是客户自己的错，只要他不认错，那就是我的错。如果客户不认错，我还坚持他有错，那就是我的错。总之，"客户绝对不会错"，这句话一定不会有错。

（二）从其他学科中分离出来

物流活动环节复杂，人际交流频繁。现代物流业的从业人员，已有了物流客户心理学的理论意识，会从对方的言行举止上观察其心理活动规律，以求得对方的同感，这就是物流客户心理学迅速发展的营养。

随着物流业的发展，物流客户服务理念也越来越清晰，物流客户心理学也逐渐成为一门独立的科学。在物流业发展初期，人们用普通心理学、交际心理学来指导自己的业务活动，后来又利用更有针对性的销售心理学、客户心理学来指导自己的业务活动。在运用这些心理学理论来指导实际工作的过程中，不断积累经验，提炼理论成果，最后形成了物流客户心理学。

（三）物流客户心理学的发展

物流客户心理学，虽然已从其他应用心理学中分离出来了，但它的理论和概念都还不成熟，与其他应用心理学科的相关度仍然很高，而且，现在还处在物流实践活动的检验阶段，还是一门非常年轻的心理学分支学科，仍然需要吸收其他学科的营养，还需要在实际工作中不断地探索研究。

三、物流客户心理学的性质、研究对象和内容

（一）物流客户心理学的学科性质

物流客户心理学是研究探讨物流运营活动中物流客户的一些心理现象和心理活动规律的学科。主要是以解释、预测和调控物流客户的行为为目的的，通过研究分析物流客户的行为，揭示其心理活动规律，从而引导物流客户的行为。

物流客户心理学是心理学的基础性分支学科，具有较强的实践性。和心理学的其他分支学科一样，物流客户心理学既依赖普通心理学的基本理论，又以这些基本理论为支撑，进行着自己与实践活动紧密联系的探讨研究。

（二）物流客户心理学研究的对象和内容

1. 物流客户心理学研究的对象

每一门学科都有自己独特的研究对象。物流客户心理学主要是以物流活动中物流客户的心理活动规律为研究对象的。在物流活动中，物流客户由于与周围环境、事物、人员相互作用与影响，就会有这样或那样的主观活动，也就会产生一些特殊的心理现象，这些特殊的心理现象会直接影响他们的决策行为。

2. 物流客户心理学研究的内容

物流客户心理学研究的内容很广泛。主要内容可归纳为以下几个方面：

（1）物流客户的心理认知与分析。主要包括物流客户的消费心理特性、消费心理类型、外部表现，以及物流消费流行、消费习俗、参照群体、物流客户服务、物流客户服务人员等因素对客户心理的影响。

（2）物流客户购买行为分析。主要包括物流客户购买行为理论与模式、物流客户购买决策的内容、类型和决策群体，以及物流客户购买决策的过程等内容。

（3）物流客户心理与谈判风格。主要包括物流谈判心理分析、中国与世界各地物流客户谈判风格及应对策略。

（4）应对不同物流客户的策略。主要包括情感冲动型物流客户、热情开朗型物流客户、圆滑难缠型物流客户、顽固不化型物流客户和犹豫不决型物流客户的特点及应对策略等。

（5）与物流客户交往中的礼仪。主要包括人际交往中的基本礼仪和与物流客户交往的礼仪。

（三）物流客户心理学研究的任务

世界上任何事物或现象的变化发展都是有规律可循的，物流客户的心理活动

也是有规律可循的。物流客户心理学的任务就是探索和揭示物流客户在物流活动中，心理过程、个性倾向和特征的发生发展与形成的一般规律，并对这些心理现象进行描述和阐明，从而解读物流客户的心理活动，把握物流客户心理活动的一般规律，以指导实践活动。

◀ 本单元小结 ▶

本单元从心理学的界定入手，介绍了物流客户概念和类型，并对物流客户心理进行了一些简单的分析；描述了物流客户心理学的产生和发展，分析了物流心理学的性质、研究对象和内容。

关 键 词 集 成

心理学　是一门以解释、预测和调控人的行为为目的，通过研究分析人的行为来揭示人的心理活动规律的科学。

物流客户心理　就是物流客户在进行物流活动的过程中，由于知觉系统带来的信息刺激所产生的一系列兴趣、需要、动机以及与之相适应的思维方式等。

物流客户心理学　是研究探讨物流活动中物流客户的一些心理现象和心理活动规律的科学。主要是以解释、预测和调控物流客户的行为为目的的，通过研究分析物流客户的行为，揭示其心理活动规律，从而引导物流客户的行为。

考 点 自 测

1. 单项选择题

（1）心理学主要探究人的心理活动规律，以便更有效地（　　）人的行为。

　　A. 控制　　　　　　B. 引导　　　　　　C. 改变　　　　　　D. 窥探

（2）第一印象效应，是在短时间内以片面的资料或第一知觉为依据而形成的印象，又称（　　）。

　　A. 瓦拉赫效应　　　　　　　　　B. 首因效应

　　C. 晕轮效应　　　　　　　　　　D. 门坎效应

（3）按物流业务类型分类，物流客户可以分为（　　）。

　　A. 大客户、中客户和小客户

　　B. 积极主动独立型客户和消极被动依赖型客户

　　C. 单一需求客户和综合需求客户

　　D. 情感冲动型客户、热情开朗型客户、圆滑难缠型客户、顽固不化型客户、犹豫不决型客户

（4）物流客户心理的探究，是与（　　）的产生同时产生的。

　　A. 心理学　　　　　　　　　B. 商务活动

　　C. 物流业　　　　　　　　　D. 商品运输

（5）（　　）是物流企业最重要的战略资源。

　　A. 物流方案　　　　　　　　B. 物流策划

　　C. 物流客户　　　　　　　　D. 物流大型设备

2. 多项选择题

（1）一个人接受了较低层次的要求后，适当引导，往往会逐步接受更高层次的要求，即（　　）。

　　A. 门坎效应　　　　　　　　B. 得寸进尺效应

　　C. 南风效应　　　　　　　　D. 名片效应

（2）按物流客户的心理特质分，物流客户可分为（　　）。

　　A. 热情开朗型客户　　　　　B. 圆滑难缠型客户

　　C. 顽固不化型客户　　　　　D. 犹豫不决型客户

　　E. 情感冲动型客户

（3）物流客户心理就是物流客户在进行物流活动的过程中，由于知觉系统带来的信息刺激所产生的一系列（　　）以及与之相适应的思维方式等。

　　A. 兴趣　　　　B. 需要　　　　C. 动机　　　　D. 理想

（4）物品经过（　　）的转移，会产生附加价值。这说明了物流业的最大利益性和可发展性。

　　A. 时间　　　　B. 空间　　　　C. 运输　　　　D. 流通

（5）如果按客户规模的大小分类，物流客户可分为（　　）。

　　A. 大型客户　　　　　　　　B. 中型客户

　　C. 小型客户　　　　　　　　D. 难缠型客户

3. 判断题（正确的打"√"，错误的打"×"）

（1）在商务活动中，合理而巧妙地利用人的心理活动规律，销售工作会达到事半功倍的效果。（　　）

（2）要想把物流业做好做强，就必须对物流客户进行管理，而管理物流客户的关键是了解客户，使客户信赖。（　　）

（3）与物流客户的沟通交流中，一切的经验都是必需的，心理学的知识倒是无关紧要的。（　　）

（4）圆滑难缠型物流客户一般属于一种情绪性的客户，容易冲动，容易反悔。（　　）

（5）有了物流业，就有了物流心理学，只不过那时并没有相关的理论和概念。（　　）

4. 简答题

（1）与商务活动相关度较高的心理效应有哪些？

（2）按物流客户的心理特质分类，物流客户分为哪些类型？

（3）物流客户服务人员了解客户心理有何意义？

（4）什么是物流客户心理学？其学科性质是什么？

（5）物流客户心理学的研究对象是什么？其研究内容有哪些？

案例综合分析

案例1

身体语言所暗示的客户心理

1. 客户瞳孔放大，或客户顿下颚时，表示他被你的话所打动，已经在接受或考虑你的建议了。

2. 客户回答人的提问时，眼睛不敢正视你，故意躲避你的目光，甚至说话时捂上嘴巴，那表示他的回答是"言不由衷"或另有打算。

3. 客户皱眉、揉眼睛、捏耳朵或摇晃一只脚，表示不同意你的观点，或对你的观点持怀疑态度，甚至厌烦。

4. 与客户握手时，感觉松软无力，说明对方比较冷淡；若感觉太紧了，甚至弄痛了你的手，说明对方有点虚伪；如感觉松紧适度，表明对方稳重而又热情；如果客户的手充满了汗，则说明他可能正处于不安或紧张状态之中。

5. 客户双手插入口袋中，或紧握双手，表示他可能正处于紧张或焦虑状态之中。另外，一个有把双手插入口袋之癖的人，通常是比较神经质的。客户不停地玩弄手上的小东西（如圆珠笔、火柴盒、打火机或名片等），或双臂交叉在胸前，说明他内心紧张不安或对你的话不感兴趣，甚至不赞同或拒绝你的意见。

6. 客户面无表情，目光冷淡，就是一种强有力的拒绝信号，表明你的劝说没有奏效。

7. 客户面带微笑，不仅代表了友善、快乐、幽默，而且也意味着道歉与求得谅解。

8. 客户用手敲头，用手抚摸下颚，或用手摸后脑勺，表示正在思索、考虑。

9. 客户用手搔头，或把铅笔放在嘴里，表示困惑或拿不定主意，急需资料信息。

10. 客户垂头，是表示惭愧或沉思。

11. 客户颚部往上突出，鼻孔朝着对方，表示藐视对方。

12. 客户讲话时，用右手食指按着鼻子，表示他对你持否定意思。

13. 客户紧闭双目，低头不语，并用手触摸鼻子，或用手轻轻按着额头，表示他对你的问题正处于犹豫不决的状态。

14. 客户搔抓脖子，表示他犹豫不决或心存疑虑；说明他对所讲的内容没有非常肯定的把握，不可轻信其言。

15. 客户用手捋下巴，表示他正在考虑并作决定。

16. 在商谈中，客户忽然把双脚叠合起来，那是拒绝或否定的意思。

17. 客户不时看表，这是逐客令，说明他不想继续谈下去或有事要走，或突然将身体转向门口方向，表示他希望早点结束会谈。

【问题分析】

（1）客户肢体语言与客户心理有何关系？

（2）学习肢体语言对探测客户心理有何好处？

案例2

宁夏中邮物流遥遥领先

自从宁夏回族自治区实行药品"三统一"以来，宁夏中邮物流有限责任公司（以下简称"宁夏中邮物流"）便挑起了药品配送的重担，为扩大宁夏药品配送的覆盖率起到了推动作用。

宁夏中邮物流自从担当起药品配送任务以来，肩负着宁夏1552个医疗机构的药品配送任务。据2007年的有关数据统计，宁夏中邮物流的药品配送覆盖率达到

100％，平均计划配送率达到80％以上，并以中标药品仓储率第一、合同签订率第一等成绩，在行业中遥遥领先，受到业界好评。2007年2月，宁夏中邮物流通过GSP认证，为宁夏邮政全面进入医药经营与配送领域奠定了有力的基础。

1. 责任意识。责任意识是物流工作的重中之重，特别是药品这种特殊物品的配送。宁夏中邮物流为了保证药品配送工作的准确性，值班干部和工人师傅将头一天晚上已经商定好的派送任务单核对无误后，邮政司机便驾驶着小小邮政电瓶车，将准备发送的成箱药品从库房取出并运送到装货平台上，而后将成箱药品通过传输机，或直接装进停靠在一旁的邮政配送车上。邮政配送司机与值班人员现场清点完交割货物后，准备工作才算完成。保证药品质量是他们的首要任务，为了将工作做到位，他们每隔1小时便会对室内温度进行监测，保证室内的温度、湿度达标。此外，工作人员每周都会对药品进行养护检查，防止受潮的药物外流。可见责任意识是他们成功的重要因素。

宁夏中邮物流的高层领导一直认为：责任，是药品配送工作的重中之重，所以，宁夏中邮物流对药品质量的监管力度一直非常严格，专门有领导小组每天对药品的保存质量进行检查，杜绝变质的药品外流。

2. 技术保障。宁夏中邮物流的药品配送工作不但注重强化责任意识，而且做到有技术保障，实现了双管齐下，在存储、冷链和信息技术平台领域进行了有益的探索。宁夏中邮物流在药品存储和冷链技术上颇下工夫，对每个药品储存间都有着严格的技术管理。在药品存储中心，对药品的分配存储分得很细致，如针剂库、中药库、西药库、贵重药品库、易串味药库，每间药品存储间都有着严格的划分。为了保证药品质量，每间库房都有两个大的空调来调节室内温度，还安装了温度计以显示室内温度。而且，工作人员会按时对存储药品进行检查。

3. 环节完备。由于药品配送任务重大，宁夏中邮物流在药品的存储配送环节上可谓一丝不苟。在整个药品的存储与配送过程中，冷链技术是难度较大的一个环节。从我国的整体环境来看，药品的冷链技术是薄弱环节，许多需要冷藏的药品由于储存、运输的条件不能满足冷链要求而导致潜在隐患。为了确保自身的冷链技术，宁夏中邮物流在这方面花费了不少心思。

【问题分析】

（1）是什么原因使宁夏中邮物流在行业中取得以中标药品仓储率第一、合同签订率第一等一流成绩的？

（2）从这个案例中，我们可以看到，作为物流公司，要想获得物流客户的心理认可，应从哪些方面来适应客户？

实训巩固

与客户的沟通技能训练

【实训目的】

通过分角色进行沟通训练，学生能了解一个客户服务人员应该具备的心理素质和专业知识，以提高对本学科的认识。

【实训内容】

学生模拟客户服务人员和客户进行情景演练。

【实训准备】

1. 人员准备：抽选出两组，每组4~5人，分别扮演客户服务人员和客户。其余同学将他们的沟通谈判内容提炼记载下来。
2. 资料准备：配送行业的相关资料。
3. 实训地点：实训室或教室。

【实训步骤】

老师给出一个物流方案，请同学们扮演物流客户服务人员或物流客户采购人员，进行沟通和谈判。

【实训注意事项】

小组同学可以讨论发言内容，也可以相互补充。记录的同学要求记录并整理好分角色沟通中涉及的重要问题和内容，并请同学归纳总结。

▶ 心理测试

1. 检测你的智商

智商（Intelligence Quotient, IQ）是智力商数的简称，它是美国著名心理学家麦迪逊·推孟最早提出的。智商可以通过测验而用数值表现出来，是一个人与相同智力年龄或社会阶层的人通过比较而得出的结果，包括观察力、想象力、思维力和记忆力等基本要素，其中以思维力为核心。

严格地说，智商并不完全等同于智力。科学研究中有一个测量智商的公式：智商＝智力年龄/实际年龄×100。智力年龄是一个人在智力测试中所能达到的年龄水平。一般人的智商值在 90～110，若智商在 70 以下，一般认为是智力低下、落后的表现。以历史上一些名人为例，后人根据这些名人的行为和成就作出了假想的智商评定，其中华盛顿为 140，拿破仑为 145，林肯为 150，富兰克林为 160，伽利略为 185，达芬奇为 185，牛顿为 190，康德为 199，笛卡尔为 210。

在这里，我们选择一套限时 10 分钟的"入门试题"进行专业的智商测试。当然，网络上不乏一些相关的智商小测试，你也可以全当娱乐，自我检测一番。其实，你的智商有多少并不重要，重要的是你如何在实践中利用自己的智商去解决问题。这才是我们更应该关注的：

（1）如果圆形是 1，那么八边形是多少？

（2）在 1200 头大象里，有些是粉红色和蓝色条纹相间，有些是粉红色，有些则是蓝色。粉红色的大象占了总数的 1/3。那么，现在，如果我说总共有 400 头蓝色大象，正确吗？

（3）哪一个元音字母位于 J 和 T 之间？

（4）在下面这个序列中，下一个数字应该是多少？

1　2　3　5　7　11　13　？

（5）在下面的这个序列中，下一个字母应该是什么？

B　A　C　B　D　C　E　D　F　？

（6）下列动物中，哪一种是与其他动物不同类的？

猫　狗　仓鼠　兔子　麋鹿

（7）有什么东西是当你想使用它的时候就抛出去，而不想使用它的时候却收回来？

（8）动物园有两只狮子。雄狮每天要吃 3 斤肉，雌狮每天得吃 2 斤肉，幼狮每天只吃 1 斤肉就够了。但是，今天送货的人只送来 2 斤肉，而且这是动物园里所有的肉食了。那么请问，一定会有狮子挨饿吗？

（9）以下这列数字中隐藏着两个数，它们的积为 16777216。这两个数是什么呢？

1　3　8　2　2　5　6　7

（10）玛丽独自去上班时，总是爬楼梯，但是，她要是和朋友一起去办公室，就一定是乘电梯上去。为什么？（说明：不是因为任何规定）

正确答案

(1) 8

(2) 不正确。

(3) 0

(4) 17。这个数列的数字都是质数。

(5) E。相隔一个位置的字母均按其在字母表中的顺序排列。

(6) 麋鹿。其他动物都与人类有着直接的饲养关系。

(7) 风筝。

(8) 不一定，有可能两只都是幼狮。

(9) 512 和 32768。

(10) 玛丽不够高，无法自己按到电梯按钮。

测试结果：答对一题得 1 分，智商分数表示你基本的智商表现程度。

总分 9～10 分，非常优秀	智商分数：155～160
总分 8 分，优秀	智商分数：148～150
总分 6～7 分，较好	智商分数：130～148
总分 4～5 分，一般	智商分数：90～125
总分 2～3 分，较差	智商分数：65～80
总分 1 分，非常差	智商分数：50

2. 检测你处理困难的能力

在遭遇困难、灾难或工作上的危险时，你有克服它们的能力吗？请回答下面七个问题，就可知道你的类型了。

(1) 当你穿着睡衣刷牙时，门铃突然响了，而此时家中只有你一个人，你会：

    A. 马上去开门　B. 换了衣服再去开门　C. 假装不在家

(2) 你已经有一个星期没给花盆里的花浇水了，花已开始蔫了，而此时天好像要下雨了，你还会为花浇水吗？

    A. 会　　　　　B. 不会　　　　　C. 再等一天

(3) 看到下面的单字，你会马上想到哪个词？

①火

    A. 火柴　　　　B. 地狱　　　　　C. 火灾

②黑

    A. 夜晚　　　　B. 黑人　　　　　C. 隧道

③白

  A. 砂糖   B. 珍珠   C. 结婚礼服

（4）过节时，你拿着礼物去看朋友，走到他家门口，你不小心把礼盒掉到了地上，里面的东西可能摔破了，你会：

  A. 拿回家确认一下

  B. 就这么送给朋友

  C. 在对方面前打开来看一看

（5）你把常吃的维生素丸放在桌上，当你正准备拿来吃时突然停电了，在一片黑暗中，你会：

  A. 伸出手来找药瓶，拿了就吃

  B. 擦亮火柴确认了再吃

  C. 不吃，等来电了再说

（6）晚上，你疲惫不堪，刚躺下来睡觉，不久就听到不知是消防车还是警车的声音，也许是附近出事了，你会：

  A. 虽然很黑，你仍会起床一探究竟

  B. 不管它，照睡不误

  C. 等一会儿再看

（7）你请了两个朋友到家来吃饭，可是饭却煮得不够，这时，你会：

  A. 偷偷出去买

  B. 跟比较好的那个朋友使眼色，请他不要再添米饭了

  C. 随他去，到时再说

测试结果：

	A	B	C
（1）	5	1	3
（2）	3	5	1
（3）	①5；②3；③5	①1；②1；③1	①3；②5；③3
（4）	1	3	5
（5）	5	3	1
（6）	3	1	5
（7）	1	3	5

A 型 9～18 分：急急忙忙下错误判断的类型

当周围发生变动时，你反应敏捷，但往往因过于急躁而作出错误的判断，可能会自找麻烦。因此，有紧急情况发生时，你必须用点时间来环视周围状况，想清楚后再作反应，不要随随便便采取行动。

B 型 19～28 分：易受周围左右，难作决断的类型

你常因听周围人的意见，或被各种信息左右，而不知如何是好，事情仓促时，难以决断是你的致命伤。此类型的人，在发生突发事故时，最好是听从领导者或指挥官的命令。

C 型 29～38 分：虽有克服危机的能力，却常常依赖他人的类型

在遇到危机和麻烦时，你会耐心地克服它。乐观、有判断力，能够征求众人的意见来采取行动。有团队精神，但过于依赖领导和指挥者。

弥补之法就是平时要识人，在关键时刻要选择有识之人来依赖。

D 型 39～45 分：积极且有强烈精神力量的类型

自信、冷静、坚韧。有拼命向前的勇气，有旺盛的生命力，有好好活下去的坚定信念，不一定比别人分析力强，也不一定比别人冷静，但有忍耐力。在一片混乱之际，你可能会排挤他人，保护自己。

弥补之法：坚信团结就是力量，充分运用集体智慧。

第2单元　物流客户的心理认知与分析

学习导航 ▶▶

◆ 了解物流客户的消费心理特性
◆ 明晰物流客户消费心理的类型
◆ 知道物流客户消费心理的外部表现
◆ 重点掌握影响物流客户消费心理的因素

案例导读

越海物流是如何超越客户心理预期的

【经典回放】　2003年，跨国巨头飞利浦更换了国内总代理，让各位IT经销商没想到的是，最后中选者竟然是一家看上去名不见经传的深圳越海物流公司。2004年，该公司成为深圳海关的"纳税大户"。

越海物流以物流服务商的身份帮助飞利浦成功创造出销售新纪录，超出同期深圳原总代理的销量近35%。飞利浦方面对此大为惊叹，并专门授予该公司"创新商业模式奖"。

越海物流的"手"越伸越长

"我们还能为客户做些什么？"已成为越海创新的原动力。当客户为进出口手续而烦恼的时候，越海增加了代理报关和代缴增值税业务；当客户因资金流转过程复杂而影响物流效益的时候，越海甚至做起了资金流服务……

越海物流公司和飞利浦合作初期，还只是为飞利浦提供传统的物流运输，但越海物流的"手"越伸越长，进行了一系列国内物流界前所未有的创新，从简单运输延伸到显示器成品出口运输，再进一步延伸为一般贸易进口代理商、提供进口报关、代缴关税和增值税、代垫货款等资金密集型供应链服务。

把整个供应链"从头干到尾"

越海物流整合后的首月就帮助飞利浦整合分销渠道，成功地创造出了销售新纪录。越海物流和飞利浦的合作案例，也在首届中国供应链管理大会中获得"最佳客户价值贡献奖"。

整合前，飞利浦的成品从工厂到客户终端至少要经过四家或超过四家以上的企业，环节多，交接烦琐，而且存在许多人为因素和风险。同时，运输和暂存的仓储费用也很难降下来。整合后，越海物流已完全覆盖了飞利浦整个供应链环节，从工厂至客户终端之间的全部过程均由越海物流来完成。对于飞利浦来说，这样做减少了供应链环节，提高了物流和信息流的效率。

想一想：越海物流的成功就在于其提供的服务大大超越了客户的心理预期。由此可见，客户的消费心理认知掌握非常重要。对于客户心理反应产生的原因，作为物流客户服务人员，有必要进行认真的分析。对于客户的正常和非正常的心理反应要进行归纳和总结。此外，物流客户服务人员还必须掌握影响客户消费心理的因素，根据具体的客户和情景，制订销售计划，采取相应的销售策略，以促进物流销售的成功。

第1模块　物流客户消费心理认知

必备知识

一、物流客户的消费心理特性

客户在准备和实施物流产品或服务购买活动时所表现出的消费心理是各种各样的，物流客户服务人员只有了解了这些消费心理，才能认准对象，有的放矢，从而取得物流营销的成功。

客户的心理并不是不可琢磨的。了解客户的心理，把物流产品或服务销售到客户的心里去，才是物流客户服务人员顺利打开局面的不二法门。

（一）多样性

客户是各不相同的，他们表现出来的消费心理也会不同，甚至购买同一种物流产品或服务时，由于不同客户的经济条件、生活习惯、性格、爱好、性别、年龄、文化水平等差异，表现出来的消费心理也不一样。其多样性还表现在客户心理需求的层次高低、项目多寡和程度强弱上，如客户有求价廉物美的、有讲品牌档次的、有强调时尚新颖的、有运输安全上提出特殊要求的、有侧重时间安排的……

如何适应和满足客户多样性的特征要求，使客户注意并购买你所销售的物流产品或服务，这是物流客户服务人员能否以客户需求为导向的一个重要问题。

（二）复杂性

客户的复杂性不但表现在消费心理上的多样性，还表现在认识上、观念上的差异性，对于购买同一物流产品或服务，客户可能有多种主导心理，其中又以一种心理为主，这种心理的主次关系又会因外界的情况而有所改变。

复杂性是物流客户服务人员要利用的客户消费心理特征，若处理得好，则有利于客户的消费意愿向推介的物流产品或服务转化；若处理得不好，则可能走向反面。

（三）无限性

社会在发展，科技在进步，客户的需要并不因为一次获得满足而终止，往往是在前次获得满足的基础上又产生新的需要。客户的这种需求心理是永远没有止境的，其结果是不仅使潜在需求变为现实需求，而且也会使欲望变成可能。其变化特征往往由低级到高级，由物质到精神，由简单到复杂，不断向前发展。这种无限性是推动物流业不断发展的动力。因此，我们只能顺应这种发展。这也就要求物流客户服务人员所要销售的产品或服务不能总停留在一个水平上，即使是目前尚畅销的物流产品或服务，也要不断改进和提高。

知识小链接

马斯洛的多层次理论

◈ 生理需要 ◈ 安全需要 ◈ 社交需要 ◈ 受人尊重的需要 ◈ 自我实现的需要

（四）时尚性

时尚性又称为时髦性，这是指客户的主流总是有一种追求时髦、新颖的心理。这种消费心理，突出地表现在青年客户身上。物流客户服务人员为适应这类客户的时尚性，一是要不断推出时尚物流产品或服务，二是要不断在品牌、外观、营销环境、售后服务等方面多动脑筋，跟上时代新潮流。

（五）可变性

可变性指客户的需求心理及购买行为都会因外界影响而发生变化。这种变化，有的是有规律可循的，如上面讲的时尚性，物流企业若推出了一种更时髦的物流产品或服务，客户很可能就会改变其原有意向而购买这种更时髦的物流产品或服务；有的是无规律可循的，如生活环境的变迁、消费习惯的调整、工作的调动、广告的诱导、宣传的激励等而产生的变化。

二、物流客户消费心理的类型

物流客户消费心理的形成和变化受多种因素的影响和制约，主要包括生理因素、实际收入水平、客户自身的思想道德观念和科学文化素养等。客户的消费心理一般分为两部分：一是正常的消费心理；二是带感情色彩的消费心理。作为物流客户服务人员，应把握以下几种最普遍的客户消费心理：

（一）求廉的心理

客户在消费的过程中，都希望用最少的付出换取最大的效用，获得更多的使用价值。追求物美价廉是客户最常见的消费心理。物流客户在消费活动中，一般对物流产品或服务的价格反应最为敏感，在同类以及同质的物流产品或服务中，客户总会选择价格较低的物流产品或服务。

（二）求实的心理

这是建立在客户对物流产品或服务的客观认识基础上的，经过分析、比较等思维活动而产生的消费心理。讲究消费行为的实际效果，着重于物流产品或服务对客户的实用价值。这是理智型客户的一个共同心理。这类客户特别重视产品或服务的实际效用、功能和质量，讲究经济实惠，而不太注重产品或服务的外观、造型、品牌知名度和公司名气等。

（三）安全的心理

安全的心理包含两层含义：一是获取安全；二是避免不安全。物流客户购买物流产品或服务后，要求在被消费过程中不会给公司及本人造成经济损失或身心健康危害。物流客户对这一点往往有特别考虑。

（四）方便的心理

方便心理的特征，是把方便与否作为选择物流产品或服务的第一标准，以求尽可能在消费活动中最大限度地节约时间。

（五）求新的心理

追求和使用新产品或新服务是大多数物流客户普遍具有的心理。这类客户往往富于幻想和联想，轻视传统观念，愿意接受新生事物，因此在选购物流产品或服务时易受广告宣传和流行时尚的影响，即使价格高一些，应用价值并不太大，他们也愿意购买。而陈旧、落后的物流产品或服务，即使价格低廉，他们一般也不会问津。对于这种求新的欲望，年轻的客户比年老的客户更强烈。

（六）自尊和表现自我的心理

人人都有自尊心，客户也不例外。特别是生存性消费需要得到满足后，客户更期望自己的消费能得到社会的承认和其他客户的尊重。不管怎样，我们大家都有这种情况，喜欢听好话，受人恭维，从而觉得自己很有成就，并通过某种消费形式予以表现。所有的物流客户服务人员都应记住这一动机，应当有意迎合买主那种自命不凡的心态，让他们感到自己是在为自己买东西，是在按照自己的意志作出明智的决定。

（七）追求"名牌"和模仿的心理

客户对名牌产品或服务有着强烈的追求欲望和信任感。他们总是认为，买到名牌物流产品或服务才能保证使用周期，增强消费效果。年轻的客户更易崇尚时髦，追赶潮流，进而相互效仿。物流客户服务人员在进行产品或服务销售时，可以充分利用这种攀比或模仿心理。但千万记住：在你向客户提出大家正在模仿某客户或某些客户时，这些人必须是你的买主所崇拜的。只有这时，客户的自尊心才会膨胀，希望去模仿他们，你才会收到满意的效果。

（八）获取的心理

绝大部分客户都有一种占有欲，想把某种东西称做"自己的"。精明的物流客户服务人员利用客户的这种心理做法一般是通过产品或服务的试用进行销售。如将物流产品或服务让客户试用一段时间，他便对该项物流产品或服务很难割舍，这时，他的占有欲就会变得十分强烈，以致接受该项物流产品或服务。

小思考

除了上述几种客户消费心理外，物流客户还有其他消费心理吗？

案例赏析

客户消费心理类型分析

【经典回放】　王先生要到加州出差，他去买飞机票。其消费心理预期包括四点：第一，晚上6点钟之前到达加州。因为那里有几位物流业界朋友等着给他接风洗尘；第二，希望机票能打 6 折，因为他的公司只能报销 6 折的机票；第三，机型是大飞机，因为大的飞机会比较安全和舒适；第四，最好是北方航空公司的飞机，因为他觉得这家公司的飞机较安全。

售票员帮他查了一下，发现没有哪一次航班能完全满足他的所有要求，最后提供了四个方案供他选择：

方案一，北航的大飞机，晚上 7 点钟之前到，价格是原价；

方案二，南航的小飞机，价格是 6 折，晚上 7 点钟之前到；

方案三，北航的大飞机，价格是 6 折，晚上 11 点钟到；

方案四，南航的大飞机，价格是 7 折，晚上 6 点钟之前到。

假如王先生是一位非常注重信誉的人，不愿让朋友等着，那么他就不可能选择晚上 11 点才到的飞机。这时候他会去选择其他三种方案，看他的第二个期望值是什么。

如果他把价格排在第一位，把朋友排在第四位的话，那么最佳的方案就是北航的晚班飞机。

如果他认为价格是第二重要的，那么北航的原价就被排除掉了，南航的 7 折票价也被排除了。剩下就只能选择南航的小飞机，这既是 6 折，又能够在晚上 7 点到，尽管不是大飞机，同时也不是北航的。

如果他是把时间排在第一位，安全和舒适排在第二位和第三位，无所谓价格的话，那么他最有可能接受的就会是北航的原价机票。

【画龙点睛】　任何客户对消费都会有不同的心理预期和要求，但却有轻重之分，物流客户服务人员所面对的客户则更是如此。只有知道哪些是客户能够接受的，哪些是客户不能接受的，才能有效说服客户进行购买。

三、物流客户消费心理的外部表现

情感过程是人们对客观事物与个人需要之间的关系的反映，是人对事物的一种好恶倾向，它主要是通过人的神态、表情、语言和行动变化表现出来的。

物流客户服务人员不可以盲目地说服客户，还要善于用眼睛观察客户的动作和外部表现，以此来判断客户的真实想法，然后再进一步采取更为恰当的说服策略，使交易向成功的方向迈进。

（一）面部表情和姿态的变化

面部表情和姿态是表现情感的主要手段。人们的喜、怒、哀、乐、爱、憎等各种情感都能通过不同的面部表情与姿态表现出来。如当客户买了自己喜欢的物流产品或服务时，会高兴得手舞足蹈；当得到物流客户服务人员热情周到的接待时，客户会喜形于色。在购买活动中，各种复杂的心理感受、情绪变化都会通过不同的面部表情和姿态反映出来。因此，一个优秀的物流客户服务人员不仅要善于根据客户面部表情的变化去揣摩客户的心理，同时，也要注意运用自己的表情姿态去影响客户，沟通买卖双方的感情，促使客户的情感向积极的方向发展。

（二）语调声音的变化

客户表达感情的另一明显特征就是说话时语调的变化。一般来讲，快速、激昂的语调体现了客户的热烈、急躁、恼怒的情感，而低沉、缓慢的语调则表现客户畏惧、悲哀的情感。往往同一句话，由于客户说话的音强、音速、音调差别，会表达出不同的情感。

例如，当客户要求物流客户服务人员展示物流产品时说："对不起，请把物流产品拿给我看看。"如果是语调平缓，语气较轻，则表明客户是真心麻烦物流客户服务人员为他拿东西，但如果物流客户服务人员行动迟缓，或不愿意接待客户，那么客户提高声调，重复上述语句，则表示他已不耐烦了，"对不起"已纯属客套，甚至带有讥讽的含义，表达的是不愉快的情感。

（三）身体各部位的反应

这方面表现得明显的有呼吸系统和循环系统的变化。如客户与物流客户服务人员发生冲突时，双方处于急躁、愤怒状态，则呼吸、心跳、脉搏加快，或面部红肿、苍白。当情绪变化达到顶点时，还会哭泣、叫喊等，借以发泄自己的感情。同样，当客户处于兴奋、紧张、羞怯状态时也会发生相应变化。

总之，在客户的购买活动中，情感的外显是多方面的，也是比较复杂的。有时，一种外显的情感则表达了多种心理活动，如客户在选购物流产品或服务时，有时表情紧张，可能是担心物流产品、服务质量或性能有问题，唯恐吃亏上当，也可能是担心买不到物流产品或服务，还有可能是担心买回去后公司老板或其他人不喜欢等。

第 2 模块　影响物流客户消费心理的因素

知识拓展

影响物流客户消费心理的因素有很多，一个因素会影响很多客户，一个客户也会受很多因素的影响。物流客户服务人员必须明确这些会给物流客户的消费心理造成影响的因素，从而根据不同客户的特点，将有利于客户购买的因素放大，将不利于物流客户购买的因素尽可能缩小。一般而言，影响物流客户消费心理的因素主要有物流消费流行、消费习俗、参照群体、物流客户服务、物流客户服务人员等。

一、物流消费流行对客户心理的影响

物流消费流行是指在一定时间和范围内，物流客户追赶时髦、迎合时尚所呈现出的相似或相同行为的一种消费现象。具体表现为多数客户同时对某种物流产品、服务或时尚产生兴趣，使该项物流产品或服务在短时间内成为众多客户狂热追求的对象。如目前很多企业出于降低物流成本的考虑，将物流业务自营调整为外包。此时，这种物流产品或服务即成为流行产品，这种消费趋势也就成为物流消费流行了。

知识小链接

消费流行的特点

- ◈ 短暂性
- ◈ 地域性
- ◈ 相关性

- ◈ 集中性
- ◈ 梯度性
- ◈ 周期性

在一般情况下，客户购买物流产品或服务的心理活动过程存在着某种规律性。如在购买的收集信息阶段，其心理倾向是尽可能多收集有关物流产品或服务的信息，在比较中进行决策。购物后，通过对物流产品或服务的初步使用，产生对购买行为的购后心理评价。这些心理活动有一种正常的发展过程，即循序渐进。但是，在消费流行的冲击下，客户的消费心理发生了许多微妙的变化，考察这些具体变化，也就成为研究客户的消费心理，做好物流营销工作的重要内容。

（一）认知态度的变化

按正常的消费心理，客户对一种新物流产品或服务，往往在开始时持怀疑态度。按照一般的学习模式，客户对这个事物有一个学习认识的过程。有的是通过经验，有的是通过朋友的介绍，还有的是通过大众传播媒介传送的信息来学习。当然，这种消费心理意义上的学习过程，不同于正规的知识学习，它只是对自己有兴趣的物流产品或服务知识予以接受。但由于消费流行的出现，大部分客户的认知态度会发生变化，首先是将怀疑态度取消，而肯定倾向增加；其次是学习时间缩短，接受新物流产品或服务的时间提前。在企业发展过程中，许多客户唯恐落后于消费潮流，一出现消费流行趋势，就会密切注视着它的变化。一旦购买条件成熟，马上就会积极购买，争取走入消费潮流之中，这样，消费心理就从认知态度上发生了变化。认真分析不难看出，这是消费流行强化了客户的消费心理。

（二）驱动力的变化

人们购买物流产品或服务，有时是由于生活需要，有时是因为人们为维护社会交往而产生的消费需求，更多的是企业运营的需要。由于这种需求产生了购买物流产品或服务的心理驱动力，这些驱动力使客户在购买物流产品或服务时产生了生理动机和心理动机。按一般消费心理，这些购买动机是比较稳定的。当然有些心理动机也具有冲动性，如情绪激动等。这种情绪变化是与客户消费心理相一致的，但是在消费流行中，购买物流产品或服务的驱动力会发生新的变化。如有时明显没有消费需要，但看到时尚物流产品或服务，也会加入购买物流产品或服务的行列，对流行物流产品或服务产生一种盲目的购买驱动力。这种新的购买驱动力可划入具体的消费心理动机之中，如求新、求美、求名、从众心理动机等。但有时购买者在购买流行物流产品或服务时，并不能达到上述心理要求，因此，只能说是消费流行使客户产生了一种新的消费心理驱动力。研究这种驱动力对于认识消费流行的意义具有重要作用。

（三）在消费流行中，会使原有的一些消费心理发生反方向的变化

因为在正常生产或生活消费中，客户往往要对物流产品或服务比值比价，在心理上作出比较后，再去购买物美价廉、经济合算的物流产品或服务。但是，在消费流行的冲击下，这种传统的消费心理受到了冲击。一些流行物流产品或服务明显因供求关系而抬高了价格，但是，客户却常常不予计较而踊跃购买。相反，原有的正常物流产品或服务的消费行为有所减少。

在正常的消费活动中，客户购买物流产品或服务，是某种具体的消费心理动机起了主导作用。如购买物流产品或服务中注重实用性和便利性的求实心理动机，在消费流行中就会发生变化，对实用便利产生新的理解。因为一些流行物流产品或服务，从总体上比较，比原有产品更具新功能，当然会给生活带来新的便利，特别是一些食品和家庭用品。这些客户加入消费流行则是心理作用强化的直接结果。

（四）有些客户原有的偏好心理受到冲击

有些客户由于对某种物流产品或服务的长期使用而产生了信任感，所以购物时非此不买，形成了一种购买习惯，或对印象好的物流企业经常光顾。在消费流行的冲击下，这种具体的消费心理发生了新的变化，虽然这些人对老产品、老牌

子仍有信任感，但整天耳濡目染的都是流行的物流产品或服务，不断地受到朋友或同行使用流行物流产品或服务时的那种炫耀心理的感染，也就会逐渐失去对老产品、老牌子的偏好心理。这时，若老产品和老牌子不能改变物流产品或服务结构、品种、形象，就不能适应消费流行的需求，就会有相当一部分客户转向流行物流产品或服务，反之，如果这些企业赶不上流行浪潮，就会失去老客户。

客户个人的购物偏好心理是在消费生活中由较长时间的习惯养成的，这种习惯心理的养成是建立在个人消费习惯、兴趣爱好之上的。在消费流行中，这种偏好心理也会发生微妙的变化，有时是客户个人认识到原有习惯应该改变，有时是社会风尚的无形压力使之动摇或改变。尽管这些常见的消费心理在消费流行中或多或少地发生了变异，但综合来看，其变化的基础仍然是原有的心理动机，形成强化或转移的形式并未从根本上脱离消费心理动机。

案例赏析

宅急送运用"消费流行"获取第一桶金

【经典回放】 宅急送是 1994 年从日本留学归来的陈平先生创立的物流快运企业。经过 10 年艰苦奋斗，到 2004 年，已有员工 1 万人，车辆 1700 辆，分支机构 310 个，年营业额已达 6 亿元，利润达 4000 多万元，成为了中国民营物流企业的领头羊。

宅急送成立之初，只有 7 个人和 3 辆车，日子并不好过，做了两年送烤鸭、送孩子、换煤气等 10 元钱的业务，几乎难以生计。1996 年北京正好流行送鲜花，宅急送抓住了这一消费流行，顺势而行。自己买花，自己做花，自己送花。特别是 1996 年的情人节，一天的收入就达 13 万元。这是宅急送获得的第一桶金，更是宅急送事业的转折点。

【画龙点睛】 这是宅急送成长过程中具有里程碑意义的经典案例。物流企业要善于捕捉社会消费流行，顺势而行，为客户提供新型的物流产品或服务。

二、消费习俗对物流客户心理的影响

(一) 消费习俗对物流客户心理的影响

消费习俗属于客户需求的风俗习惯，它实质上是指社会上长期形成的观念、

礼节、风尚等。随着社会的进步，科技经济的发展，人们的生活方式不断变化。新的生活方式进入人们的日常生活，但消费习俗依然对客户的心理产生影响，具体表现在：

1. 使消费心理具有相对稳定性

由于消费习惯具有稳定性的特点，客户长期受习俗的影响，自然会对符合消费习俗的物流产品或服务产生偏爱，因而会经常购买这些物流产品或服务，形成稳定的消费心理。物流客户服务人员可根据这些类似的要素，向目标客户进行销售。

2. 使消费行为具有普遍一致性

受消费习俗影响，某个区域内的大量客户会重复购买那些符合消费习俗的物流产品或服务，从而导致在特定时间范围内消费行为的普遍一致性。

3. 制约消费心理与行为的变化

消费习俗几乎导致了人们消费行为的定制化，日常消费活动中人们在很大程度上被习俗心理所取代，由于遵从消费习俗而导致的消费活动的习惯性和稳定性，将大大延缓客户心理及行为的变化速度，并使之难以改变。消费习俗的地方性，使很多人产生了一种对地方消费习惯的偏爱，并有一种自豪感，这种感觉强化了客户的一些心理活动。

（二）消费习俗对购买行为的影响

由于消费习俗本身的特点，决定了它所引起的购买行为在同一情况下又有所区别，主要表现为以下几个特征：

1. 由消费习俗所引起的购买行为具有普遍性

任何消费习俗的形成都必须有一定的接受者，它能够在某种特定的情况下引起客户对某些物流产品或服务的普遍需求。比如，在中国的传统节日或西式节日，人们要购买各种物流产品或服务，像中秋送月饼、情人节送鲜花等，这一期间，客户的需求要比平时增加好几倍。这就是消费习俗的普遍性所引起的购买行为的普遍性。

2. 消费习俗不同于社会流行

这是因为消费习俗形成之后就固定下来，并周期性地出现。如每年端午节吃粽子，中秋节送月饼、元宵节吃汤圆等，这些消费习俗均给物流企业提供了参与服务的机会。所以，随着这些节日的周期性出现，物流业务周期性的特点就表现得特别明显。

作为物流行业来说，也完全可以利用这种消费习俗来进行销售。

3. 由消费习俗所引起的购买行为具有无条件性

消费习俗是一种社会风尚或习惯，它不仅反映人们的行动倾向，也反映了人们的心理活动与精神面貌。一种消费方式、消费习惯之所以能够继承、相传并形成消费习俗，重要的原因是人们的从众心理。每个人都习惯于跟别人去做同样的事，想同样的问题。因此，由消费习俗引起的购买行为几乎没有什么条件限制。物流客户服务人员恰恰可以利用客户的这种心理，将一次性消费逐步转化为消费习惯。虽然它引起的消费数量大、花费多，但客户可以克服许多其他方面的困难，甚至减少其他方面的支出，来满足这方面的消费要求。这就是引导客户产生购买行为的无条件性。

案例赏析

邮政快递送月饼已蔚然成风

【经典回放】　EMS"思乡月"是中国邮政在全国范围内开展的一项中秋月饼速递服务。该项业务适用于亲朋好友节日问候、领导恩师佳节祝福、商务伙伴沟通馈赠、单位团购以关心职工。EMS"思乡月"速递业务安全、方便、快捷、经济，让您免受节日奔波之苦；月饼购买、速递"一条龙"服务，一样的价格，不一样的服务！

2007年中秋，广州邮政在广州500多个销售网点推出购买广州酒家、莲香楼、东海堂等地月饼免费速递全国的中秋礼仪"真情速递"服务。

据介绍，广州邮政推出的中秋礼仪服务，整合邮政资源与饼家、大型商场、连锁超市等客户的合作，将收寄终端延伸到商场、超市门口，在价格方面基本与市场接轨。由于有邮政专机专送，以及"次晨达"、"次日递"两大后盾，此次中秋礼仪专送服务，广州邮政承诺当天收寄的月饼次日11时前妥投珠三角七个城市（广州、深圳、东莞、珠海、中山、江门、佛山），当天收寄的月饼次日妥投全国75个城市，对于市内免费配送，从受理客户订单到送达客户家中，最长不超过24小时。

广州邮政中秋礼仪营销注意迎合客户的消费习俗，经过几年的运作，取得了骄人的成绩。去年中秋礼仪营销收入达1500万元。邮政中秋礼仪已成为广州地区月饼消费市场的一个品牌，彤成了以销售带动寄递、礼仪业务的特色服务模式。

【画龙点睛】　物流客户服务人员必须了解目标客户的不同特点和消费习俗，并据此进行物流产品或服务的设计，做好促销工作，时刻在营销中注意迎合客户的消费习俗。

三、参照群体对物流客户心理的影响

参照群体是指影响物流客户对物流产品或服务需求行为的参照个体或组织。

（一）影响物流客户消费心理的参照群体

影响物流客户消费心理的参照群体很多，但总体上来讲，主要有龙头企业、社会阶层、家庭成员和角色定位。

1. 龙头企业

龙头企业是指某一行业或某一地区的领袖企业或标杆企业。这类企业往往在某一行业或地区有着很强的示范作用，一旦他们购买了某一流行的物流产品或服务，其他相关企业就会竞相模仿。龙头企业的消费倾向、价值评价和选择标准等，往往成为同行的重要参照依据。如物流外包是降低物流成本的一种重要方式，已被很多龙头企业广泛应用，其示范效应就非常明显。物流企业应善于利用客户的消费心理，运用龙头企业的示范效应，形成规模经营。

2. 社会阶层

社会阶层划分的标准主要是客户的职业、收入、教育和价值取向。这些不同层次的客户由于拥有明显不同的价值观念、生活习惯和消费行为而最终导致不同的活动方式和购买方式。因此，物流企业在客户开发的过程中，应当集中主要力量为某些特殊的阶层服务，而不能同时满足所有各个阶层的要求也在一定程度上影响着客户的购买行为。另外，不同阶层还往往会决定不同商品的销售方式和广告媒体的选择。除了消费能力的不同会造成不同阶层客户购买和购买行为的区别之外，不同阶层在购买时的心理状态差异也会影响到客户购买的结构。如网上购书已成为许多专家学者、作家、教师、学生等文化阶层买书的重要渠道之一，因此网上书店的发展正方兴未艾，支撑网上书店发展的图书快递业也日新月异。

3. 家庭成员

这是客户最重要的参照群体之一，它包括客户的一切血缘家庭和婚姻家庭的成员。家庭成员的个性、价值观以及成员之间的相互影响，形成了一个家庭的整体风格、价值观念和生活方式，从而对物流客户行为起着直接的影响作用。

4. 角色定位

这也是影响客户行为的主要参照群体之一。角色定位是指客户在不同的场合扮演了不同的角色，形成了不同的社会地位，因而，不同地位的客户有不同的需

要，并购买不同的商品。如一个成年男人，他可能会在不同的场合分别扮演儿子、丈夫、老板等角色，这使得他在不同的场合下会产生不同的物流消费行为和决策。

（二）参照群体的心理作用机制

参照群体对物流客户行为的影响是在一定心理机制的作用下产生的。具体作用机制包括以下五个方面：

1. 模仿

这种行为反应能够再现他人特定的外部特征和行为方式。有研究表明，客户之所以发生模仿行为，是由于人的本能、先天倾向以及社会生活中榜样影响的结果。在榜样的影响下，客户不仅模仿到某种行为方式，而且会形成共同的心理倾向，从而表现出消费观念、兴趣爱好和态度倾向的一致性。

2. 提示

提示又称暗示，是在无对抗条件下，用含蓄、间接的方法对客户的心理和行为产生影响，并使其思想、行为与提示者的意志相符合。影响提示作用的最主要因素是提示者的数目。只要众多提示者保持一致，就会形成一种强大的驱动力量，推动引导个人行为服从群体行为。如某物流产品或服务降价促销，就会引起许多人的竞相抢购，某些原本没有购买需要的客户也会情不自禁地加入购买行列。

物流客户服务人员在销售物流产品或服务的过程中，可以利用适当的优惠、积分等促销方式来影响客户的消费心理。

3. 情绪感染与循环反应

情绪感染是情绪反应最主要的机制之一。它的作用表现其实是一个循环的过程。在这一过程中，别人的情绪会在个人心理上引起同样的情绪，而这种情绪又会加强他人的情绪，从而形成情绪感染的循环反应。群体行为即是循环反应的结果。循环反应强调群体内部成员之间的互相感染。因此，群体气氛、群体的价值观念、行为规范等，都会直接影响客户企业每个决策成员的思想、态度和行为。

4. 行为感染与群体促进

通常，个人虽然已经形成某种固定的行为模式，但在群体条件下，由于群体规范和群体压力的作用，会使某些符合群体要求的个人行为得到表现和强化，而一些不符合群体要求的行为则受到否定和抑制。为了减少来自群体的心理压力，个人必须服从群体的要求，被群体行为所感染。在物流企业客户开发过程中要加强对行业协会、俱乐部等社团组织的促销推广，强化行为感染与群体促进机制的作用。

5. 认同

认同是一种感情的移入过程，任何群体都有被多数成员共同遵从的目标和价值追求。个人作为群体内部的成员之一，在与其他成员的互动交往中，会受到这一共同目标和价值追求的影响，从而产生认同感。认同感往往通过潜移默化的方式发生作用，使人们的认识和行动趋于一致。

（三）参照群体影响物流客户心理的表现

1. 参照群体的三种影响方式

参照群体对物流客户的影响主要有三种方式，即信息、规范和价值表现影响。

（1）信息影响。参照群体不断向物流客户传递一些物流消费信息，物流客户会将这些信息作为重要的参考依据，最终影响其消费行为。参照群体的信息影响程度取决于被影响者与群体成员的相似性，以及施加影响的群体成员的权威性。比如，一位客户正寻找一物流配送企业，而他的同行和朋友都与某一知名物流企业合作，那么他就很可能选择同一物流企业。

（2）规范影响。即群体要求成员遵守的规范对客户产生的影响。参照群体能产生这种影响的前提是：参照群体能给予客户某种奖赏或惩罚；参照群体的行为是明确可知的；客户有得到奖赏或避免惩罚的愿望。比如，2008 年 6 月举行的第五届上海国际模型展览会主承办方为规范参展商的展品物流运输行为，指定的物流服务商为上海怡翔国际货运发展公司。规定：物流运输费用由参展商直接与指定的物流服务商结算，参展商不得自带叉车、吊车、手动液压车等运输设备进场，展品进场、撤展必须按先后顺序进行等。因此，遵从参照群体的规范要求就成为被影响者的主动行为了。

（3）价值表现影响。每个参照群体都有一定的价值观和文化内涵。大多数客户都希望在维持自我的同时被社会所认同，因而会按照一定群体的价值观和其他各种习惯、规范来行事，从而实现社会认同的目标。一个群体能对客户产生这种影响需要有一定的前提，即客户要能认同这个群体的价值观，并完全接受这个群体的规范。

2. 参照群体对物流客户的影响程度

参照群体对物流客户虽然具有重要影响，但不同客户受参照群体影响的程度却有很大差别。现实中，参照群体对物流客户影响力的大小主要取决于以下因素：

（1）客户的个性特征。物流客户的个性不同，受参照群体的影响程度也明显不同。一般来说，自信心强、善于独立思考、做事有主见、具有较强分析判断能力的客户，受参照群体的影响较小；相反，习惯依赖他人、做事缺乏主见、优柔寡断的客户，往往受参照群体的影响较深。

（2）客户的自我形象。每个物流客户的内心深处都有自己设定的自我形象，其中既包括实际的自我形象，也包括理想的自我形象。实际生活中每个参照群体都有其独特的价值观、行为准则与消费特征。当它们符合物流客户的自我形象时，就会使物流客户对该群体产生强烈的认同感，把它视为塑造自我形象的一个榜样群体。相反，如果这些参照群体的特征与物流客户的自我形象相差甚远，则不会对客户产生积极影响，甚至会成为客户极力回避的群体。

（3）客户选购物流产品或服务的类型。国外有学者认为，参照群体对客户选购不同类型物流产品或服务的不同影响程度可以从两方面来说明：一方面是物流产品或服务被别人认知的程度，即自己使用这种物流产品或服务能否引起别人的重视，这个产品的品牌能否被别人识别，由此将物流产品或服务分为大众性物流产品或服务和特殊性物流产品或服务；另一方面是看客户对物流产品或服务的需求强度，由此将物流产品或服务分为必需品和高端品。需要说明的是，由于具体国情不同，有些在国外被认为是必需品的物流产品或服务在我国可能是高端品。因此，在分析参照群体对客户选购物流产品或服务的影响程度时，要结合我国企业的经济实力和客户整体水平的实际情况来分析。

四、物流客户服务对客户心理的影响

（一）物流客户服务的含义及要素

1. 物流客户服务的含义

物流客户服务是物流企业为满足客户的物流需要而提供的一切有关物流的活动。物流客户服务是按照客户的要求，为克服货物在空间和时间上的间隔而进行的运营活动。其内容是满足货主需求，保障供给，而且在量上满足客户在适量性、多批次、广泛性的需求；在质上满足客户在安全、准确、经济等方面的需求。具体包括运输与配送、保管、装卸、搬运、包装、流通加工和相关联的物流信息等常规服务与增值服务。

2. 物流客户服务的要素

从服务的过程来看，物流客户服务要素分为交易前要素、交易中要素和交易后要素。

（1）交易前要素。交易前要素是指物流产品或服务在销售前为客户提供的各种服务的构成元素，如制订和宣传客户服务政策，完善客户服务组织，使之能够按客户的要求提供各种形式的帮助。

（2）交易中要素。交易中要素是指在将货物从供方向需方移动过程中各种服务的构成元素。这些服务与客户有着直接的关系，是制订客户服务目标的基础。因此，这些服务对客户满意度具有重要影响。其内容主要包括订货信息、存货水平、订货周期、缺货频率、快速装运、运输、系统准确性、订货方便性及产品替代性等。

（3）交易后要素。交易后要素是指产品销售和运送后，根据物流客户要求而提供的后续服务的各项构成元素，如设备安装、产品质量保证、售后维修及维护、零配件供应、产品质量跟踪、处理客户投诉及退货等服务活动。

（二）物流客户服务的内容

物流客户服务的内容非常广泛，总体而言，主要包括供应链间客户服务、物流保管客户服务、物流运输客户服务、物流配送客户服务等内容。

1. 供应链间客户服务

（1）供应链的含义。供应链是围绕核心企业，通过对信息流、物流和资金流的控制，从采购原材料开始，制成中间产品以及最终产品，最后由销售网络把产品送到客户手中，将供应商、制造商、零售商和最终用户连成一个整体的功能网链结构模式。它是一个范围更广的企业结构模式，包含了所有加盟的结点企业，从原材料的供应开始，经过链中不同企业的制造加工、组装、分销等过程直到最终用户。它不仅是一条连接供应商到用户的物料链、信息链、资金链，而且是一条增值链，物料在供应链上因加工、包装、运输等过程而增加其价值，给相关企业都带来了收益。

根据供应链的上述定义，其结构可以简单归纳为下图所示的模型。

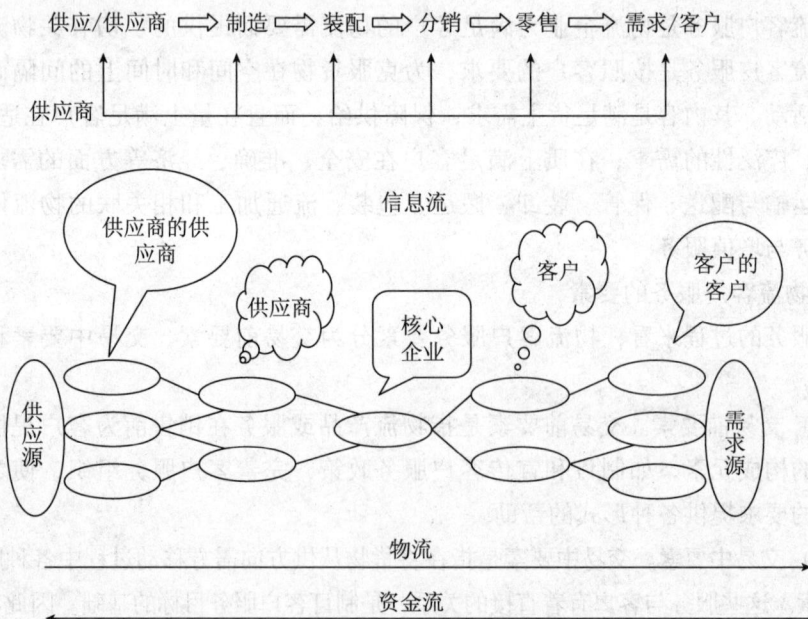

供应链的网链结构模型

知识小链接

供应链的特征

供应链是一个网状结构，由围绕核心企业的供应商、供应商的供应商、客户以及客户的客户组成。一个企业是一个结点，结点企业和结点企业之间是一种需求与供应的关系。供应链的主要特征有：

- 复杂性。因为供应链结点企业组成的跨度（层次）不同，供应链往往由多个、多类甚至多国企业构成，因而供应链结构模式比一般单个企业的结构模式要复杂得多。
- 动态性。供应链管理因企业战略和适应市场需求变化的需要，其中结点企业需要动态的更新，这就使得供应链具有明显的动态性。
- 以客户为导向。供应链的形成、存在、重构，都是基于一定的市场需求而发生的，并且在供应链的运作过程中，客户的需求拉动是供应链中信息流、产品流、服务流、资金流运作的驱动源。
- 交叉性。结点企业可以是这个供应链的成员，同时又是另一个供应链的成员，众多的供应链形成交叉结构，增加了协调管理的难度。

（2）供应链管理的定义。供应链管理（Supply Chain Management）是指制造商与它的供应商、分销商及用户合作，为客户所希望并愿意为之付出的市场提供一个共同的产品和服务。这样，一个多企业的组织，最大限度地利用共享资源（人员、流程、技术和性能评测）来协作运营，其结果是得到了高质量、低成本、迅速投放市场并获得客户满意的产品和服务。

（3）供应链间客户服务的含义。就物流供应商而言，供应链间客户服务是以核心企业为中心，以客户为导向，为供应链间各结点企业提供满意的物流产品或服务，并取得增值。

（4）供应链客户服务管理的方法。从市场的反应方式来看，企业供应链运作系统可分为供给推进模式和需求拉动模式。

- 供给推进模式。推进式供应链运作方式以制造商为核心，产品生产出来后从分销商逐级推向客户。分销商和零售商处于被动接受地位，各企业之间的集成度较低，通常采取提高安全库存量的方法应付需求变动，因此整个供应链的库存量较高，对需求变动响应能力较差。

◆ 需求拉动模式。需求拉动式供应链的驱动力产生于最终客户的需求,整个供应链的集成度较高,信息交流迅速,可根据客户的需求实现定制化服务。采用这种运作方式的供应链系统库存量较低。

关于供应链客户服务管理的方法主要有两种:即快速反应和有效客户反应。

◆ 快速反应(Quick Response,QR)。快速反应是指物流企业面对多品种、小批量的买方市场,不是储备了"产品",而是准备了各种"要素",在客户提出要求时,能以最快的速度抽取"要素",及时"组装",提供所需的服务或产品。

快速反应是美国纺织服装业发展起来的一种供应链管理方法。它是美国零售商、服装制造商以及纺织供应商开发的整体业务概念,目的是减少原材料到销售点的时间和整个供应链的库存,最大限度地提高供应链管理的运作效率。

快速反应要求零售商和供应商一起工作,通过共享 POS(销售时点信息管理)信息来预测商品的未来补货需求,以及不断地预测发展趋势以探索新产品的机会,以便对客户的需求能更快地作出反应。在运作方面,双方利用 EDI(电子数据交换)来加速信息流,并通过协同活动使得前置时间费用最小。

◆ 有效客户反应(Efficient Consumer Response,ECR)。有效客户反应是在分销系统中,以满足客户要求和降低与消除分销商与供应商体系中不必要的成本和费用为原则,能及时作出准确反应,使提供的物品供应或服务流程最佳化的一种供应链管理策略。有效客户反应的最终目标是建立一个具有高效反应能力和以客户需求为基础的系统,使零售商及供应商以业务伙伴方式合作,提高整个供应链的效率,而不是单个环节的效率,从而大大降低整个系统的成本、库存和物资储备,同时为客户提供更好的服务。

2. 物流保管客户服务

(1)物流保管客户服务的含义。就是以提高客户的满意度为宗旨,为客户提供仓储、保管等服务内容。

(2)物流保管客户服务的内容。物流保管客户服务的基本内容就是要做到仓储合理化和管理科学化。仓储合理化和管理科学化就是以最科学的方法和手段,以最经济的成本从事仓储活动,并发挥其作用的一种库存状态及其运行趋势。具体包含以下内容:

◆ 库存设施配置合理化。库存设施是指除主体建筑(库房、货棚、货场)之外,仓储业务所需的各种技术装置与机具。主要包括装卸搬运设备、保管设备、计量设备、养护检验设备、通风照明设备、安全设备及其他用品与工具等。库存设施配置合理化是指仓储企业的常规仓库设施与先进的仓储设备的配置,既能满足客户的基本需要,又能满足客户的发展需要。

◆ 仓储信息网络化。仓储信息网络化是指利用现代信息技术、数学和管理科学方法对仓储信息进行收集、加工、存储、分析和交换的人机系统。即以总部仓储管理部门为信息处理中心，各分部为子系统，各客户为终端，使供应商、制造商、分销商以及客户等连成一体，从而实现供应链各成员的信息共享，减少流通环节，缩短物资周转时间，压缩库存物资，提高保障的精确性和可靠性，实现仓储物资全过程的可视化。

◆ 组织管理科学化。主要包括：库存货物数量保持在合理的限度之内，既不能缺少，也不能过多；货物存储的时间较短，货物周转速度较快；货物存储结构合理，能充分满足生产和消费的需要；货物存储空间合理，能充分满足不同的流通环节和不同地点的需要。

◆ 库存结构合理化。库存结构合理化是指货物在库存总量和存储时间上，库存货物的品种和规格的比例关系基本协调，以适应和满足客户的要求。

◆ 仓储作业自动化。主要是指物资储运集装化、仓储装卸高效化、机器人将活跃于仓储领域以及条形码技术的广泛应用。

◆ 仓储安全监控电子化。主要包括闭路电视监控、防盗报警、火灾报警与控制、出入库监控、紧急报警、巡视管理、周界防卫、门锁控制和智慧卡等仓储安全监控系统，工作全面实现电子化。

◆ 仓储管理科学化。就是以库存周转率为考核评价指标，采用 ABC 分类管理法、关键因素分析法等库存分类管理方法，运用经济订购批量法确定最佳的订货批量和最佳的订货周期，从而做到供应及时、周转快、消耗低、费用省，取得良好的经济效益。

知识小链接

ABC 分类管理法、关键因素分析法

◆ ABC 分类管理法。就是把库存物资按重要程度（品种和占用资金的大小）分成 ABC 三类，对 A 类（品种占 10% 左右，资金占 70% 左右）实行重点管理；对于 C 类物资（品种占 70% 左右，资金占 10% 左右）实行粗放管理；对于 B 类物资（品种、资金各占 20% 左右）实行一般管理。

◆ 关键因素分析法。有些企业的物资如纽扣、螺母及某些标准件等，价值低，但不可缺少，否则就会造成生产停顿。不适合 ABC 分类法，只

能采用关键因素分析法（CVA）。它是根据库存产品的重要性而将其分为最高优先级、最优先级、中等优先级和低优先级四个级别，再分别制订不同的库存管理策略的。其中优先级别越高的产品，对生产经营的影响越大，缺货成本越高，要求的现货供应比率就越高；优先级别越低的产品，缺货成本越低，相应的客户服务水平就可以略低。

3. 物流运输客户服务

（1）物流运输的含义。物流运输是指货物的载运及输送。运输是物流的主要功能元素之一，是"第三利润"的主要源泉。按运输方式分类，物流运输主要包括：公路运输、铁路运输、水路运输、航空运输和管道运输。

小贴士

经济学家称，物流是继降低人工和材料成本以及提高劳动生产率之后的"第三利润源泉"，是"降低成本的最后处女地"。

（2）物流运输客户服务的要点。物流运输客户服务就是以物流运输合理化来满足物流客户的需求。其主要内容就是物流运输的合理化，尽量减少甚至避免对流运输、迂回运输、倒流运输、过远运输、重复运输、无效运输等不合理运输，以最短的路线、最快的速度、最省的费用，提高运输效率，节省运输成本。

◆ 选择合理的运输方式。运输方式的选择应当在准确把握各种现代运输方式分类和特点的基础上，根据货物的不同特点、运输成本、质量、时效等方面综合平衡，作出决策。

一般而言，选择运输方式应当依据货物的特性、批量、运输距离、时间要求和运输成本五个方面的影响要素，结合各种运输方式的特点来进行。

小贴士

一般来说，运输成本要占物流成本的60%。要降低物流成本，主要是要控制运输成本。

◆ 物流运输合理化。影响物流运输合理化的因素很多，起决定性作用的有五个因素，即运输距离、运输环节、运输工具、运输时间和运输费用。运输方法主要有直达运输、直拨运输（就厂直拨、就站直拨、就库直拨、就车船直拨）和合装整车运输。

4. 物流配送客户服务

（1）物流配送的含义。就是按客户或收货人的订货要求，由配送中心或其他物流结点进行集货、理货（分拣、配货和包装）业务，并将配置货物送交客户或收货人。这一过程由集货、储存、分拣、配货、分放、配装、送货等部分构成。

知识小链接

配送类型

◎ 按配送机构的不同分类，配送可分为配送中心配送、仓库配送、生产企业配送。

◎ 按配送货物种类及数量不同分类，配送可分为少品种、大批量配送，多品种、小批量配送和配套配送。

◎ 按配送时间及数量分类，配送可分为定时配送、定量配送、定时定量配送、即时配送和定时定路线配送。

（2）配送中心的含义与类型。配送中心是位于物流结点上，专门从事货物配送活动的经营组织或经营实体。配送中心是开展货物配送及相关业务的场所。一个完整的配送中心，其结构除了基本的硬件设施（包括货场、仓库和运输车辆）外，还必须具备保障配送中心各项业务活动有效运作的各种设施，以及具备现代化经营和管理的计算机硬件和软件。

根据配送中心所发挥功能的不同，配送中心一般可分为流通型配送中心、储存型配送中心和加工型配送中心三种类型。

◆ 流通型配送中心。它没有长期货物储存功能，仅以暂存或随进随出的方式进行配货、送货，其典型的运作方式是大量货物整进并按一定批量零出。其过程采用大型分货机对货物进行分拣传送，分送到客户单位或配送车辆上。其主要功能是分货与传送。货物配送路径：客户向企业总部发出订货指令后，总部随即通知制造商送货到配送中心，配送中心负责对货物进行检验并分配，将属于同一区域的客户货物集合在车辆内，及时配送到各客户手中。

◆ 储存型配送中心。它具有极强的储存功能，这一功能能体现适应和调节客户或市场的需要。其主要功能是储存与转运。货物配送路径：客户通过计算机向企业总部发出订货，配送中心根据总部要求，下达出货指示，并配送至各客户。

◆ 加工型配送中心。它具有货物再加工功能。货物进入该中心后，经过进一步的简单加工后再进行配送。其主要功能是加工、包装和转运。货物配送路径与储存型配送中心相似，所不同的是侧重货物的加工和再包装等作业过程。

（3）物流配送客户服务的要点。配送服务是直接面向最终客户提供的物流服务，它需要将货物在较短的时间内交付给众多的客户。其目标就是实现配送服务的合理化。

◆ 配送路线的合理选择。配送路线的选择对配送货物的速度、成本、利润有相当大的影响。要合理地选择配送路线，必须遵循配送路线选择的原则。

第一，路程最短原则。这是一种最为直观的原则。如果路程与成本相关程度高，其他因素可忽略不计时，路程长短可作为首选考虑。

第二，成本最低原则。成本是配送核算的减项部分，是诸多因素的集合，必须综合考虑，力争成本最低。

第三，利润最高原则。这是配送中心的核心，也是业务成果的综合体现。因此在计算时，力争利润最大化。

第四，吨公里最小原则。这一原则在长途运输时被较多地利用和选择。在多个发货站和多个收货站的条件下，最为适用。在共同配送时，也可选用此项原则。

第五，准确性最高原则。准确性内容包括配送至各大客户的时间要求和路线合理选择的要求。如何协调这两个因素，有时操作起来比较困难，会造成与成本核算相互矛盾，因此，要有全局观念。

第六，合理运力原则。运力包括组织配送人员、配送货物和各项配送工具。为节约运力，必须充分运用现有运力，完成配送任务。

知识小链接

确定配送路线的约束条件

第一，满足用户或收货人对货物品种、规格、数量和质量的要求。

第二，满足用户或收货人对货物送达时间限制的要求。

第三，在允许通行的时间内进行配送。

第四，配送的货物量不得超过车辆载重量和容积等指标要求。

第五，在配送中心现有生产力范围之内进行配送。

◆ 配送合理化策略。物流配送合理化是衡量物流配送服务水平和客户满意度高低的一个重要标志。要达到配送合理化必须运用以下策略：

第一，实行专业化配送服务。一般由第三方物流企业为主体的配送中心来完成，有别于制造商或批发商、零售商自营的配送中心提供的配送服务，这种配送服务专业性好、现代化程度高、运输配送能力强，且地理位置优越，能迅速、准时、经济地把货物配送给客户，是一种理想的配送服务。

第二，推行加工配送。通过加工与配送的结合，充分利用本来应有的中转，在不增加新的中转的前提下求得配送合理化。同时借助配送使加工目的更明确，与客户的联系更紧密，两者配合，优势互补，强化了物流企业自身的增值功能，又方便了客户。

第三，推行协同配送。通过协同配送，物流企业与客户可以以最近的路程、最省的配送成本来完成配送，从而实现配送服务合理化。

第四，实行取送结合。就是物流企业与客户建立稳定、密切的协作关系，不仅成了客户的供应代理人，而且为客户提供了储存仓库，甚至成为了客户产品的代销人。在配送时，将客户所需的货物送达，再将该客户生产的产品用同一车辆运回，这种产品也就成了配送中心的配送或代储产品之一，从而减少了客户的库存。这种取送结合的方式，真正实现了物流企业与客户的双赢。

第五，实施准时配送制。准时配送是物流配送合理化的重要内容。配送服务若能做到准时送达，就可做到低库存或零库存，降低库存成本，提高物流周转率。由此可见，实施准时配送制是实现物流配送合理化的重要手段。

第六，推行即时配送。即时配送是物流企业快速反应能力的具体化，是物流企业能力的体现，是解决客户断供之忧、提高供应保障能力的有效手段，也是客户实行零库存的重要保证。

案例赏析

漏洞百出的物流配送服务

【经典回放】　在一家街头的零售店里，某饮料企业的一位理货员来给店里送货，以下是他和零售店老板之间的对话。

企业理货员："张老板，我来给您送货。"

零售店店主：“你们公司送货怎么这么慢呢？我订的货应该在昨天就送到了！可现在你才来，你看，我的客户都跑掉了！”

企业理货员：“对不起，我们公司那边有点问题。”

零售店店主：“怎么你们送来的货与我的订单内容不一样啊?”

企业理货员：“是吗?”

零售店店主：“这个产品不对，我要的是150毫升的饮料，你送的是500毫升的；这个产品也不对，我要30瓶，你们只拿了20瓶！真是乱七八糟的！像你们这样送货，客户全都得跑光了。产品不对！时间也不对！我要退货，真是受不了你们，我不会再和你们打交道了！”

【画龙点睛】　像上例饮料企业，如此漏洞百出的物流工作和粗糙的物流服务无疑会使客户心理受到严重伤害，进而造成营业额的大幅下跌。在市场竞争日趋激烈的今天，频繁出现以上问题的企业是很难生存的。为了避免这种情况发生，企业物流部门就应当做到保持适当的库存、进行及时的货品补充、制订合理的客户配送计划。可见，推动物流工作的效率化和合理化应成为企业生存的重要战略。

小思考

物流客户服务一般应包括哪些内容?

（三）物流服务质量对物流客户心理的影响

1. 做好物流客户服务是赢得客户的重要手段

客户是物流服务中最关键的因素。要做好物流客户服务，物流客户服务人员必须做到：理解客户；发现客户的真实需要；提供客户需要的物流产品或服务；最大限度地满足客户的需要。

2. 以客户为关注焦点是取得客户信任的前提

以客户为关注焦点是客户管理的核心思想。任何企业都依存于客户，企业若失去了客户，就失去了存在和发展的基础。因此物流企业必须时刻关注客户的动向、客户的潜在需求和期望，以及对现有物流产品或服务项目的满意程度，从而作出快速反应，赢得客户的信任，牢固锁定市场。

3. 物流增值服务是超过客户心理预期、提高市场竞争力的重要路径

物流增值服务是物流企业在完成物流基本服务的基础上，根据客户需求提供的各种延伸业务活动。在竞争不断加剧的市场环境下，不但要求物流服务在传统

的运输、配送、保管、装卸搬运、包装、流通加工和相关联的物流信息等常规服务项目上有更严格的服务质量，同时还要求提供更多的增值性服务。物流增值服务主要包括：

◆ 增加便利性服务。对客户而言，一切能简化手续和操作程序的服务均是增值服务。当然简化并不是说服务的内容简单化了，而是指为了获得某种服务，以前需要客户亲自做的事情，现在由物流服务提供商代替了，从而使客户获得的这种服务变得简单方便。如物流企业推行的一条龙的"门到门"服务、提供完备的操作或作业提示、免费培训、24小时营业、自动订货、传递信息和转账、物流全过程追踪等均是为客户提供的增值性物流服务。

◆ 提高加速反应速度服务。快速反应是物流增值服务的重要内容之一。物流企业通过增值性物流客户解决方案，如优化配送中心、物流中心网络，重新设计适合客户的流通渠道，以此来减少物流服务环节，简化物流过程，提高物流系统的快速反应能力，已成为物流企业参与市场竞争的重要手段。

◆ 为客户提供降低物流成本的服务。寻找能为客户降低物流成本的解决方案，可选择的方案有：采用第三方物流服务商，采取物流共同化计划；采取适用且投资少的物流技术和设施设备，推行物流管理技术，如运筹学中的管理技术、单品管理技术、条形码技术和信息技术等，提高物流效率，降低物流成本。

◆ 提供延伸服务。物流服务向上可延伸到市场调查与预测、采购及订单处理；向下可延伸到物流咨询、物流系统设计、物流方案的规划与选择、库存控制决策建议、货款回收与结算、教育与培训等。

4. 建立与客户的互利关系可增强双方创造价值的能力

物流企业与客户是相互依存的，互利关系可增强双方创造价值的能力。物流企业在发展与客户的关系时，要充分考虑短期利益与长远利益的平衡，要营造一个清晰、公开的沟通渠道，与客户特别是关键客户共享必要的信息和利益。这种双赢的思想，有利于增强双方创造价值的能力，使成本和资源进一步优化，共同应对市场的变化。

5. 物流设施也是争取客户的重要工具

物流设施除了起重、装卸、运输、配送、储存保管等基础设施外，还包括条码扫描仪、电子数据交换设备、货物跟踪设备、物流监控设备等信息管理技术装备。"没有金刚钻，怎揽瓷器活"。物流设施的先进程度、自动化水平对物流服务质量的提高有直接关系，也是能否争取到客户的一个重要工具。因此物流企业应重视物流设施的投入，为提高物流客户服务水平奠定坚实的基础。

案例赏析

海尔"一流三网"实现与客户的零距离

【经典回放】　2001年3月投入运营的海尔国际物流中心，由国家863计划项目海尔机器人有限公司整合国内外资源建设而成。海尔国际物流中心高22m，拥有18056个标准托盘位，其中原材料9768个，产成品8288个，包括原材料和产成品两个自动化物流系统。采用了世界上最先进的激光导引技术开发的激光导引无人运输车系统、巷道堆垛机、机器人、穿梭车等，全部实现现代物流的自动化和智能化，大大减少了人为的质量问题，提高了作业的质量。

海尔物流管理的"一流三网"实现了海尔流程的再造。"一流"是以订单信息流为中心，"三网"分别是全球供应链网络、全球客户资源网络和计算机信息网络。"三网"同步运动，为订单信息流的增值提供支持。

为订单而采购，消灭库存

在海尔，仓库不再是储存物资的水库，而是一条流动的河，河中流动的是接单采购来的生产必需物资，从根本上消除了呆滞物资、消灭了库存。目前，海尔集团每月平均接到6000多个销售订单，这些订单的定制产品品种达7000多个，需要采购的物料品种达15万多种。海尔国际物流中心货区面积7200平方米，但它的吞吐量却相当于30万平方米的普通平面仓库，海尔物流中心只有10个叉车司机，而一般仓库完成这样的工作量至少需要上百人。

双赢，赢得内部资源的整合；赢得全球供应链网络

海尔通过整合内部资源、优化外部资源使供应商由原来的2336家优化至978家，国际化供应商的比例却上升了20%；建立了强大的全球供应链网络。爱默生等世界500强企业都成为海尔的供应商，有力地保障了海尔产品的质量和交货期，不仅如此，更有一批国际化大公司以其高科技和新技术参与到海尔产品的前端设计中，目前可以参与产品开发的供应商比例已高达32.5%。

三个JIT（准时制），实现同步流程

海尔物流通过3个JIT，即JIT采购、JIT配送和JIT分拨物流来实现同步流程。目前海尔的所有供应商均在网上接受订单，并通过网上查询计划与库存，及时补货；货物入库后，物流部门可根据次日的生产计划利用ERP（企业资源计划）信

息系统进行配料，同时根据看板管理 4h 送料到工位；生产部门按 BtoB、BtoC 订单的需求完成订单后，满足客户个性化需求的定制产品通过海尔全球配送网送达客户手中。目前海尔在中心城市实现 8h 配送到位，区域内 2h 配送到位，全国 4 天以后到位。

实现了与客户的零距离，达到了质量零缺陷的目的

在企业外部海尔 CRM（客户关系管理）和 BBP 电子商务平台的应用架起了与全球客户资源网、全球供应链资源网沟通的桥梁，实现了与客户的零距离。在企业内部，计算机自动控制的各种先进物流设备不但降低了人工成本、提高了劳动效率，还直接提升了物流过程的精细化水平，达到了质量零缺陷的目的。

【画龙点睛】　海尔作为中国的标杆企业，在物流服务方面也是独树一帜的。海尔创造的"一流三网"，不仅实现了与客户的零距离，保证了质量的零缺陷，更重要的是赢得了客户，赢得了市场。可见，物流服务的质量与水平是影响客户消费心理的重要因素。

五、物流客户服务人员对物流客户心理的影响

客户服务人员，这是由外资企业引入中国的一个全新的岗位名称。近年来，中国经济迅猛发展并与世界经济接轨，按照全球经济一体化的内在要求，客户服务涉及的范围为非营利性行业或营利性行业，如政府机关、教育行业、制造业、金融业、电信业、咨询业、零售业、旅游业、医疗业等行业。直接接触客户的人员、为用户提供服务或产品的人员、销售人员、售后服务人员及其经理和主管，均为客户服务人员。

物流客户服务人员就是直接接触物流客户的人员或为用户提供服务或产品的人员，包括客户代表、客户经理、客户主管等。物流营销工作是一项与人打交道，与客户沟通的工作，具有很强的艺术性与复杂性，因此，物流客户服务人员必须具备良好的素质，才能取得客户的信任与好感，促进购买行为的产生以及客户满意度和忠诚度的培育。具体来说，一个物流客户服务人员的基本素质包括仪表风度、心理素质、职业道德、业务素质和能力要求，这些素质的高低对物流客户的心理会产生重要影响。

（一）客户服务人员仪表风度与客户消费心理

仪表即人的外表，包括容貌、服饰、姿态、风度等方面，是一个人精神面貌和内在素质的外在表现。仪表在人们的交往中起着很重要的作用，通常称为第一印象或首要效应。

对一个直接面对客户的物流客户服务人员来说，其仪表风度就显得尤为重要，

这是因为，首先，物流客户服务人员的职业特点对其仪表有较高的要求，物流客户服务人员每天要和大量的客户接触，其整洁美观的仪容和优雅大方的风度不仅能创造一种和谐、舒适的人文环境，给客户带来愉悦，而且也可以反映出企业尊重客户、客户至上的企业精神和经营理念。其次，物流客户服务人员接待客户时，其得体礼貌的言谈举止，可以赢得客户的信赖，从而促进客户购买行为的产生。

1. 服饰、发型

衣着、发型等仪容，虽然表现人的外貌，但却反映了人的文化修养、审美情趣和个性心理。在现代生活中，人们的穿着打扮可以根据个人的喜好，追求个性化。但由于人是社会中的人，因此，每一个人的打扮大都要符合社会流行、消费习俗，符合现阶段仪表的大致标准。对于这一点，物流客户服务人员更应注意。一般来说，物流客户服务人员的着装要大方、整洁，发型要简单、自然，不要过于时髦，女士佩戴饰品要少而精。

2. 容貌修饰

物流客户服务人员应对自己的容貌作适当修饰，可使客户感觉比较舒服，也是对客户的一种尊重。物流客户服务人员应保持面部清洁，男士不留胡须和大鬓角，女士要略施粉黛，淡妆上岗。

3. 行为举止

物流客户服务人员的行为举止是指在其服务中的站立、行走、动作等。若物流客户服务人员的行为礼貌文雅、举止得体大方、待人热情庄重，就能给客户留下好的印象。物流客户服务人员要从站、行、拿、递等方面来规范自己的行为。

（二）客户服务人员心理素质与客户消费心理

1. 坚定的自信心

自信心就是物流客户服务人员对自己行为的正确性坚信不移，对推介的物流产品或服务抱有充分信心。物流客户服务人员在推销物流产品或服务之前，须先把自己推销出去。物流客户服务人员只有对自己充满信心，才能感染客户，影响客户，改变客户的态度，使客户对你产生信心，进而对你推销的物流产品或服务产生购买信心。否则就会缩手缩脚，遇难而退，坐失良机。因此，自信心是一个合格物流客户服务人员应当具备的基本条件之一。

2. 开朗的性格

物流客户服务人员应该是性格开朗、善于与人交往的人。只有性格开朗的人才能主动与他人接触，才懂得如何与他人进行沟通，才会熟练地、准确地将自己的意思表达出来，并恰当地领悟其他人的想法。试想一个性格内向、沉默寡言的人，连自己的想法都不愿表达，怎会有效地将企业的产品信息向客户传达？一个不愿与他人接触交往的人，又如何能深入客户中间，去了解客户的想法和要求？

3. 稳定的情绪

情绪是指与生理需要相联系的体验，它是由情景所引起并随之变化的。在物流营销工作中，各种各样的情况都可能出现，如顺利成交，会使人感到高兴；经过艰难的讨价还价后达成交易，会使人感到轻松愉悦；眼看成功的交易却失败了，则使人感到惋惜；接二连三地碰钉子，则使人感到沮丧等。这些情况的出现，必然引起物流客户服务人员情绪的波动，而客户服务人员情绪的波动会使客户的情绪受到感染。所以，物流客户服务人员不但要善于控制自己的情绪，还要用自己良好的心理来感染客户，控制客户的情绪，为营销活动创造良好的气氛。

（三）客户服务人员职业道德与客户消费心理

道德是调整人们相互关系及个人与社会关系行为准则与规范的总和。物流客户服务人员应具有良好的职业道德，因为物流营销活动不仅是一种个人行为，也是一种社会行为。作为一个客户服务人员，应具备的职业道德主要有：遵纪守法，对企业、对客户负责，信守承诺，公平交易，公平竞争。

（四）客户服务人员业务素质与客户消费心理

物流客户服务人员应具备的业务素质是指其业务知识。一般来说，业务知识主要包括以下几个方面：

1. 企业和产品知识

物流客户服务人员必须对物流产品或服务以及企业有一个正确的、透彻的认识，才能详细地向客户介绍自己的产品或服务，才能准确地回答客户咨询和解释客户的疑问，才能帮助客户推选合适的物流产品或服务，使客户产生购买信心，作出购买决策。试想，若客户服务人员对客户的提问一知半解，在客户要求对物流产品作详细介绍时，三言两语就完事，又如何能激起客户的购买欲望，增强其购买信心呢？

2. 物流市场知识

物流客户服务人员直接与市场、客户接触，要能及时、准确地捕捉信息。这些信息包括：客户信息、市场供求信息、经营效果信息、竞争对手的信息等。物流客户服务人员应在营销过程中有意地收集各种信息加以整理、分析，及时反馈给企业，使企业能够掌握市场动态，把握市场的脉搏，相应地作出调整，大大增强对市场的反应能力。

3. 心理学知识

物流客户服务人员若不了解客户的心理特征、客户的心理活动过程，就无法准确地理解和判断客户行为的产生和变化，也就很难使自己的销售活动取得成效。

（五）客户服务人员能力要求与客户消费心理

在正常情况下，物流客户服务人员在销售活动中与每个客户的交往时间是短暂的，要在短暂的时间里建立买卖双方的良好关系，而且卖方又要帮助买方获得需要的产品和满意的服务，就要求物流客户服务人员必须具备敏锐的观察力、灵活的反应能力、较强的自我控制能力和良好的语言表达能力。

1. 敏锐的观察力

观察力是指发现客户典型特征的能力，实际上是感知能力和分析判断能力的综合。物流客户服务人员的观察能力，主要是指通过客户的外部表现去分析、判断其心理状态的能力。物流客户服务人员可以通过观察客户的服饰、发型、面容等来判断其职业、经济地位、消费能力与消费观念，可以通过观察其言谈举止来更好地了解客户。如从客户走进物流中心的步态和眼光中能正确判断出他的购买意图；从客户的谈话中就能了解他对物流服务了解的程度，具有什么样的需求模式；通过客户的询问就能知道他有什么顾虑，从客户挑选产品的动作和方法中就能明白他对产品的熟悉程度。物流人员应具有一双锐利的、能洞察客户心理的眼睛，才能看清客户所需、所急，明察客户的购买意图，巧妙处理与客户的沟通，从而促成交易的实现。许多经验丰富的物流人员通过察颜观色，便知客户所求。

2. 灵活的反应能力

具有敏锐的观察力，对于物流客户服务人员来说固然重要，但它必须要通过灵活的反应能力才能达到促销和使客户满意的目的。反应能力是指人的思维、联想与行为的敏捷性、灵活性，它与人的观察能力、记忆能力、分析能力有较多的关系。

物流客户服务人员每天要与许多个客户接触，他们的需要、购买动机不同，兴趣和爱好不同，性格各异。物流客户服务人员要使客户满意，就要根据客户的不同特点以区别对待，这就需要有灵活的反应能力。物流客户服务人员接待客户时注意力要高度集中，对客户的一言一行要及时作出妥善的反应，为客户提供满意的服务。有时客户众多，客户人员往往应接不暇，若没有灵活的反应能力，就难以应付，快了容易出错，慢了又会引起客户的急躁情绪和不满。

3. 较强的自我控制能力

自我控制能力是一种自觉地支配、调节和控制自己行为的能力。在物流销售工作中，较强的自我控制能力是物流客户服务人员必备的一种能力。因为客户服务人员所接触的客户是不可选择的、千差万别的。有随和讲理的，也有挑剔、不讲理的；有性情温和的，也有脾气急躁的。物流客户服务人员在遇到挑剔、不讲理和性格急躁的客户时，应认识到自己能够在与客户不可避免的人际冲突中起主导作用。这就要求物流客户服务人员具有高度的自我修养，坚强的自我控制能力来控制自己和客户的情绪，并以自己高尚的行为表现来教育那些不讲文明礼貌的客户，从而树立物流客户服务人员乃至企业的良好形象。强大的自我控制能力可以使客户服务人员在工作劳累时或受到不平等待遇时避免消极情绪的出现，保证物流销售工作的顺利进行。

4. 良好的语言表达能力

语言是表达思想、交流信息的工具。在人际交往中，语言是实现相互沟通最有效的途径，物流客户服务人员的语言表达能力，是指其与客户接触时，运用语言、表情传递有关信息的能力。物流客户服务人员良好的语言表达能力，在实际销售中对创造和谐的交易气氛、促进客户购买都起着重要的心理作用。俗语说得好："好话一句暖三冬。"一个成功的物流客户服务人员口才非常重要，是否拥有"巧舌"，决定着销售工作的成败。

知识小链接

语言表达技巧

一个优秀的物流客户服务人员，对于新人，不讲旧话；对于旧人，不言新语；对于浅人，不讲深意；对于深人，不谈俗论；对于俗人，不讲雅事；对于雅人，不说俗情。他们所说的话，都不是自己要说的话，而是对方要说的话。

物流客户服务人员良好的语言表达能力包含以下几个方面的要求：

（1）恰当称呼客户。称呼客户随便一些还是庄重一些，要根据营销场合、客户的不同而有所区别。客户服务人员在与客户交谈时，能恰当地使用"同志"、"师傅"、"先生"、"女士"、"老伯"、"大妈"、"小弟弟"、"小妹妹"等礼貌称谓，可使对方有一种亲切感，不要用不适当的称呼。

（2）文明、规范用语。物流客户服务人员在与客户交谈时，应热情、友好、诚恳，应多讲"请"、"您好"、"欢迎光临"、"您想看点什么，我给您拿"、"谢谢您的惠顾"、"没关系"等文明用语，因为这会给人以好感，并有利于建立企业的良好形象。

（3）表达清晰、准确。物流客户服务人员在与客户交谈时，应使用普通话，少用方言土语和多重意思的词汇，以便客户接受和理解。当然，若碰巧你能说客户的方言，用方言与其交谈则可增加亲切感，有利于交易的成功。

（4）介绍简洁、形象。物流客户服务人员的语言表达既要明确简洁，又要生动形象，还要符合实际情况。这个方面在推介物流产品或服务使用效果时尤其重要，能使客户对物流产品的认识更加形象深刻，对物流产品的兴趣和欲望更加强烈，对客户服务人员的信任感进一步加强。

（5）表达方式灵活、有技巧。物流客户服务人员的语言表达方式要能根据各种客户的心理特点、行为特征和外貌特点作出灵活的变换。会说话的物流客户服务人员会使客户感到他善解人意、体贴周到。若客户个子矮就说"身材小巧"；若客户体胖就说"丰满"；当着孕妇的面要说"要当妈妈了"；遇到丧事则说"去世了"等用语。这就将客户比较敏感的问题用比较婉转的说法表达出来，不至于伤害客户的自尊心，或引起客户不快。

物流客户服务人员良好的语言表达能力，是建立在一定的知识技能、思维能力、记忆能力、想象能力、分析判断能力等品质基础上的，是通过介绍产品和答复询问时言词语调的表达力、吸引力、感染力和说服力等表现出来的。由此可见，物流销售活动中的语言表达是一门综合而复杂的销售艺术。要想在销售活动中发挥语言表达对客户良好的影响功效，一方面，要求客户服务人员必须注意锻炼和提高各种能力，为语言表达能力的提高打好基础。另一方面，要求客户服务人员在语言表达中要力争达到上述五个方面的要求，并善于在实践中摸索和总结语言表达的技巧。

案例赏析

光明乳业物流——冷链管理的关键在于人

【经典回放】　光明乳业物流事业部成立至今已有 10 余年历史，在低温物流配送方面积累了丰富的经验。随着物流业务的进一步拓展，2003 年，在光明乳业物流事业部的基础上又成立了上海领鲜物流公司，目前上海领鲜物流公司已成为长三角冷链运输的重要企业之一。

乳制品物流分为常温物流、保鲜物流与冷冻物流。光明乳业物流主要集中于保鲜物流。产品主要是酸奶、鲜奶、奶酪和一些保鲜的果汁。光明对物流温度的控制要求比本行业更为严格，保鲜物流的行业标准是 0~7℃，而光明的要求是 0~

4℃。乳制品保质期短，保鲜奶只有21天，酸奶21天。仅上海每天的送货网点就达6000多个，最多时曾达到8000多个，配送量达300~400吨，且要求必须在12个小时以内完成。物流配送要求特别高，故光明物流必须做好日常管理和运作。

任何管理都离不开人、财、物三个方面。从乳品冷链的管理来看，最关键的因素是人。没有一流的人才，没有好的团队，再好的资源、再多的钱也不能让企业高效运行。

物流运输的海、陆、空三种类型中，陆路运输是技术含量最低、劳动强度最大、人员素质较低的行业。陆路运输的基层员工知识要求不高，体力劳动强度大，因为他们是司机、装卸工、配货工等。对他们的管理需要知识化与人性化的结合。他们通常不会主动改进服务质量，但与此相矛盾的是，物流作为服务业，服务质量的要求越来越高。例如，客户要求按时完好送到，但配送途中遇到堵车而迟到怎么办，虽然这并不是我们的过错，但是我们需要基层员工主动、积极、快速地与主管进行沟通，再由主管向客户进行解释。在日常工作中经常会遇到这些情况，如果基层员工缺少主动的服务意识，就会造成很多不必要的麻烦。

【画龙点睛】 物流客户服务人员素质对物流客户服务的水平有至关重要的影响。任何管理都离不开人、财、物三个方面。从乳品冷链的管理来看，最关键的因素是人。没有好的团队，再好的资源、再多的钱也不能让企业高效运行。

❧ 本单元小结 ❧

本单元分析了物流客户的消费心理特性，介绍了物流客户消费心理的类型，描述了物流客户消费心理的外部表现，重点分析了影响物流客户消费心理的因素。

关 键 词 集 成

情感过程 是人们对客观事物与个人需要之间关系的反映，是人对事物的一种好恶的倾向，它主要通过人的神态、表情、语言和行动变化表现出来。

物流消费流行 是指在一定时间和范围内，物流客户追赶时髦、迎合时尚所呈现出相似或相同行为的一种消费现象。

消费习俗 属于客户需求的风俗习惯，它实质上是指社会上长期形成的观念、礼节、风尚等。

参照群体 是指影响物流客户对物流产品或服务需求行为的参照个体或组织。

物流客户服务　是物流企业为满足客户的物流需要而提供的一切有关的物流活动。

物流客户服务人员　就是直接接触物流客户的人员或为用户提供服务或产品的人员，包括客户代表、客户经理、客户主管等。

考 点 自 测

1. 单项选择题

（1）追求和使用新产品或新服务是大多数物流客户普遍具有的一种心理。这种消费心理类型属于（　　）。

　　A. 求廉心理　　　　　　　B. 求新心理

　　C. 求实心理　　　　　　　D. 安全心理

（2）中秋送月饼邮政快递，其影响因素为（　　）。

　　A. 物流消费流行　　　　　B. 物流参照群体

　　C. 物流消费习俗　　　　　D. 物流客户服务

（3）（　　）是物流企业在完成物流基本服务的基础上，根据客户需求提供的各种延伸业务活动。

　　A. 物流增值服务　　　　　B. 物流常规服务

　　C. 物流传统服务　　　　　D. 配送服务

（4）按配送机构的不同分类，配送可分为（　　）。

　　A. 配送中心配送、仓库配送、生产企业配送

　　B. 少品种、大批量配送，多品种、小批量配送和配套配送

　　C. 定时配送、定量配送、定时定量配送、即时配送和定时定路线配送

　　D. 以上均不正确

（5）当受到物流客户服务人员热情周到的接待时，客户会喜形于色。这是（　　）。

　　A. 面部表情和姿态的变化

　　B. 语调声音的变化

　　C. 只有 A 和 B 正确

　　D. 身体各部位的反应

2. 多项选择题

（1）物流客户的消费心理特性主要包括（　　　）。

    A. 多样性　　　　　B. 复杂性　　　　　C. 时尚性

    D. 无限性　　　　　E. 可变性

（2）消费习俗对物流客户的心理产生影响，具体表现在（　　　）。

    A. 使消费心理具有相对稳定性

    B. 使消费行为具有普遍一致性

    C. 制约消费心理与行为的变化

    D. 有些客户原有的偏好心理受到冲击

（3）从服务的过程来看，物流客户服务要素分为（　　　）。

    A. 其他要素　　　　　　　　B. 交易前要素

    C. 交易后要素　　　　　　　D. 交易中要素

（4）从市场的反应方式来看，企业供应链运作系统可分为（　　　）。

    A. 供给推进模式　　　　　　B. 需求拉动模式

    C. 快速反应　　　　　　　　D. 有效客户反应

（5）物流客户服务的内容主要包括（　　　）。

    A. 供应链间客户服务　　　　B. 物流保管客户服务

    C. 物流运输客户服务　　　　D. 物流配送客户服务

3. 判断题（正确的打"√"，错误的打"×"）

（1）参照群体是指影响物流客户对物流产品或服务需求行为的参照个体或组织。（　　　）

（2）物流增值服务是超过客户心理预期、提高市场竞争力的重要路径。（　　　）

（3）物流配送合理化是衡量物流配送服务水平和客户满意度高低的一个重要标志。（　　　）

（4）成本最低是配送服务最为直观的原则。（　　　）

（5）安全消费心理是建立在客户对物流产品或服务的客观认识基础上，经过分析、比较等思维活动而产生的消费心理。（　　　）

4. 简答题

（1）物流客户的消费心理特性有哪些？

（2）物流客户消费心理有哪几种类型？

（3）影响物流客户消费心理的因素有哪些？

（4）要合理地选择配送路线，必须遵循配送路线选择的原则有哪些？

（5）物流增值服务主要包括哪些内容？

案例综合分析

中远物流——中国物流的典范

运输服务的最高境界是什么？专家说，是"量体裁衣"式的个体化服务。这一点，中远物流做到了。

中远物流是中国较为成功的物流范例之一。它独揽了位居世界500强前列的通用汽车公司近100%的汽车散件运输合同；它是美国最大的鞋业零售商的首选物流承运人；"海尔"超过一半的进出口产品由它承运；举世瞩目的三峡工程巨型发电机组、秦山核电站、连运港核电站等运输项目都与COSCO联系在一起。中远在不惑之年以全球承运人向全球物流经营人转变的新形象，展现在世人面前。经过40年的积累和发展，中远构建了庞大而高效的海、陆、空立体运输网络，奠定了向国内外客户提供第三方物流超值服务的物质基础。

现代物流业被人们称为继集装箱多式联运后国际航运业的又一次革命。中远几十年来潜心打造物流品牌。在海外，中远推行全球营销一体化战略。有海外机构400多个，形成了以北京为中心，以中国香港、欧洲、美洲、新加坡、日本、澳洲、非洲、西亚和韩国9个区域为支点的全球经营网络和服务体系。中远近500艘各类现代化商船，在全球160多个国家、1200多个港口，不间断地为全球客户提供及时、优质的服务。在国内，以货运、外代、航空货代等为核心的中远陆上成员企业，构筑了中国最大、最完善的陆地货运网络，能够为全国的客户提供"上天入地"的全方位服务。无论是在浩瀚的大海还是广袤的内陆，无论是在现代化的高速公路还是边远的乡村小道，您都可以看到有COSCO标志的中远运载工具。

信息技术是推动现代物流发展的主导力量之一，中远把信息技术作为强化物流竞争能力的一个重要手段。早在数年前，中远已通过国际互联网向全球客户推出了网上订舱、中转查询和信息公告等多项业务的网上服务系统，每一位网上客户均可在任何地区和时间内，足不出户地进入中远电子订舱系统，进行网上订舱业务。中远联合英国皇家海军航道局和中国国家气象中心研制开发的具有世界领先水平的"全球航海智能系统"，被誉为远洋船舶的"天眼"。远洋船舶、集装箱卡车及其他陆运车辆上的GPS全球卫星定位系统，可通过总部终端进行全程监测，实时跟踪物流运输动态。衡量物流服务企业能力的一个重要标准是能否按不同客户或同一客户在不同时间、不同地点的具体需求，提供"量体裁衣"式的个性化服务，这也是物流服务企业发展供应链关系的核心。

【问题分析】

（1）为什么美国通用汽车、美国最大的鞋业零售商、海尔等中外知名企业能成为中远物流的大客户，中远是如何影响客户消费心理的？

（2）中远物流的发展给我们什么启示？

实训巩固

模拟物流客户服务人员的基本素质对客户消费心理的影响

【实训目的】

通过模拟训练，感受物流客户服务人员的素质对客户消费心理的影响。

【实训内容】

模拟演练物流客户服务人员仪表风度、心理素质、职业道德、业务素质和能力与客户消费心理的相关度。

【实训准备】

1. 人员准备：把全班分成若干组，每组8～10人，并选出一名组长和记录员。

2. 知识准备：熟练掌握物流客户服务人员的素质对物流客户心理影响的相关知识。

3. 实训地点：实训室或教室。

【实训步骤】

1. 在教师的提示下分组讨论设计物流客户服务人员仪表风度、心理素质、职业道德、业务素质和能力要求的基本要点。

2. 教师根据各组的模拟表现打分，并分别记入学期总成绩。

▶ 心理测试

1. 检测你的情商

情商（Emotional Quotient，EQ），即情绪商数。它是由美国哈佛大学心理学博士丹尼尔·戈尔曼最早提出的。情商的创新之处在于归纳概括了人们苦苦追寻的五大成功要素，这五要素实际上也是情绪管理五个方面的能力：一是自我认识；二是自我激励；三是自我控制；四是感受别人；五是人际关系。EQ 这五大要素的重点在于两个方面：一是对自己情绪管理的能力和技巧；二是管理别人情绪的能力和艺术。现代研究已证实，情商在人生的成功中起着决定性作用，卓越者往往是那些能够调动自己和别人情绪的高情商者。可见情商（EQ）比智商（IQ）更重要。下面检测一下你的情商：

（1）表情不开朗，很少展现笑容？

  A. 从不   B. 偶尔   C. 经常

（2）不了解自己目前是生气、高兴还是其他什么情绪？

  A. 从不   B. 偶尔   C. 经常

（3）不晓得自己生气、高兴、伤心或忌妒究竟是为了什么？

  A. 从不   B. 偶尔   C. 经常

（4）表达情绪的方式通常是骂人、忍耐或哭泣？

  A. 从不   B. 偶尔   C. 经常

（5）情绪总是起伏很大？

  A. 从不   B. 偶尔   C. 经常

（6）在意别人对自己的看法，精神状态紧张，无法轻松自在？

  A. 从不   B. 偶尔   C. 经常

（7）一次想做很多事，显得不专心？

  A. 从不   B. 偶尔   C. 经常

（8）做事拖拉、慢吞吞或者被动？

  A. 从不   B. 偶尔   C. 经常

（9）对于自己的事，不能主动负责任地完成？

  A. 从不   B. 偶尔   C. 经常

（10）别人提出问题时，你常会回答"不知道"、"随便"，或者不说话，顾左右而言他？

  A. 从不   B. 偶尔   C. 经常

（11）对公司及家庭的规定不遵守？

　　　A. 从不　　　　　　B. 偶尔　　　　　　C. 经常

（12）对于自己约好的事，无法守信完成时，便会草率了事？

　　　A. 从不　　　　　　B. 偶尔　　　　　　C. 经常

（13）对自己要求很高，达不到标准时会哭闹和生气？

　　　A. 从不　　　　　　B. 偶尔　　　　　　C. 经常

（14）对自己期望值低，感觉自己做不到某事就干脆放弃？

　　　A. 从不　　　　　　B. 偶尔　　　　　　C. 经常

（15）担心自己的意见不好而附和同伴的意见？

　　　A. 从不　　　　　　B. 偶尔　　　　　　C. 经常

（16）做什么事都很急，耐不住性子？

　　　A. 从不　　　　　　B. 偶尔　　　　　　C. 经常

（17）与人合作时，如果别人不同意己见，你就会骂人或者逃避？

　　　A. 从不　　　　　　B. 偶尔　　　　　　C. 经常

（18）担心犯错而不敢承担新的职务？

　　　A. 从不　　　　　　B. 偶尔　　　　　　C. 经常

（19）与同伴意见不同时，采取退让和委屈自己或对别人生气等方式来解决？

　　　A. 从不　　　　　　B. 偶尔　　　　　　C. 经常

（20）担心自己不行，于是放弃挑战或者不愿尝试新事物？

　　　A. 从不　　　　　　B. 偶尔　　　　　　C. 经常

测试结果：A：1 分；B：2 分；C：3 分。

总分 25 分以下，你的 EQ 足够高，人际交往能力很强；

总分 26~40 分，你的 EQ 属于中等水平，需多加修炼，继续提升；

总分 41 分以上，你的 EQ 能力较差，情绪起伏不定，应注意时刻培养情商方面的能力。

2. 检测你的心商

心商（Mental Intelligence Quotient，MQ）是一种维持心理健康，调适心理压力，保持良好心理状态的能力。心商包含心理健康和心理压力调适两方面的内容。健康积极的心态，表现为开放自己，接受他人，对生活和事业热情，与人交往开朗、豁达；不因成就而狂妄，不因失落而气馁；不因欲望而沉重，不因嫉妒而困扰；善于把一切当作财富——这种心态正是心商高的重要特征。

这里对你的成功心理作一个剖析，使你自己有一个正确的评估。回答下列每一个问题，并把反映你基本态度的答案得分累加起来：

（1）我的适应能力非常强，能为变化做好心理上的准备。
    A. 非常同意
    B. 有些同意
    C. 不完全同意
    D. 不同意

（2）一旦我下定决心，就会坚持到底。
    A. 非常同意
    B. 有些同意
    C. 不完全同意
    D. 不同意

（3）我非常喜欢别人把我看成是一个心胸宽广的人。
    A. 非常同意
    B. 有些同意
    C. 不完全同意
    D. 不同意

（4）我的有些嗜好花费很高，但我觉得有能力去享受。
    A. 非常同意
    B. 有些同意
    C. 不完全同意
    D. 不同意

（5）我很小心地将时间和精力花在某个计划上，如果我晓得它会有积极和正面的成果。
    A. 非常同意
    B. 有些同意
    C. 不完全同意
    D. 不同意

（6）我是一个团队的成员，我觉得帮助自己的团队成功比获得个人的认可更重要。
    A. 非常同意
    B. 有些同意
    C. 不完全同意
    D. 不同意

（7）我宁愿看到一个方案推迟，也不愿无计划、无组织地随便完成。
    A. 非常同意
    B. 有些同意
    C. 不完全同意
    D. 不同意

（8）我以能够正确地表达自己为荣，但首先我必须确定别人是否能正确理解我。
    A. 非常同意
    B. 有些同意
    C. 不完全同意
    D. 不同意

（9）我的情绪总是很高昂，有用不完的精力，很少感到精力枯竭。
    A. 非常同意
    B. 有些同意
    C. 不完全同意
    D. 不同意

（10）大体来说，常识和良好的判断对我来说，远比了不起的点子更有价值。
    A. 非常同意
    B. 有些同意
    C. 不完全同意
    D. 不同意

测试结果：A：3分；B：2分；C：1分；D：0分。

总分 21~30 分：你有很高的心商，渴望某种权力和金钱的倾向，要登上任何一项事业、一个组织的高峰对你来说并不是太困难的事情，并且你完全有能力去实现它；

总分 11~20 分：也许你根本就没想过去大发一笔或谋取高位，至少目前如此。尽管你有这个能力，但你并不准备作出必要的牺牲和妥协。这种倾向可以促使你寻找和发展与你目标一致的事业。

总分 10 分以下：你渴望圆满的精神生活，而不是获得权力或金钱。因为你能从工作之外获得成就感，因此你可能不适合去攀高位或赚大钱，这个建议可帮助你专注于实现某项自我目标。

第3单元　物流客户购买行为分析

📋 学习导航 ▶▶▶

> ◆ 了解物流客户购买行为理论
> ◆ 掌握物流客户购买行为模式
> ◆ 基本掌握物流客户决策的内容、类型和群体
> ◆ 重点掌握物流客户购买决策的过程

案例 导 读

一部免费电话的奇迹

【经典回放】　　"一部客户免费电话可以在客户服务上击败你的竞争者。"这就是迈克尔·戴尔在 1984 年（当时他还是一位 19 岁的大学生）想出来的点子。

戴尔开始由客户免付电话费来经销电脑。透过报纸广告，客户可以免费打电话给戴尔，然后直接订购电脑。客户利用这样的方式买电脑真是方便多了。戴尔的服务要比一般的零售商店好，即使是少量的订单，戴尔也是以一贯的服务精神和态度去为客户服务，而且戴尔的服务比竞争者快了许多。

戴尔的经销方式让他可以把价格压得很低，不过他并不想只靠价钱做买卖，相对地，他要提升客户服务的品质。在产品售出后，戴尔会向客户承诺 30 天之内不满意即退货的保证。他让客户利用免费电话请求维修服务，维修师会亲赴用户家中维修电脑，而且一年内售后服务完全免费。并且客户在使用过程中遇到疑难问题或是不满都可以通过打免费电话来解决。戴尔公司规定：如果一位客户打电话，在 5 分钟之内无人接听，这位客户就可以得到一张 25 美元的支票。

截至 1992 年，戴尔公司雇佣了近 600 名员工来接听用户的电话，当年的销售额便超过了 20 亿美元。从企业角度来看，这是电话直销；从客户角度来看，这是

由免费电话衍生出的一种新型的客户购买行为。

想一想：物流客户购买行为对市场有决定性影响，一则因为客户只有实施了购买行为才能成为现实的客户；二则企业及其产品也只有在客户购买行为实施后才算真正得到市场认可，其价值才能实现，企业的资金才得以流通周转，企业才能生存和发展。因此，对客户购买行为的分析具有十分重要的意义。本单元将重点分析物流客户购买行为理论、模式及客户购买决策过程。

第1模块 物流客户购买行为理论与模式

必备知识

一、物流客户购买行为理论

物流客户购买行为是指物流客户为满足自身某种需要，在购买动机的驱使下，通过购买决定或必要的购买决策，以货币获取物流产品或服务的行动。理论指导行动，有什么样的理论，就会有什么样的购买行为。这里试图介绍几种物流客户购买行为理论，从根本上解释物流客户发生购买行为的原因。

（一）物流客户习惯养成理论

物流客户习惯养成理论认为，物流客户的购买行为实际上是一种习惯建立与保持的过程。它的主要内容包括以下几点：

1. 重复形成兴趣与喜好

习惯养成理论认为，物流客户对物流产品或服务的喜好与兴趣是在重复使用该产品或服务的过程中建立起来的。有人曾做过一个实验，让一客户重复看完全不认识的商标，有的商标重复看的频率高，有的重复频率低。结果发现，重复频率越高的商标越为客户所喜欢。这个实验证明，在排除认知过程作用的情况下，某一物流产品或服务信息的长期重复接受和物流产品或服务长期使用，确实可以导致客户喜好乃至产生兴趣。

案例赏析

消费习惯决定消费行为

【经典回放】　有两个人各买了一箱苹果放在家里，准备每天吃一个。时间一长，有些苹果开始腐烂，对待这些腐烂的苹果，两人却有截然不同的处理方法：一个人先是把烂了一点的苹果削开，扔了烂掉的部分，吃了好的部分，其余苹果继续存放，但是每次总要处理烂苹果；另一个人则直接把烂苹果扔掉，先吃掉好苹果，下一次还是这样做，到最后，两个人扔掉的苹果数量一样多，但是第一个人一直在吃烂苹果，而第二个人一直在吃好苹果。

【画龙点睛】　有一句俗语：习惯成自然。上述两人截然不同的消费习惯决定了消费的不同境界。这对于我们分析和解读物流客户的购买行为可谓是他山之石。

2. 刺激——反应的巩固程度决定购买行为

习惯养成理论的心理学基础是条件反射学说，人们的行为总是由刺激所引起的，若由数次的某种刺激均引起同一种行为（反应），则会在大脑皮层形成某种暂时的神经联系，使这种"刺激——反应（行为）"成为一种相对稳定的模式，甚至成为习惯。如客户经常购买某种物流产品或服务，这种购买就会成为一个习惯，建立一个稳固的条件反射，当他再次见到该物流产品或服务以及重新产生对该物流产品或服务的需要时，就会自然而然地再去购买它。而且，"刺激——反应"的强度越大，条件反射建立得越牢固，这种带有某种"定向"性质的购买行为就越容易出现。

（二）强化物促进习惯性购买行为的形成

从物流客户心理学的角度看，购买行为既然是一种习惯建立的过程，那么实质上也就是物流客户购买行为建立的过程。巴甫洛夫经典条件反射学说和斯金纳操作条件反射理论指出，任何新行为的建立都必须使用强化物。只有通过强化物的反复作用，才能使一种新的行为产生、发展和完善，最后获得巩固。因此，如果能及时并适当地使用强化物，就能有效地促进物流客户的习惯性购买行为。如客户在购买使用某种物流产品或服务后，亲身感受到它质量的可靠和功能的完美，从而对这种产品或服务肯定和赞赏，于是，当他第二次需要时就会再次购买它，又会导致同样的肯定，结果就会促成第三次重复购买……长此以往，客户对这种产品或服务产生了消费信心，从而导致客户习惯性购买行为的形成。

这里，物流产品或服务的质量就是客户购买行为的强化物。俗话所说的"皇帝的女儿不愁嫁"、"酒香不怕巷子深"，从习惯养成理论的角度来说是有一定道理的。我们平时讲的"老客户"、"回头客"其实就是习惯养成理论的典型例子，他们的强化物是物流企业的产品或服务质量高、价廉、服务周到等。这也是名牌物流企业、名优产品或服务能受到客户欢迎的重要原因之一。

案例赏析

美国通用汽车从物流自营到外包

【经典回放】 美国通用汽车公司过去长期自营整车及零配件配送，由于卡车满载率很低，使得库存和配送成本急剧上升，为了降低成本，改进内部物流管理，提高信息处理能力，该公司便委托 Penske 专业物流公司为它提供第三方物流服务。

在调查了解半成品的配送路线之后，Penske 公司建议通用汽车公司在 Cleveland 使用一家有战略意义的配送中心，配送中心负责接收、处理、组配半成品，由 Penske 派员工管理，同时 Penske 也提供 60 辆卡车和 72 辆拖车，除此之外，还通过 EOI 系统帮助通用汽车公司调度供应商的运输车辆以便实现 JIT 送货，为此，Penske 设计了一套最优送货路线，增加供应商的送货频率，减少库存水平，改进外部物流活动，运用全球卫星定位技术，使供应商随时了解行驶中的送货车辆的方位。与此同时，Penske 通过在配送中心组配半成品后，对装配工厂实施共同配送的方式，既降低了卡车空载率，也减少了通用汽车公司的运输车辆，只保留了一些对 Penske 所提供的车队有必要补充作用的车辆，这样也减少了通用汽车公司的运输单据处理费用。

初尝物流外包的甜头后，美国通用汽车公司选择目前国际上最大的第三方物流公司 Ryder 负责其土星和凯迪拉克两个事业部的全部物流业务，选择 Allied Holdings 负责北美陆上车辆运输任务，选择 APL 公司、WWL 公司负责产品的洲际运输，从而使通用汽车的物流费用大幅降低。

【画龙点睛】 物流客户的购买行为实际上是一种习惯建立与保持的过程。客户的习惯购买行为是在需要与满足的过程中，逐渐地建立起一种新的条件反射的过程。条件反射一旦建立并得到巩固，就将成为客户较稳固的行为活动方式，从而成为其个性特征的一个组成部分。

（三）物流客户减少风险理论

风险是指客户在购买物流产品或服务之后可能遭受损失的危险。受损失的表现有：买冒牌货，经济上受损；物品在运输、储存等过程中出现货损或短少；客户多次投诉一直未能圆满解决；物流服务与其广告宣传不符，等等。

减少风险理论认为，由于客户在购买过程中冒有某种程度的风险，因而，每个客户均在努力回避或减少这种风险，如果风险很大，而且难以减少或回避，则客户可能不实施购买行为。在某种意义上，客户的购买行为可以说是一种减少风险行为。具体说，减少风险理论包括以下三个方面的内容：

1. 消费风险程度

客户在购买物流产品或服务时冒险程度的大小与购买后造成损失的可能性大小及实际造成损失的大小成正相关。冒风险越大，可能造成的损失也越大。

2. 消费风险种类

客户因购买而遇到的风险种类较多，主要有五种类型，即经济风险（时间风险）、安全风险、功能风险、社会风险和心理风险。

（1）经济风险。经济风险是指购买物流产品或服务后，其他同质的物流产品或服务价格低于所购物流产品或服务而造成的经济损失，或者是白白耗费了时间和精力，所购买的物流产品或服务质量差、不称心。

（2）安全风险。安全风险是指客户购买了某种物流产品或服务之后，物流产品或服务本身会给客户带来麻烦和潜在的危险。比如，由于物流企业操作不当，造成责任事故，引发安全风险。

（3）功能风险。功能风险是指客户购买并使用了物流产品或服务后，物流产品或服务功能没有广告宣传或客户预期的那样好，没有达到客户使用的目的。

（4）社会风险。社会风险是指客户购买该物流产品或服务后，受到社会——主要指同行、上级主管、同事、亲友等方面的议论和评价，损害、影响其人际关系，造成社会声誉的损失。这种现象在物流产品或服务消费中比较典型。

（5）心理风险。心理风险是指购买物流产品或服务后，感觉不好，感到后悔、惋惜，或者是所购物流产品或服务没有达到预期目的。

3. 客户减少风险的途径

客户慎重购买是减少购买风险的有效途径。具体来说，客户可以通过以下措施减少购买风险：

（1）全面搜集信息，学习物流产品或服务知识，增加对物流产品或服务的认识。客户可以从大众传媒的广告宣传、客户服务人员的介绍、亲朋好友的经验中学习和了解物流产品或服务知识，提高对物流产品或服务的认识，从而提高对物流产品或服务可能带来的风险的认识。当客户认识到购买风险远小于该物流产品或服务所能带来的益处，或此风险可以化解或减少时，客户就会坚定购买信心，实施购买行为。如果客户认为此购买风险很大，或无法克服和化解时，便会改变原来的购买决策。

（2）选择熟悉产品、品牌和形象好、信誉佳的物流公司。客户应购买质量好、信誉高的品牌物流产品或服务和自己熟悉的产品，而不要轻易购买知名度低，自己不熟悉或从没听说过的物流产品或服务，以规避风险。

（3）选择高价格。俗话说："一分钱一分货"。当客户缺乏对某种物流产品或服务的实际了解，无法正确判断其质量好坏时，可用价格高低来作判断。正常情况下，价格越高的物流产品或服务，质量越好；价格越低，质量就越差。

（4）多听有经验的人的意见和建议。客户在购买前应尽量请人提出参考意见或邀请有过同类客户经验的人一起购买，尤其是购数额较大的物流产品或服务以及复杂物流项目。

小贴士

最贵的不一定是最好的。

虽然，客户采取减少或回避风险的办法多种多样，但是，在市场行为不规范，客户能力较弱，信息不对称等市场环境下，客户要完全避免风险是很难做到的，需要依靠社会、企业、客户三方面的共同努力，才能真正避免或减少客户的购买风险。作为企业来说，应该设法减少客户的购买风险，以促成客户作出最后购买决策并付诸行动。

（四）物流客户认知理论

心理学中认知的概念是指过去感知的事物重现在主体面前的确认过程。如客户在某仓库储存货物时，能准确辨认出同一种货物在不同仓库的陈列情景。认知理论是近年来比较流行的一种消费行为理论，其核心是把消费行为看成一个信息处理过程。该理论认为，从客户接受物流产品或服务信息开始，至最后购买行为结束，始终与信息的加工和处理直接相关。这个对物流产品或服务信息的加工、处理过程就是客户接收、编码、储存、提取和使用物流产品或服务信息的过程，它包括注意、知觉、记忆、思维、经验、学习等内容。

客户认知的形成是由引起刺激的情景和对自己内心的思维历程所造成的，同样的刺激、同样的情景，对不同的人往往产生不同的效果。具体地讲，当外来的物流产品或服务信息刺激客户时，经过客户的知觉选择过滤，可能被接受，也可能被拒绝；当信息被接受后，客户亦不一定去注意，如果客户对此不感兴趣，就会视而不见，听而不闻，因而信息就进不了客户的记忆。这就是认知的盲点。

小贴士

　　盲点就是客户在看见或选择性认知中都会有失盲现象，因而只能看见有限的可能性，排斥了对某些信息的感知。

　　只有当信息被注意后，才能转入短量记忆，这时，客户就必须认知信息、了解信息，当信息与自己的认知、经验相一致时就予以接受，否则就予以拒绝。信息一旦被接受，就将转入长时间的记忆，以备取用。当客户面对某种物流产品或服务信息时，长时间记忆中储存的信息就会与新接受的信息整合起来，形成对该种物流产品或服务的态度，从而影响购买决定的作出。

案例赏析

"交给联邦快递" 就是遵守诺言

【经典回放】　联邦快递公司创立于1971年，现已成为世界上最大的快递公司，年营业额逾220亿元，是世界500强企业之一。

　　在全球拥有职工近20万人，4.6万个投递点，643架飞机和4.4万辆车，每个工作日运送包裹超过330万个，公司与全球215个国家及地区、100多万客户保持着密切的通信联系，向他们提供快速、可靠、及时的门到门的快递运输服务，并针对客户的需要分别提供了"早晨优先送达"、"隔日下午送达业务"、"经济送达"等服务项目。

　　经过30多年的努力，联邦快递在客户中的认知度已声名大振，远播海外，公众已经把"交给联邦快递"这句话与"遵守诺言"等同起来，这种心理定位是联邦快递所取得成功的最重要因素之一；人们还往往会由"联邦快递"联想到创新——因为联邦快递总是在尝试各种独特的方法来满足或预测客户的需求。

【画龙点睛】　有的心理学家提出"认知决定论"是有一定道理的，即客户心中的认知会决定其是否购买某产品或服务及其后续行动。这一理论指导物流企业必须尽最大努力确保其产品或服务在客户心目中形成良好的认知。联邦快递的成功可以说是这一理论运用的范本。

二、物流客户购买行为的模式

研究客户购买行为模式，对于满足客户需要，搞好市场营销工作具有重要的现实意义。国外许多专家、学者对客户购买行为的模式进行了大量的研究，提出了若干具有代表性的典型模式。

（一）物流客户购买行为的一般模式

人类行为的一般模式是"S—O—R"模式，即"刺激——个体生理、心理——反应"模式。也就是说，个体通过刺激，经过心理活动，最后产生反应。

购买行为是人的行为的一个组成部分。物流客户的购买行为是在购买动机的支配下发生的，这一过程实际上是一个"刺激——反应"过程，即客户由于受到各种刺激，从而产生购买动机，最终的反应是发生购买行为。

物流客户购买行为的一般模式，是营销部门制订营销计划、扩大物流产品或服务销售的依据。它能帮助营销部门认真研究和把握客户的内心世界，认识客户的购买行为规律，并根据本企业的特点，向客户进行适宜的刺激，以便使外在的刺激因素与客户的内在因素在心理上产生整合作用，以形成购买决策，采取购买行为，实现满足需要，扩大销售目的。

在客户购买物流服务过程中，不同的客户有着不同的行为方式，通常会有习惯性、质量性、理智性、价格性、冲动性和随意性六种购买类型。

1. 习惯性购买

如某物流企业给某一客户提供了好的物流服务，这个客户就对这家物流企业产生了安全感与信赖感，从而不断要求这家物流服务商提供服务，不断进行重复购买，这就称之为习惯性购买。

2. 质量性购买

质量性购买行为表现为客户对物流服务质量非常讲究，要求物流企业在提供全程物流服务时对客户的物品（特别是高、精、尖或高附加值的产品）必须特别注意安全、快速、快捷、准时等质量特性。

3. 理智性购买

此类客户在购买前，根据自己的经验和对物流的知识，对所需求的物流服务进行周密的分析和思考。购买时较为慎重，不容易受物流企业宣传的影响。

4. 价格性购买

此类客户选购物流服务时多从经济角度考虑，对价格非常敏感。如有的客户认为高价物流服务质量必优，从而选用高价物流服务；有的需求者习惯追求低价，哪家价格低就购买哪家的物流服务。

5. 冲动性购买

此类客户选购物流服务时，容易受公司广告宣传的影响，以直观感觉为主，因而作出购买决定的速度较快。

6. 随意性购买

此类客户多属于新客户，他们没有购买经验，购买心理不稳定，没有固定的偏爱，往往是随意购买或奉命购买。

小思考

你能描述上述 6 种物流客户购买类型的特点吗？

（二）科特勒行为选择模式

美国著名营销学家菲利普·科特勒在其《营销学原理》第 5 版中提出了一个非常简洁的客户购买行为模式。他认为，购买行为模式一般由三部分构成。

这种模式的基本假设即客户的购买决策行为来自其对外界客观刺激的积极心理反应，即行动反应。

外界刺激主要产生于两个方面：一是企业营销活动的各种可控因素的影响，即营销刺激，主要包括产品或服务、价格、分销、促销等营销策略的影响；二是客户所处的环境因素的影响，即环境刺激，包括经济、技术、政治、法律、社会、文化等的影响。

物流客户的购买行为也有来自客户内部的生理和心理因素，诸如生理和心理需要，动机、个性、态度、观念、习惯等。客户在各种因素的影响下作出购买决策，采取购买行动，并进行购买评价，由此完成了一次完整的购买行为。科特勒行为模式如图 3-1 所示。

外部刺激		物流客户黑箱		物流客户反应
营销刺激	环境刺激	物流客户 特性	物流客户 决策过程	购买: 产品选择 品牌选择 时机选择 数量选择 拒绝购买
产品 服务 价格 渠道 促销 等等	经济 政治 科技 社会 文化 法律 等等			

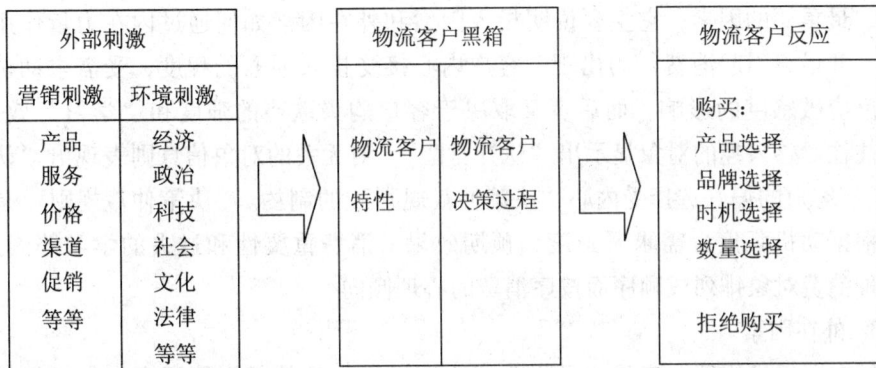

图 3 - 1　科特勒行为模式

由于客户心理活动过程是在其内部自我完成的，因此，心理学家称之为"暗箱"或"黑箱"。购买者黑箱分为两部分：第一部分是购买者的特征，具体包括文化的、社会的、个人的、心理的特征，它们影响客户对刺激的理解和反应；第二部分是客户的决策过程，由问题确认、信息收集、比较选择、购买决策、购后感受五个阶段组成，它直接影响最后的结果。

上述外界刺激通过客户黑箱产生反应，即客户行为。物流客户服务人员的工作就是要了解在购买者的黑箱中，刺激如何转化为行为反应（如找到客户的需要、激发动机等）。

（三）霍华德—谢思模式

这一模式于 20 世纪 60 年代初先由霍华德提出，后经修改与谢思合作出版了《购买行为理论》，提出了霍华德—谢思模式。该模式包括四个变量，即投入因素（刺激因素）、内在因素、外在因素和产出因素。四个因素的综合作用，导致客户的购买行为产生和变化。

1. 投入因素

投入因素又称输入变量，是引起客户产生购买行为的刺激因素，是由销售部门控制的因素。它包括三大刺激因子，即产品刺激因子、符号刺激因子和社会刺激因子。产品刺激因子是指产品或服务各要素，如产品质量、品种、价格、功能服务等。符号刺激因子是指媒体、客户服务人员等传播的商业信息，如广告及各种宣传信息。社会刺激因子来自社会环境，诸如家庭、相关群体、社会阶层等因素的影响。

2. 内在因素

内在因素又称为内在过程，它介于投入因素和产出因素之间，是该模式中最基本、最重要的因素，它主要说明投入因素和外在因素如何通过内在力量作用于客户，并最终引起消费行为出现，客户内心接受投入因素的程度，受需求动机和信息反应敏感度的影响，而后者又取决于客户购买欲望的强度和"学习"效果。客户往往对感兴趣的对象显示出"认知觉醒"，对无关的对象信息则表现出"认知防卫"。客户的偏好选择受内心"决策仲裁规则"的制约。"决策仲裁规则"是指客户根据动机强度、需求紧迫度、预期效果、消费重要性和过去的学习等因素，把各种消费对象排列成顺序而按序消费的心理倾向。

3. 外在因素

外在因素又称外在变量，是指购买决策过程中的外部影响因素，包括相关群体、社会阶层、文化、亚文化、时间压力和产品的选择性等。

4. 产出因素

产出因素又称结果变量，是指购买决策过程所导致的购买行为。有了投入因素的刺激，通过内在、外在因素的交互影响，最后形成产出或反应因素。产出或反应因素包括认识反应、情感反应和行为反应三个阶段。认识反应是指注意和了解；情感反应是指态度，即客户对满足其动机的相对能力的估计；行为反应包括客户是否购买或购买何种品牌的认识程度预测和公开购买行动。

三、物流客户购买行为分析

由于物流客户的购买行为是多种因素综合作用的结果，因此，长期以来，人们从不同的角度和方向分析研究客户的购买行为，对客户购买行为作出了不同的解释和说明。这些分析概括起来有以下三种。

（一）从经济学的角度来分析

经济学家把人的需求同效用联系起来，提出了有效行为论，认为客户购买产品或服务遵循"最大效用"原则，即设法从有限的收入中谋求最大效用，获得最大满足。

经济学家认为，客户由于受边际效用递减规律的影响，不愿把过多的收入花费在一种产品的购买上，不管这种产品对他有多大的吸引力。这是因为，一种产品的购买量越多，其边际效用就越递减，而任何客户的收入都是有限的，在无法做到广购博采的情况下，又想谋求最大效用和最大满足，因此，物流产品或服务的价格对客户购买行为的影响举足轻重，从而形成以下的购买行为规律：价格越低，购买者越多；替代品（代用品）价格越低，购买原产品的就越少，互补品价格越低，购买原产品的就越多；工资收入水平越高，价格作用就越小；经济收入越多，经济因素对购买行为的作用就越小。

知识小链接

边际效用递减规律

● 边际效用是指消费者在一定时间内增加某种商品和劳务而带来满足或效用。

● 边际效用递减规律是指随着个人消费某种物品数量的增多，他从中得到的增加的或额外的效用量就是递减的。

（二）从社会学的角度来分析

在社会学家看来，经济学遵循"最大效用"原则，把影响和决定客户购买行为的因素归结为收入与价格两个因素，没有考虑到其他因素，显然与客观事实不符，存在着简单化的倾向，因而无法揭示客户购买行为的规律。社会学家据此认为，物流客户的购买行为除了受经济因素的影响和制约外，还在很大程度上受社会群体、社会环境、社会地位的影响。即客户所处的社会地位、文化修养、相关群体都决定着他们的欲望和要求，支配着他们的购买行为。因此，研究客户的购买行为，重要的是确定影响购买行为的诸种社会因素，准确地分析购买行为与各种社会因素之间的必然联系。

（三）从心理学的角度来分析

在心理学家看来，物流客户购买行为不是纯经济因素和社会因素的产物，而是生理需要和后天经验相互作用的结果。其中，客户个性心理和社会心理因素是购买行为过程中不可缺少的重要环节和内在动力。研究客户购买行为，就要研究客户的个性、态度、兴趣、感觉、知觉、理智、后天经验等心理因素及其相互作用，运用心理学的理论和方法揭示购买行为发生的奥秘，指导企业的市场营销行为。

综上所述，尽管不同的学科对物流客户购买行为作出了各不相同的解释，但是它们的解释说明了一个问题，即物流客户购买行为的产生与发展，不是一个简单的、孤立的过程，而是受到经济、政治、社会、心理等各种因素的影响和制约，并具有一定的规律性。企业在现代市场营销条件下研究购买行为，只有运用系统论的观点，遵循客户让渡价值和客户满意度理论，从经济学、社会学、心理学、行为学等学科进行多角度透视、立体性观察、全方位分析，才能真正掌握客户购买行为的规律。

知识小链接

客户让渡价值、客户满意度

客户让渡价值是指客户总价值与客户总成本之间的差额部分。

客户总价值是指客户从企业提供的产品或服务中获得的全部利益，它由产品价值、服务价值、人员价值、形象价值、个性价值五个方面构成。

客户总成本是客户购买企业产品或服务的耗费，包括货币成本、时间成本、精力成本、心理成本四个方面。

客户满意度是客户通过对某项产品或服务的感知效果与他的期望值相比较后形成的感觉状态。

客户让渡价值越大，客户满意度就越高，反之，客户让渡价值越小，客户满意度就越低。

第2模块　物流客户购买决策

知识拓展

物流客户在占有一定市场信息的基础上，从实现购买目的的若干购买方案中选择一种最优方案，据此作出的抉择就是物流客户的购买决策。购买决策是客户心理变化的最高阶段，它表现为权衡购买动机、确定购买目的、选择购买方式方法、制订购买计划等，是物流客户在购买物流产品或服务前的准备阶段。

一、物流客户购买决策的内容

物流客户购买决策所包括的内容很多，但概括起来主要包括以下七个方面：

（一）购买原因——为什么买

主要解决物流客户为什么要买的问题，即权衡客户的购买动机和原因。物流客户购买物流产品或服务最直接的原因，当然是为了满足某种未满足的需要。我们知道客户需要既有生理的，也有心理的；既有物质的，也有精神的。鉴于客户不同的消费需求，其购买动机和原因也就不一样。在诸多的甚至彼此之间存在矛盾的购买动机和原因中，客户往往在认真权衡后作出决策。

（二）购买者——谁去买

主要解决谁去购买的问题。谁是购买行为的实施者，对物流产品或服务销售影响很大。一是因为不同的客户对物流产品或服务的鉴别能力不一样。比如，企业专业人员在购买物流产品或服务时，挑选能力比非专业人员强；重要的物流项目，往往是企业集体决定。二是不同性别的客户对物流产品或服务的要求不一样。比如，女士要求提供耐心细致的服务，而男士则需要快捷方便的服务。企业只有对不同类型的物流产品或服务进行具体分析，在产品或服务项目设计、广告宣传、销售服务等方面体现出针对性才会收到较好的效果。

（三）购买目标——买什么

主要解决买什么物流产品或服务的问题，即确定购买对象。这是购买决策的核心和首要问题。当明确了购买原因之后，客户还必须对购买目标作出决策。物流客户购买目标的选择往往不是停留在一般物流产品或服务上，而是必须确定具体对象及其具体内容，包括公司名称、商标、规格和价格等。此外，客户必须收集有关的信息，反复权衡物流产品或服务的以上各类因素，才能作出正确的购买决策。

（四）购买数量——买多少

主要解决购买多少的问题，即确定购买数量。客户购买物流产品或服务，总存在一个购买数量问题。客户购买物流产品或服务取决于实际需要、支付能力、市场需求状况及其心理因素。物流客户若有迫切需要，不购买就会影响到企业的运营或个人的生活，即使支付能力不足，也有可能借钱购买；对客户实际需要、市场供应紧张、涨价趋势明显的物流产品或服务，物流客户有可能多买。

（五）购买时间——何时买

主要解决什么时候购买的问题，即确定购买时间。购买时间除了经常性购买外，有些购买时间是有规律性的。购买时间大致有三种情况，一是日常生产购买，如企业正常生产对物流的需求；二是季节性购买，如农产品收获季节对物流运输或配送的需求；三是节假日购买，如中秋节对月饼快递服务的需求。另外，客户的消费观念也会影响其购买时间，如追求时尚、流行的客户会在物流新产品上市时购买，而讲求实惠的客户则会在降价或换季打折时购买。

（六）购买地点——何地买

主要解决在哪里购买的问题，即确定购买地点。客户对购买地点的选择，取决于客户对物流产品或服务提供企业的信誉、购买的方便性、购买的数量以及价格等因素。客户一般对小额的物流产品或服务，往往选择就近购买；对大额的物流产品或服务，由于项目复杂、要求高、价格昂贵等原因，客户则会去信誉高、服务好的大公司购买，往往是舍近求远。

（七）购买方式——如何买

主要解决怎样购买的问题，即确定购买方式。许多情况下，客户在购买物流产品或服务时要决定频次、付款方式等问题。客户的购买方式因人、因产品不同而各有差异。客户可以大宗购买，买一次便用很长时间，或把多种物流产品或服务集中到一起购买，也可以零星购买，现买现用；付款方式可以是现金，也可以是信用卡支付；可以一次性付款，也可以分期付款；可以采取贷款方式，也可以是非贷款方式。客户的购买方式已趋于多样化，不同的购买方式会给客户带来不同的好处，也必须付出不同的代价。

二、物流客户购买决策的类型

（一）按照购买决策方式来划分，物流客户决策类型可分为个人经验型决策、企业集体型决策和社会协商型决策

1. 个人经验型决策

个人经验型决策是指客户利用个人的知识、经验和掌握的信息而作出的购买决策。如客户对日常物流服务的购买，就是凭借自己的经验而直接作出购买决策的。也有一些特殊情况，如碰到抢购短缺物流产品或服务甚至紧迫问题时，来不及和他人商量，要求个人立刻作出购买决策，这种决策可以提高决策效率，但容易出现失误。

2. 企业集体型决策

企业集体型决策是指企业主要成员共同商议，凭借大家的经验和智慧作出的购买决策。如物流大项目投资大、决策复杂，就需要发挥企业高管成员的决策能力，共同作出购买决策。这类决策需要花费较多的时间，搜集多方信息，经过反复评价选择得出结果后作出购买决策，因决策比较慎重，故失误较少。

3. 社会协商型决策

社会协商型决策是指客户通过个人接触、营销活动等社会化渠道搜集信息，并进行协商，利用更多人的经验和智慧作出的购买决策。如通过听取同行的意见、客户服务人员的介绍和建议、物流企业的广告宣传以及其他客户的推荐等信息，再作出购买决策。在这类决策中，物流企业增加传递给客户的信息及客户服务人员提供的咨询与建议均会对客户的购买决策起到较大的作用。但物流企业应恪守商业道德，不能提供错误或虚假信息，致使客户作出错误的决策。

（二）按照购买决策的性质来划分，物流客户决策类型可分为战略性决策和战术性决策

1. 战略性决策

战略性决策是指客户关于物流长远规划所作的购买决策，又称宏观决策，如物流园区的规划、物流大项目的外包等。

2. 战术性决策

战术性决策是指为实现战略性决策目标而采取的具体方式和方法，又称微观决策。如物流客户作出了购买物流产品或服务的决定，就会考虑购买方式、购买时间等问题。

（三）按照购买决策的重复程度来划分，物流客户决策类型可分为常规性购买决策和非常规性购买决策

1. 常规性购买决策

常规性购买决策是指客户对经常或例行的购买行为的决策，如物流客户对日常物流服务的购买等。这种类型的决策具有简单性、重复性、可把握性的特点。

2. 非常规性购买决策

非常规性购买决策是指对偶然发生或首次进行的、非重复性购买的物流产品或服务的购买决策，如物流新项目的购买决策等。

（四）按照决策问题的风险性来划分，物流客户决策类型可分为确定型决策、风险型决策和非确定型决策

1. 确定型决策

确定型决策是指影响客户决策的因素是确定的，是可以预料的，因而决策的结果也是确定的，可以预料的。

2. 风险型决策

风险型决策是指存在多种不确定的，但某种情况下又可以预测的因素影响客户决策的结果，因而客户要作出这种决策需要承担一定风险。如客户物流外包就是一个风险型决策。

3. 非确定型决策

非确定型决策是指存在两个以上不确定的因素影响客户的决策行为，而且其结果也是不确定的。

三、物流客户购买决策群体

现实生活中，物流产品或服务的购买通常是以企业为单位来进行的。在一个购买活动中，每个成员可以扮演不同的角色，起不同的作用。按其在购买决策过

程中所起作用的不同，可分为 5 种不同的角色。

（一）发起者

发起者，即客户企业中第一个建议或想到要购买物流服务的人。

发起者可能是负责企业物流运作的物流主管。当物流主管发现企业自有物流能力不足以满足企业的需要，或物流服务水平的低下已经引起了客户满意度下降时，物流主管通常会建议部分或全部从第三方物流企业购买物流服务。发起者还可能是负责企业总体物流事务的物流总监。当物流总监发现企业的物流成本较高，物流服务水平时常遭到企业内外的指责，并且以企业现有的物流能力不可能根本解决这些问题时，物流总监会考虑与第三方物流企业合作购买物流服务。期望借此降低成本，提高企业物流服务水平。

（二）影响者

影响者是指客户企业中，他（她）的物流意见或建议对最后决策者产生直接或间接影响的人。

在企业中，影响者的数量相对较多。影响者可能是来自生产部门的负责人，若他认为企业现有的物流能力不能使原材料在适当的时间、适当的地点、适量地送到生产现场，从而破坏了生产的连续性，他的意见就会对购买物流服务的决策者产生一定的影响。影响者也可能是来自市场营销部门的负责人，若他发现企业现有的物流能力不能把商品在规定的交货时间、交货地点送到客户手中，造成如交货迟延、货物破损与丢失等责任事故，最终因此而使客户流失，他的意见就会对决策者产生很大的影响。影响者还可能是负责企业财务的财务总监，当他发现与其他企业相比，本企业的物流成本相对较高，部分购买或外包物流服务会降低企业成本时，他的影响也是不可忽视的。

（三）决策者

决策者是对客户企业中部分或整个物流购买决策（如是否购买、何处买、何时买等）作出最后决定的人。

决策者通常是企业总经理或物流总监。在规模较小的企业，决定者很可能是总经理，因为总经理往往管得很宽，而部分或全部外包物流服务对企业的影响较大。在这种情况下，总经理会把决策权控制在自己的手中。在规模较大的企业，一般由总经理和物流总监共同决定购买决策。

（四）购买者

购买者是客户企业中具体从事物流服务购买的人。购买者一般为企业的物流主管。有些企业统一由采购部门与第三方物流企业进行谈判并签订合同等。

（五）使用者

使用者即客户企业中实际使用物流服务的人。使用者一般为企业的物流部门。由物流主管具体安排对购买的物流服务的使用和调配。

在购买决策中，一个人可能扮演上述5类参与者中的一种、两种，甚至更多，这主要取决于不同企业的职能分配情况。物流企业客户服务人员必须了解在物流服务购买决策中谁是发起者、谁是购买者、谁是决策者、谁是影响者、谁是最终使用者，从而制订出影响购买决策群体中各种角色的营销策略。

小思考

物流客户购买决策群体包括哪几种角色？你知道怎么突破他们吗？

四、物流客户购买决策的过程

物流客户购买决策过程是客户在特定心理驱动下，按照一定程序发生的心理和行为过程。具体地讲就是指客户在购买物流产品或服务过程中所经历的步骤。一般认为，客户购买决策过程通常有认知需要、搜集信息、方案评估、购买决策、购后评价等步骤，如图3-2所示。

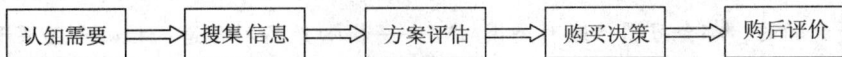

认知需要 → 搜集信息 → 方案评估 → 购买决策 → 购后评价

图3-2 物流客户购买决策过程

（一）认知需要

客户的购买决策过程是从认知需要开始的。客户对某一物流产品或服务的购买需要来源于其自身的生理和心理需求。当人的某种内在需求在外部因素的刺激下达到一定程度时便成为一种驱使力量（即动机），促使人们作出购买某种满足其需要的商品决策。

就实质而言，问题认识源于需求者意欲状态与他感知到的状态之间存在着差距，这种差距促使他采取某种决策行动。行动的需要既可由内在刺激引起，也可能由外在刺激唤起，还可能是内外刺激共同作用的结果。认知需要是物流客户购买决策过程的起点。在客户的全部行为中，决策行为是核心。对物流客户来说，客户要了解自己物品的种类、物流的距离、时效性要求、安全性要求、对物流装卸与存储包装的要求、物流成本的要求等。

在物流企业营销活动中，要研究如何利用外在因素去引起客户的内在需要。物流客户服务人员应首先了解本企业产品或服务的种类、特点以及与此有关的客户现实或潜在的需要，并了解这些产品或服务在不同时间里的需要程度，这种需要被哪些诱因所引起，这样就可以设计诱因。引起客户购买动机的诱因是多方面的，可以是时间的、地点的、经营方式的、布局陈列的，也可以是产品本身的质量、价格、品种、规格、包装等。这些诱因可以单独使用也可以综合使用。

案例赏析

以客户喜欢的方式沟通

【经典回放】 当我们把物流产品或服务拿给或展示给客户时，客户最容易想到的是产品或服务的缺点。这是为什么呢？因为客户恐惧，有习惯性反应，所以客户会拒绝。当客户不要时，我们却以为客户不信任我们，甚至误认为是对我们人格、人品的轻视。但实质上，就是因为客户先看到了坏的一面。

也许你会说，我们的产品也没有坏处啊，我们的产品都挺好的。可是我要告诉大家，就算你的产品千好万好，只要要钱就不好。客户在掏钱时，无论是小额的还是大额的，都会习惯性地有恐惧心理——担心产品不合适，担心产品买贵了，担心不安全，担心白花钱，等等。

于是，客户条件反射般地对购买有种排斥感。这是一种很正常的心理反应。你也许会说，我第一次跟他讲，他没买；第二次跟他讲，他还是没买。半年过去了，没买，到现在仍没买。该怎么办呢？

其实，你一点都不用着急。事实上，客户对一个事物的认识都有一个过程，所以我们要有耐心。如果想加快进程，必须从发现需求、创造需求、满足需求上下工夫。

总之，人在认知事物时都有失盲的现象，对于社会中存在的一些现象，有盲点。销售时，我们如果不能把人的这种规律研究透，就很难掌握客户的心理。相反，若知道自己也有盲点，我就能理解客户，对客户的盲点就能客观地对待。这样，当客户拒绝你时，你就会想，哎哟，这个人看来盲点还挺严重的。这样你就不那么生气了，也就不会感觉受到了伤害。

这说明了什么呢？其实，这个世界上，并不是所有的人都是我们的客户。销售是有概率的，不论你是卖金银、卖珠宝、卖钻石，甚至你卖钞票，都会有人拒绝你。这不是你的物流产品或服务好不好的问题，而是人们需不需要的问题或认知程度不同的原因。明白了这一点，你就能坦然面对客户的拒绝了。

【画龙点睛】　要减少物流客户对物流产品或服务的认知盲点，必须以客户喜欢的方式去沟通，从而达到销售之目的。

（二）搜集信息

客户决策的第二步是搜集信息阶段。当客户认识到企业某个问题或需要可以通过购买某种物流产品或服务来解决时，便会广泛地搜集与该类物流产品或服务有关的信息。客户所搜集的信息包括各物流企业的物流路线、物流方式、物流装备的充足程度、班次频率、安全性、运费、时间占有、员工素质、技术装备水平、信息处理能力等。

1. 信息来源

客户可以从内部、外部或内外部同时搜集信息。

内部信息搜集就是客户从记忆中提取信息，这是客户对记忆中原有信息的回忆过程。这种信息，很大程度上来自以前购买使用物流产品或服务的经验。对许多重复性的常规性决策，客户只要使用储藏在记忆中的、过去获得的经验和信息就足够用了。

若内部信息不足以支持客户作出购买决策，客户便会从外部各种渠道广泛搜集所需信息。

知识小链接

客户的信息来源

❀ 人际来源。主要包括同行、家人、朋友、同学、同事、同龄人、邻居等，这方面来源的信息，对客户的购买决策影响很大。

❀ 营销来源。主要包括广告、客户服务人员、经销商、展示会等。这方面来源的信息量最大。

❀ 公共来源。包括大众传播媒体，如广播、电视、报刊、杂志、网络、客户组织、专家学者等。这方面来源的信息极具客观性和权威性。

❀ 经验来源。主要指客户个人购买和使用物流服务的经验及对产品的认知等。这方面来源对决策初期和最后是否作出购买决策具有决定性。

2. 影响客户搜集信息范围的因素

物流客户搜集信息的范围会受到以下几个方面因素的影响：

（1）客户接受物流产品或服务的风险预期。客户在购买物流产品或服务时，都有一定的风险意识。一般来说，购买风险预期越大，客户信息搜寻的范围越大。相反，风险小的购买决策，只要做简单的信息搜集工作，甚至只需内部信息就可以决定了。此外，对于同一物流产品或服务来说，由于客户的个性不同，客户的风险知觉也不同，因而会影响到他搜寻信息的范围与努力程度。

（2）客户对物流产品或服务的认知。客户对产品或服务了解得越多，他搜寻的范围越小，效率就越高，搜寻时间也就越少。此外，自信心强的客户，信息搜寻的范围小，时间就短；自信心弱的人，则与之相反。最后，有先前购买某种物流产品或服务经验的客户，与没有经验的客户相比会减少信息搜寻的范围和时间。

（3）客户对物流产品或服务感兴趣的程度。一般来说，客户对某物流产品或服务越感兴趣，就会越关注，就会花费越多的时间去搜集信息。

（4）情景因素。在特殊的情况下，人们对信息的搜集是有限的，如求大于供时的抢购。

3. 客户选择信息的过程

通常情况下，物流客户对信息的选择要经过以下三个步骤：

（1）有选择性的注意。人们在日常生活中会接触大量的刺激，但不可能注意到所有刺激，其中大部分会被过滤掉。所以物流客户服务人员应该弄清楚哪些因素最能引起客户的注意。经研究发现，影响客户知觉选择的因素主要有以下三个方面：首先，客户会比较注意与当前需要有关的刺激；其次，客户比较注意他们所期盼的刺激；最后，人们比较注意超出正常刺激规模的刺激，如某些物流产品或服务换季打折时，客户会更多地关注到打折幅度最大的物流公司及其产品。

（2）有选择性的理解。即客户趋向于将所获得的信息与自己的意愿结合起来。在很多情况下，人们是按先入为主的想法、按自己的思维模式来接受信息的。因此，即使是客户注意到的刺激，也并不一定会产生预期作用，有时还会产生选择性理解。

（3）有选择性的记忆。人们不可能记住他们接触到的所有信息，而往往会忘记大多数接触过的信息，相反则倾向于记住那些符合自己的需要、兴趣、态度的信息，这就是记忆的选择性特点。

（三）方案评估

客户从内外部获得大量信息后，便根据信息选择评价方案，这是客户购买决策过程的第三阶段。这个阶段，客户会使用记忆中存储的和从外界信息源获得的信息，形成一套决策评价标准。这些标准帮助客户进行评估和比较，并作出选择。

知识小链接

方案评价原则

● 理想品牌原则。每个客户心目中都有一个对某产品的理想品牌的印象，并用这种理想品牌印象同实际品牌进行比较，实际品牌越接近理想品牌就越容易被客户所接受。

● 多因素关联原则。这是指客户为产品或服务的各种属性规定了一个最低的可接受水平。运用这一原则，可以排除某些不必要的信息干扰，减少处理信息的数量和规模。

● 单因素评价原则。客户以一种主要的属性去评价他所考虑的几个品牌的产品或服务，并从中选出最符合他的需要的产品或服务。

● 排除原则。其核心在于逐步排除以减少备选方案。

● 排序原则。即首先将产品或服务的一些属性按照自己认为的重要程度，从高到低排出顺序，然后再按顺序依次选择最优品牌。

一般情况下，物流客户会面临多种方案的选择。拿物流方式来说，就有铁路、公路、航空、水路、管道、联运等方式可供选择；拿具体的物流服务商来说，那就更多了。因此，选择哪家物流企业，物流客户必须根据所获取的信息和自身的特点来作出评价，然后作出最后的选择。如对三峡工程发电机组物流服务商的选择，肯定会考虑实力雄厚的大型物流综合服务商来提供全程服务。

客户评价物流服务的模式也是多种多样的，现以期望值选择模式来说明客户如何进行物流服务商的选择和评估。根据该模式，客户先选择若干具备自己所需求的属性的物流服务商来作为备选企业，然后按照自己对各个属性的重要程度分别赋予每一个属性以相应的权数，同时根据自己对每一物流服务商的每一属性感到满意的程度给出相应的评价值，最后得出各个物流服务商的综合得分，形成客户对不同物流服务商的信息，得分最高者就是客户最后要选择的物流服务商。

以某制造企业物流业务外包为例，该企业认为物流服务共有5种属性，每种属性的权数和5个物流企业的评分如下表所示。

某制造企业对 5 个物流企业的评价

属性 物流企业	价格权 数 3	交货期权 数 2	货损货差率 权数 1	物流信息权 数 1	沟通权 数 1	综合评分（权数× 各项评分汇总）
物流企业 A	4	6	8	8	7	47
物流企业 B	6	8	7	8	8	57
物流企业 C	8	6	9	10	8	63
物流企业 D	10	8	6	10	7	69
物流企业 E	9	10	10	8		73
物流企业 F	8	9	8	9	10	69

注：假定各项属性评分满分为 10 分，权数最高为 10。

根据上述各项评分及权数列表进行计算，得出该制造企业对 6 家物流企业的综合评分分别为 47、57、63、69、73、69，物流企业 E 为最高分 73 分，所以该制造企业最终将会选择物流企业 E 为物流业务外包。

（四）购买决策

这一阶段是客户购买决策过程的关键和中心环节。客户对各种方案进行比较评价之后，会选择一个最满意的方案，作出客户购买决策，实现购买行为。

选定自己认为最佳的物流服务商，承担起自己外包的物流活动。但是，在复杂的购买情况下，购买活动还会受到其他 3 个要素的影响：一是他人态度。他人否定态度越强烈，影响越大；他人与客户关系越密切，影响力越大；他人的专业水平越高，职位越高，影响越大。二是购买风险。一般来说，购买风险越大，客户对物流服务的最后购买行为的疑虑就越多，或者对购买就更为谨慎。三是意外因素。意外因素指意外情况或意外事件的出现。在客户即将购买时，如果在购买现场出现某些未预料到的情况，他会作出其他的决策，从而改变购买行为。

（五）购后评价

客户选择物流服务商接受物流服务后总会有些反应，这些反应可归纳为 3 种情况：若满足感超过期望值，则表示非常满意；若满足感等于期望值，则表示满意；若满足感小于期望值，则表示不满意。购后感觉将直接影响到以后客户对物流服务商的选择，要么选择直接重购，成为某一物流服务商的忠诚客户；要么修正重购，虽仍选择该物流服务商，但双方要进一步沟通，调整物流服务；要么就是新购，剔除原有物流服务商，选择新的物流服务商。

◀ 本单元小结 ▶

本单元比较全面地介绍了物流客户购买行为理论，分析了物流客户购买行为模式，从而从深层次上解读了物流客户产生某一购买行为的原因。在此基础上描述了物流客户决策的内容、类型和决策群体，重点分析了物流客户购买决策过程。

●●● 关键词集成 ●●●

个人经验型决策　指客户利用个人的知识、经验和掌握的信息而作出的购买决策。

企业集体型决策　指企业主要成员共同商议，凭借大家的经验和智慧作出的购买决策。

社会协商型决策　指客户通过个人接触、营销活动等社会化渠道搜集信息，并进行协商，利用更多人的经验和智慧作出的购买决策。

战略性决策　指客户关于物流长远规划所作的购买决策，又称宏观决策。

战术性决策　指为实现战略性决策目标而采取的具体方式和方法，又称微观决策。

常规性购买决策　指客户对经常或例行的购买行为的决策。

非常规性购买决策　指对偶然发生或首次进行的、非重复性购买的物流产品或服务的购买决策。

确定型决策　指影响客户决策的因素是确定的，是可以预料的，因而决策的结果也是确定的，可以预料的。

风险型决策　指存在多种不确定的，但某种情况下又可以预测的因素影响客户决策的结果，因而客户要作出这种决策需要承担一定风险。

非确定型决策　指存在两个以上不确定的因素影响客户的决策行为，而且其结果也是不确定的。

考 点 自 测

1. 单项选择题

(1) "S—O—R"模式，即"刺激——个体生理、心理——反应"模式。就是(   )。

    A. 物流客户购买行为的一般模式

    B. 科特勒行为选择模式

    C. 霍华德—谢思模式

    D. 以上均不正确

(2) 按照购买决策的重复程度来划分，物流客户决策类型可分为 (   )。

    A. 战略性决策和战术性决策

    B. 常规性购买决策和非常规性购买决策

    C. 个人经验型决策、企业集体型决策和社会协商型决策

    D. 确定型决策、风险型决策和非确定型决策

(3) 主要解决买什么物流产品或服务的问题，即 (   )。

    A. 购买原因   B. 购买者

    C. 购买目标   D. 购买数量

(4) 客户在购买前，根据自己的经验和对物流的知识，对所需求的物流服务进行周密的分析和思考。这属于 (   )。

    A. 习惯性购买   B. 质量性购买

    C. 价格性购买   D. 理智性购买

(5) 对客户企业中部分或整个物流购买决策（如是否购买、何处买、何时买等）作出最后决定的人。即(   )。

    A. 决策者   B. 发起者

    C. 影响者   D. 购买者

2. 多项选择题

(1) 客户因购买而遇到的风险种类较多，主要类型有 (   )。

    A. 经济风险   B. 安全风险

    C. 功能风险   D. 社会风险

    E. 心理风险

（2）物流客户购买行为分析，一般从（　　）角度分析。

  A. 经济学   B. 社会学

  C. 心理学   D. 政治学

（3）购后感觉将直接影响到以后客户对物流服务商的选择，一般选购的方式有（　　）。

  A. 直接重购   B. 修正重购

  C. 新购   D. 以上只有 A 和 B 正确

（4）物流客户购买决策群体，主要包括（　　）。

  A. 决策者   B. 发起者

  C. 影响者   D. 购买者

  E. 使用者

（5）影响物流客户搜集信息范围的因素，主要有（　　）。

  A. 客户接受物流产品或服务的风险预期

  B. 客户对物流产品或服务的认知

  C. 客户对物流产品或服务感兴趣的程度

  D. 情景因素

3. 判断题（正确的打"√"，错误的打"×"）

（1）物流客户购买行为的产生与发展，不是一个简单的、孤立的过程，而是受到经济、政治、社会、心理等各种因素的影响和制约，并具有一定的规律性。（　　）

（2）使用者，即客户企业中第一个建议或想到要购买物流服务的人。（　　）

（3）客户心理学中认知的概念是指客户过去感知的事物重现在客户面前的确认过程。（　　）

（4）购买目标主要解决怎样购买的问题。（　　）

（5）客户的购买决策过程是从认知需要开始的。（　　）

4. 简答题

（1）物流客户习惯养成理论的基本内容是什么？

（2）客户在购买物流服务过程中，其主要购买类型有哪些？

（3）客户因购买物流服务而遇到的风险主要有哪几种类型？

（4）物流客户购买决策的内容应包括哪些？

（5）物流客户购买决策过程有哪些步骤？

案例综合分析

敦豪物流是如何征服摩托罗拉的

摩托罗拉是一跨国公司，对在中国市场的物流外包的要求是十分严格的，有自己特殊的购买行为方式。

1. 要求提供 24 小时全天候准时物流服务。包括保证本公司中外业务人员以及天津机场、北京机场两个办事处和双方负责人通信 24 小时畅通；保证车辆 24 小时运转，以及天津机场与北京机场办事处 24 小时提货、交货等。

2. 要求服务速度快。公司对提货、操作、航班、派送都有明确规定，时间以小时计，必须满足这些规定要求。

3. 要求服务安全系数高及对运输全过程负全责，保证物流各环节完好。一旦出现问题（质量、时间等），将由服务商承担责任并赔偿损失，而且当达到一定程度时（另行规定）则取消业务资格。

4. 要求信息反馈快。公司的计算机网络必须与摩托罗拉公司联网，做到对货物的动态跟踪、查询，能够掌握物流运作的全过程。

5. 要求服务项目多样。根据摩托罗拉公司的物流要求，第三方物流公司必须能够提供包括出口运输、进口运输、国内空运、国内陆运、国际快递、国际海运和国内提货的派送等全方位一体的物流服务。

针对摩托罗拉公司对物流外包的要求和购买行为特征，敦豪物流不断调整自己的行为，制订相应的营销对策。

1. 公司实行全天候工作制，双休日（包括节假日）均视为正常工作日，可以随时出货，有专人、专车提货。在通信方面，相关人员从总经理到业务员 24 小时通信畅通，保证了对各种突发性事件的迅速处理。

2. 由于客户的货物具有货值高、仓储要求零库存等特点，敦豪物流对所有业务操作都设定了标准程序，先后制订了出口、进口、空运、陆运、仓储、运输、信息查询、反馈等工作程序。

3. 公司对物流活动的每一个环节负全责，即对货物由工厂提货到海、陆、空运输及国内外配送等各个环节负全责。对于出现的问题，积极主动协助客户解决，并承担责任和赔偿损失，确保客户的利益。

4. 公司已形成了遍布国内外的物流营销网络。通过该网络，在国内可为摩托罗拉公司提供 98 个城市的物流服务，并实现提货、发运、对方派送全过程的定点定人，信息跟踪反馈等。

5. 提供门到门的延伸服务。公司对摩托罗拉公司的普通货物按一般标准收费，但提供门到门、库到库的快件服务。以保证货物的及时性与安全性，满足了摩托罗拉公司的安全系数要高、服务要快的要求，发挥了敦豪的网络优势。

【问题分析】

(1) 摩托罗拉公司在物流外包购买行为上有何要求？

(2) 敦豪物流是如何征服摩托罗拉公司的，给我们什么启示？

实训巩固

模拟物流客户购买决策的过程

【实训目的】

通过模拟训练，掌握物流客户购买决策的流程。

【实训内容】

模拟演练客户购买某项物流服务的决策过程即认知需要、搜集信息、方案评估、购买决策、购后评价等步骤。

【实训准备】

1. 人员准备：把全班分成若干组，每组4~5人。

2. 资料准备：确定认知需要、搜集信息、方案评估、购买决策、购后评价等步骤的基本要点。

3. 实训地点：实训室或教室。

【实训步骤】

1. 在教师的提示下分组讨论、设计各流程的基本要点。

2. 教师根据各组的表现打分，并分别记入学期总成绩。

▶ **心理测试**

1. 检测你的财商

财商（Financial Intelligence Quotient，FQ），它的实际定义为："把现金或劳动转化为带来现金流资产的能力。"财商代表一个人的金钱观念和理财能力，特别是投资收益方面的能力，它是一个人在财务方面的智力，是一个人在社会上生活最需要的能力，同时也是最容易忽略的能力。现实的理财生活中，人们的表现是不尽相同的：有热衷于购买新款商品的"新潮砸钱型"；有摆阔之后又极度渴望存钱的"进退两难型"；有忙得没有时间制订理财计划的"无头苍蝇型"；有心理上惧怕理财，甚至觉得财产管理是件麻烦事的"拒绝理财型"；还有盼望自己的财产能够不断升值，把自己的每一分钱都拿去投资的"狂热财迷型"。

下面是几道简单的测试题，可以让你看到自己的财商究竟有多高？你到底属于何种类型？

（1）对于存钱和储蓄，你的观点是（　　）。

    A. 我知道应该存点钱以备不时之需，但我往往会不自觉地喜欢购物炫耀

    B. 我尝试着存钱，但那可爱的溜冰鞋、新上市的小套装之类的东西经常会诱惑我打开钱包

    C. 我太忙了，根本没时间去考虑存钱的事

    D. 我经常担心存的钱不够多

    E. 存钱是件好事，但更重要的是用手上的钱赚取更多的钱

（2）一次好运不期而至，你买彩票居然中了 5 万元的奖金，这时候你的第一反应是（　　）。

    A. 到经常去的商场把心仪已久的大件（如数码摄像机、钻石项链等）买回来

    B. 拿出一部分存起来，余下的用来好好享受

    C. 先存起来，等我有空的时候，拿去做投资

    D. 帮我一把吧，我没办法对这笔钱做妥善处理

    E. 如果我拿去买股票或债券，10 年后也许就会有相当可观的收益

（3）在核对记账的时候，你经常会发现（　　）。

    A. 支出一栏里有太多条目

    B. 在某些时段，我花钱太多了，但大部分时间是维持正常的水平

    C. 我很少核对我的账本，因为没时间，但我会尽力挤出时间去记账

    D. 我总是小心翼翼，不过有点担心其中很多数字有出入

E. 我总是仔仔细细计算利润，看看赚到了多少

（4）一般情况下，你处理不必要的支出或计划外消费的方法是（　　）。

A. 把自己的信用卡刷到无钱可刷，这样就可以避免不必要的支出了

B. 在储蓄前我一般会留一点现金来应付这样的情况，但有时候这笔钱往往会被我买东西花掉

C. 我一直在计划设立一个"浮动基金"，但现在也没空开始实施

D. 我总会准备较多的钱来应付，但经常会怀疑："这点钱够不够啊？"

E. 如果突然需要现金周转，我会卖掉一部分股票

（5）你开始储蓄将来养老的钱了吗（　　）。

A. 什么是养老的钱呢？我还年轻，不用太早考虑

B. 我已经开始这个庞大的工程，但是进展不大，常常是拆东墙补西墙，有时从每月的储蓄里拿出来存为养老金

C. 我一直想到要开始计划，但往往被其他事分心了，一直拖到现在还没有开始实施

D. 早就开始了，我害怕到我65岁前还没有存够养老的钱

E. 没有，我觉得可以有更好的让我年老时有钱花的方法

（6）你认为钱就是（　　）。

A. 用来买好东西的必要工具，快乐的源泉

B. 有两种用途，就是"存"和"花"

C. 我觉得研究它是什么很无聊，浪费时间

D. 带来压力的源泉

E. 可以赚更多钱的一个基本要素

测试结果：

A 选项最多：新潮砸钱型

你觉得自己穿戴和使用的物品是一种身份的象征，你狂热地喜欢逛街，喜欢挑选、购买和拥有新的东西。对于你这种把逛街当作常规休闲方式的人而言，每次上街之前请记住，身上不要携带太多的现金，只留下坐车钱就可以了。如果能把信用卡也放在家里，那就更好了，这样你就没有条件再乱花钱买东西。然后，一个星期内存50元至100元钱（只是少买一点点东西而已），这样你一年至少就会有1200元的存款了。

B 选项最多：进退两难型

你的情况有些不太稳定，常买完东西就后悔，紧接着再三分钟热度地存钱。你知道应该存点钱，可一旦一条新裙子吸引了你的眼球，你就会动用存款了。怎

么解决你的问题呢？首先，还是避免接触到现金，最好是拿出薪水的 10% 以上去储蓄，雷打不动地去执行，或者制订规范的投资计划，等等。

C 选项最多：无头苍蝇型

你每天的生活如此忙碌，以至没有时间细心地关注个人的财务问题。你常常收到很多催账单，收支一般较为混乱。建议你可聘请专业的理财师帮助你管理好账本。

D 选项最多：拒绝理财型

你被烦琐的细小账目吓怕了，从不真正喜欢存钱，常常把管钱的重任交给你的亲人。建议你不妨多读一点理财方面的书，或者参加一个投资培训班。凡事主动一点，自主决定要存多少钱，买什么股票，你就不会对管理自己的财产如此不自信了。

E 选项最多：狂热财迷型

你存钱是因为十分希望能够实现存款的升值潜能。不过，你对"钱生钱"的能力太乐观了。你总是对自己的存款有太多的计划，尽管得到回报的周期可能会很长。建议你最好和专业理财师谈谈，让他了解你的财务状况，再根据你愿意承受的风险，提出相应的理财方案。

2. 检测你的健商

健商（Health Intelligence Quotient，HQ）是指人的健康商数、健康智力。加拿大籍华裔教授谢华真撰写的《健商 HQ》一书首次提出健商的概念，书中指出健商代表着一个人的健康智力和对健康的态度。健商分为五大要素：自我保健、健康生活、生活方式、精神健康、生活技能，它们相互依存，相互平衡，哪方面低了都不能称之为健康。

请回答下面的测试题。

（1）自我保健对身心很重要。

    A. 不同意　　　　　　　　　　B. 无所谓

    C. 有点同意　　　　　　　　　　D. 完全同意

（2）你在练习自我放松和减轻压力的技巧没有？

    A. 几乎没有　　　　　　　　　　B. 偶尔

    C. 经常　　　　　　　　　　D. 几乎总是

（3）在感冒或受到轻微感染时，你会自己照顾自己，并且感觉很好吗？

    A. 几乎没有　　　　　　　　　　B. 偶尔

    C. 经常　　　　　　　　　　D. 几乎总是

（4）在患病期间，心理作用相当重要。

A. 不同意　　　　　　　　　　B. 无所谓

C. 有点同意　　　　　　　　　D. 完全同意

（5）你对自身的精神状况感到：

A. 非常不满意　　　　　　　　B. 无所谓

C. 有点满意　　　　　　　　　D. 相当满意

（6）与人相处时，你会感到轻松，并且乐于和开朗的人交往。

A. 几乎没有　　　　　　　　　B. 偶尔

C. 经常　　　　　　　　　　　D. 总是

（7）你自己对于疾病的了解：

A. 相当贫乏　　　　　　　　　B. 一般

C. 稍多一点　　　　　　　　　D. 相当多

（8）应该适当利用社区的医疗保健设施。

A. 不同意　　　　　　　　　　B. 无所谓

C. 部分同意　　　　　　　　　D. 完全同意

（9）你会接受身体检查，包括检测各种危险疾病吗？

A. 从来没有　　　　　　　　　B. 不定期

C. 定期　　　　　　　　　　　D. 始终如此

（10）应该做到不抽烟、少喝酒、远离毒品。

A. 不同意　　　　　　　　　　B. 无所谓

C. 部分同意　　　　　　　　　D. 完全同意

（11）每天能做到定时就餐。

A. 从不　　　　　　　　　　　B. 偶尔

C. 经常　　　　　　　　　　　D. 几乎总是

（12）经常做一些体育运动，每天都会散步。

A. 几乎从不　　　　　　　　　B. 偶尔

C. 经常　　　　　　　　　　　D. 总是

（13）对你自己的性生活感到：

A. 不满意　　　　　　　　　　B. 无所谓

C. 基本满意　　　　　　　　　D. 相当满意

（14）对未来的理想生活，你心里充满信心。

A. 从不　　　　　　　　　　　B. 偶尔

C. 经常　　　　　　　　　　　D. 总是

（15）你会处理来自情感、工作及生活的各种压力吗？

A. 不能　　　　　　　　　　B. 偶尔

C. 一般　　　　　　　　　　D. 总是

测试结果：A：0 分；B：1 分；C：2 分；D：3 分。

此项测试分数越高，表明你的健商指数就越高。20 分以下为较差，25 分以上为良好，超过 30 分为优良，35 分以上为优秀。

第4单元　物流客户谈判心理与风格

学习导航 ▶▶

- ◆ 懂得谈判心理及相应策略
- ◆ 知道几个典型国家或地区物流客户的谈判风格及应对策略
- ◆ 掌握中国几个地方典型物流客户的谈判风格及应对策略
- ◆ 学会把不同地区商人的谈判风格及策略用于实际谈判

案例导读

谈判心理运用的极至

【经典回放】　当一艘轮船开始下沉时，几位来自不同国家的商人正在开会，船长命令大副让那些人穿上救生衣跳到水里，一会儿，大副跑来说，他们都不往下跳，船长说："你接替我，我去看看能做点什么。"一会儿，船长回来说："他们全都跳下去了。"大副问："你用什么办法做到的?"

"我运用了心理学，我对英国人说'那是一次体育锻炼'，于是他跳下去了；我对法国人说'那是很浪漫潇洒的'，他高兴地跳下去了；我对德国人说'那是命令'，他一转身跳下去了；我对意大利人说'那不是被基督教所禁止的'，我对苏联人说'那是革命行动'，就这样，他们全都高兴地跳下去了。"大副问："那你是怎样让美国人跳下去的呢?""我对他说'你已经上保险了'。"

想一想：尽管上例是一则笑话，但它说明不同的国籍、民族，面对同一个问题可用不同的方式来解决。物流销售谈判更是如此，对待同样的谈判问题，不同地点、不同国家或地区的客户都会表现出不同的谈判风格和心理。通过对谈判的心理分析，我们就可以迅速熟练地掌握驾驭物流客户的谈判秘方。

第1模块 物流谈判心理分析

必备知识

一、物流谈判的内涵

（一）物流谈判的含义

谈判，一般是指人们为满足各自的需要，为妥善解决某些问题而进行的协商活动。物流谈判是指物流供需双方围绕涉及双方利益的物流产品或服务的交易条件，以达成双边都能接受的协议的行为和过程。

知识小链接

物流谈判的程序

- 谈判前准备阶段。收集资料——制订谈判方案——物质方面的准备
- 正式谈判阶段。开局——正式谈判
- 结束谈判阶段。达成协议

（二）物流谈判的构成要素

一场完整的物流谈判的构成要素是多方面的，包括谈判主体、客体、议题、时间、地点及其他物质条件等。这些构成要素缺一不可，但其中最基本的构成要素是谈判主体、客体和议题三项。

1. 物流谈判主体

物流谈判主体是指在物流谈判中通过主动了解对方并影响对方，从而企图使对方接受自己交易条件的一方。

作为物流谈判主体，可以由一个人或两个人组成，还可以是一个代表某企业的代表团。在物流谈判中，谈判主体的最大特点，就在于它表现出充分的主观能动性和创造性。因此，物流谈判主体往往可能首先取得谈判的主动权。

2. 物流谈判客体

物流谈判客体是指在物流谈判中，谈判主体所要了解、施加影响并企图使之接受己方交易条件的一方。

作为物流谈判客体，可以由一个人或两个人组成，还可以是代表某一企业的团队。在物流谈判中，谈判客体的最大特点，就在于他们有一定程度的被动性。

物流谈判主体和物流谈判客体是相对而言的。在谈判中双方都力争使自己成为谈判主体，并把对方作为谈判客体。但是，在谈判过程中，自己要去了解对方，自己也被对方了解，自己要去影响对方，对方也要影响自己，自己企图说服对方接受自己的观念或交易条件，对方也企图说服自己接受其观点或交易条件。这样，谈判双方就各自既是谈判主体又是谈判客体。

3. 物流谈判议题

物流谈判议题就是谈判双方共同关心并希望解决的问题。所有物流谈判，不论它涉及什么物流产品或服务，都包含某些共同的主要议题，这些主要议题，就是物流谈判的基本内容，即物流产品的品质、数量、价格、付款方式、保证条款和仲裁等一系列交易条件。每项具体的物流谈判议题，尤其是主要议题都不完全一样。但它们共同的最大特点，就在于双方的共同性。若不具备这一特点，就不能成为谈判议题。

任何一项物流谈判，都要有谈判主体、谈判客体和谈判议题。这三项基本要素缺少任何一项都不能构成物流谈判。

小思考

你知道物流谈判的构成要素有哪些吗？

（三）物流谈判的类别

物流谈判的类别很多，按不同的标准划分，就会形成不同的类别。

1. 按谈判规模来划分，物流谈判可分为一对一谈判、小组谈判和大型谈判

（1）一对一谈判。它是指在一个卖主与一个买主之间的物流谈判。交易额小的物流谈判，往往是一对一的。

一对一谈判的主要特点，在于它往往是一种最困难的谈判类型。因为谈判双方各自为战，得不到助手的及时帮助。因此，这类谈判一定要选择有主见、决断力、判断力较强，善于单兵作战的客户服务人员参加，并要作好充分的准备。而

性格脆弱、优柔寡断的人是不能胜任的。

规模大、人员多的物流谈判，有时根据需要，也可在首席代表之间一对一地进行，以便仔细地磋商某些关键问题或微妙敏感的问题。

（2）小组谈判。它是指买卖双方各有几人参加的物流谈判。这是最常见的一种物流谈判类型，一般适用于项目较大或内容比较复杂的谈判。小组谈判的重要前提是正确选配小组成员，并有一位主要发言人或主谈者，除特殊情况外，他是最终决策者。

小组谈判的主要特点，在于各方有几个人同时参加谈判，分工合作，取长补短，各尽所能，这样可以缩短谈判时间，取得较好的谈判效果。

（3）大型谈判。它是指项目重大、各方谈判人员多、级别高的物流谈判。国家级、省（市）级或重大物流项目的谈判，都属于这种类型。

大型谈判的主要特点，一是谈判班子阵营强大，拥有各种高级专家的顾问团。因为大型谈判关系重大，有的会影响国家的国际声望，有的可能关系国计民生，有的将直接影响到地方乃至国家的经济发展速度，为此必须组织高级的谈判代表团。二是这种谈判的程序严密，时间较长，有时还要把整个谈判分成若干层次和阶段。

2. 按谈判的范围来划分，物流谈判可分为国内物流谈判和国际物流谈判

（1）国内物流谈判。它是指国内各企业、单位、个人之间的物流谈判。

（2）国际物流谈判。它是指不同国家或地区的物流人员之间的谈判，对我国来说，也就是对外物流谈判。

国际物流谈判与国内物流谈判相比，具有如下主要特点：

◆ 谈判双方具有不同的文化背景和习俗。为此，谈判前必须弄清对方办事方法，克服任何偏见，谈判中要特别注意礼节、礼貌。

◆ 语言常常是双方交流的自然障碍，通常的做法是借助翻译。

◆ 时间是双方谈判中的一个重要因素。旷日持久的谈判对双方都是不利的。但是，时间压力有时可以成为一方讨价还价的机会和手段。

◆ 国际物流谈判协议的条款，经常需要涉及特殊的银行业务和法律手段。

◆ 国际物流谈判中，几乎没有无须谈判的项目。若对此缺乏通盘的准备，会带来比国内谈判远为重大的损失。

◆ 国际物流谈判也是一项涉外活动，具有较强的政策性。

3. 按议题展开的方向来划分，物流谈判可分为横向谈判和纵向谈判

（1）横向谈判。它是指把拟谈判的议题全部横向铺开，也就是几个议题同时讨论，同时取得进展，然后再同时向前推进，直到所有问题谈妥为止。如一笔物

流外包谈判，双方可先确定这样一些议题或条款，即物流产品品质、价格、数量、支付、保险和索赔等。其次，可先开始谈其中某一条款，待有进展后就去谈第二条，等到这几项条款都轮流谈到后，再回过头来进一步谈第一条款、第二条款……以此类推，如有必要可再进行第三轮以至更多轮的磋商。

横向谈判的基本特点，就在于按议题横向展开，一轮一轮地洽谈，每轮谈及各个问题。

横向谈判比较适合于对并列式复合问题的洽谈。所谓复合问题，是指那些自身还能分解出若干小问题的问题。而并列式的复合问题，是指复合问题中包含的若干小问题，它们各自独立存在，相互之间没有隶属关系，正由于它们是相互并列的，故可以分别进行讨论。

（2）纵向谈判。它是指在确定议题之后，逐个把条款谈完，一项条款不彻底解决就不谈第二个。如同样是上面那笔交易，在纵向谈判方式下，双方首先会把物流产品品质确定下来，若品质问题解决不了，达不成一致意见，双方就不会谈价格条款。

纵向谈判方式的基本特点，就在于按议题纵向展开，每次只洽谈一个问题，谈透为止。

纵向谈判方式比较适合于对链条式复合问题的洽谈。所谓链条式复合问题，就是指复合问题中分解出的若干小问题并不处在同一个层次上，而是如链条一样，一环扣一环，逐层展开。因此，适宜用纵向谈判方式，把要谈的若干议题，按它们之间的内在逻辑要求，整理成一个系列，依顺序逐个进行谈判。

4. 按心理倾向性来划分，物流谈判可分为常规式谈判、利导式谈判、迂回式谈判和冲激式谈判

（1）常规式谈判。它是指经反复往来，双方交易条件已趋固定，谈判主、客体之间以过去交涉的程序、条件、经验为基础所进行的物流谈判方式。常规式谈判的心理特点是循规蹈矩，每次谈判的内容及形式无重大变化。它多用于与固定物流客户的洽谈，而对于情况复杂多变的物流谈判则不太适合。

（2）利导式谈判。它是指本方物流谈判人员在研究了对方谈判人员心理动态的基础上，迎合、利用对手的主体意愿，诱发其向本方谈判目标靠拢的物流谈判方式。如将计就计、投其所好等就是利导式谈判中通常使用的谋略。谈判高手在谈判时，经常首先提出一些双方都能够接受或有共同点的议题以达成一致，使客户造成一种双方立场相近的印象，以赢得客户好感，借此再推进交易的成功。

（3）迂回式谈判。它是指本方谈判人员在全面调查分析了谈判对手所处的环境和洽谈条件的基础上，不与对手直接就交易的内容进行协商，而是抓住要害或

利用某些外在条件间接作用于对手的物流谈判方式。如客户在选择物流产品或服务时，往往是反复比较，目的是利用不同谈判对手的不同报价，将其中最低的报价作为筹码，迫使对方把价格压下来，从而最有利地成交。

（4）冲激式谈判。它是指本方谈判人员采用正面对抗或恫吓方法，使用强硬手段给对方施加压力，以实现自己目标的谈判方式。如当谈判处于僵持状态时采用最后通牒的方式，要求对方要么接受我方的条件，要么停止谈判，迫使对方就范；又如产生争端时，据理力争，均属于冲激式谈判。在一般的物流谈判中，这种方式用得很少。万一要用时，也要做到深思熟虑和有的放矢，并有相应的备用方案以作为补救措施。若使用不当，则往往事与愿违，出现僵局，甚至导致谈判破裂。

二、物流谈判中的心理挫折分析

谈判心理是指买卖双方在谈判时反映出的心理状态或情绪变化。其实，日常工作中遇到困难时，也会影响到人的心理，从而形成各种挫折感。因此，心理挫折是指人们在实现目标的过程中遇到无法克服的阻碍、干扰而产生的焦虑、紧张、愤怒、沮丧或失意的情绪心理状态。

（一）心理挫折的行为反应

人们在心理受到挫折后，行为上往往有下列表现：

1. 攻击

人在心理有挫折感后表现出消极性攻击和直接性攻击。前者如低头不语、哭泣，后者如语言过火、情绪冲动、发脾气甚至动手等。

案例赏析

心理挫折后的攻击性反应

【经典回放】　某物流公司的王副总，早上一上班就接到老总电话，老总讲公司的业绩不佳，主要责任是他不敬业。这时办公室主任推门进来汇报一件事，王副总随即就把主任骂了一顿；主任回到办公室看打字员不顺眼，莫名其妙地对打字员一顿臭骂；打字员回家没地方出气，正好猫过来了，一脚将猫踢出门外，猫想，我惹谁了？

【画龙点睛】　心理挫折后的攻击性反应是一种常态，我们应予理解。但在商务谈判中需要避免客户有自我挫折感，否则会降低客户购买意愿。

2. 倒退

指人们在遭受挫折后，表现出的幼稚行为，如哭闹、暴怒、耍脾气等。目的是唤起别人的同情或威胁对方。

3. 畏缩

受挫后失去自信，表现出畏首畏尾、悲观、盲从等行为。

4. 固执

坚持某种不合理的意见或态度、无法正常有效地判断等，如谈判处于僵持状态时，一方坚持不吃对方的饭或在谈判中坚持不让步等。

（二）谈判活动中的心理挫折表现

1. 成就需求与成功可能性的冲突

人们追求自尊和自我实现需要时，促使其认真努力，成功的可能性就会加大，但谈判中许多不确定因素又使其成就感和成功出现偏差。如你希望代表公司实现本次谈判目标，使你在老总心里和公司都有一个好印象，结果对方由于其他原因放弃了谈判，挫折感由此产生。

2. 创造性与习惯定向认识的冲突

每个人都会有思维惯性，即人们常说的习惯定向。它是影响物流谈判人员创造性地解决问题的主要障碍。

3. 角色多样化与角色期待的冲突

每个人在不同的情况下都可能充当不同的角色，如在公司是一个领导，而到了谈判桌上则成为一个从属角色，心里可能就不舒服。这就是从一个角色转到另一个角色时的心理冲突。

了解以上谈判心理挫折表现，对我们理解谈判对手使用谈判策略有很大的帮助。

（三）物流谈判成功的心理素质

心理素质就是一个人调节自己或他人情绪的能力。心理素质对谈判成功非常重要。物流人员谈判成功的心理素质主要表现为"五心"，即信心、诚心、用心、耐心和交心。

1. 信心

信心是谈判成功的重要心理素质之一，信心就是对所推介的产品有自信，对企业有自信，对自己充满自信，这是谈判成功的前提。因此在谈判中有着必胜信念的一方，往往能最终取得谈判的胜利。

2. 诚心

谈判之所以在大多数情况下能达到预期目的，最主要的原因是由于谈判双方以诚恳合作的态度为基石。若谈判一方的态度诚恳，恰当地说明自己的情况，如开门见山地说："我需要你帮助我解决这个困难。"这种充满诚意的开场白，会使对方以诚意回敬。因此在谈判过程中，作为物流提供商要实事求是，不夸大产品或服务优势，也不隐瞒缺点，并且能客观评价对手，从而真正取信于对手。

谈判是双方的合作，若没有诚心，即使谈判成功了，也无法认真履行合同。诚心也是谈判的动力。双方为实现合作，会进行大量细致、周密的准备工作，解决各种分歧问题，达成共识。从心理学角度看，诚心是物流谈判的心理准备。只有在谈判双方都有诚心的前提下，双方才不会为一些细枝末节而互不相让。在基本目标不受影响时，诚心能推动双方建立彼此之间互助合作的关系。可见，诚心是谈判成功的重要心理素质。

小贴士

精诚所至，金石为开。诚心能加强谈判双方的心理沟通，保证谈判气氛的稳定融洽。

3. 用心

做任何事情都要有一种责任感，也就是说要"用心"。当然，做什么事情不用花费大力气，也可平平淡淡地干着自己的工作，不会出什么大错。然而，要做一名成功的物流谈判人员，是绝对需要"用心"的，要付出一定的努力和情感，要把谈判工作当作一种乐趣，而不仅仅是工作。用心不是一句口号，而是每一名成功的物流谈判人员应具备的良好心理素养。

4. 耐心

耐心是心理上战胜对手的一种策略，也是谈判成功的心理基础。谈判中的耐心能控制自己的情绪，不急于取得谈判的结果，掌握着谈判的主动权。耐心使谈判者认真倾听、冷静分析、恰当运用谈判策略，避免意气用事，可学会对人软、对事硬的态度。耐心是谈判者心理成熟的标志。怎样才能保持耐心，其动力源于人们对目标的追求。

耐心还表现出为承受挫折与失败打击而不丧失斗志的能力，以及不轻易放弃奋斗目标，坚持不懈，努力工作的能力。由于谈判工作的特殊性，这种心理素质在谈判中显得特别重要。

谈判实质上是一种意志的较量，因此物流客户服务人员必须有心理准备。完成一次产品或服务的交易是一个复杂而艰辛的过程。其发展过程是一个了解客户心态、接受客户心态和引导客户心态的循环往复过程。物流客户服务人员心态变化模式如下图所示。

物流客户服务人员心态变化模式

第一，了解客户的心态，如客户会讨价还价，甚至把产品或服务说得一无是处，俗话说，嫌货才是买货人。这是客户的常态。

第二，接受客户的心态，如客户对产品或服务的购买犹豫不决，有时接纳了还可能反悔。

第三，引导客户的心态，此时若客户还没购买，就是教育引导客户不够。因为教育客户、帮助客户成交是物流客户服务人员的责任。

5. 交心

所谓交心，就是一种沟通能力。其实谈判就是一种双向沟通。一名优秀的谈判人员不仅要有良好的口才，还要善于观察、倾听和发问，洞察对方的心理和动机，找出共同的话题，让对方说话。谈判的实质就是心与心的交流，沟通成功，谈判就会事半功倍。

小贴士

把握客户的购买心理，以退为进，软硬兼施，因地制宜，激起客户的购买欲望。

总之，掌握谈判的心理，对我们制订谈判目标、采用谈判策略、实现谈判目标有着决定性的作用。

第2模块 中国各地物流客户谈判风格及应对策略

必备知识

中国人口众多，地域辽阔，不同地域商人的性格特点千差万别，经商谈判风格异彩纷呈，竞相斗艳。限于篇幅，这里仅就几种典型的物流客户性格特征、谈判风格进行分析，并简述可采用的相应对策。

一、北京物流客户的谈判风格及应对策略

（一）谈生意时不忘侃时政

北京作为中国的首都和政治文化中心，造就了北京客户对政治的热爱。北京客户之于政治犹如德国客户之于哲学。北京客户侃起国家大事、政治形势来，如高山流水，气势磅礴。

小贴士

有句顺口溜："北京人侃主义，广州人谈生意。"

北京客户近在"天子脚下"，政治中心的磁场效应吸引着北京客户，叫你欲罢不能。人人都能谈政治，表现到谈判中，他会分析某谈判对象的主要政治背景，会看重门第，看重身份。若你的名片上赫然印着某某大物流集团公司的董事长或总裁，北京客户便会对你油然而生敬意，与你认真谈生意。

能言善侃是北京客户的专长，因此与之谈判时，你可以引导他侃不同的话题，对北京客户所"捧"的某个主题，一定要有一个客观的心态应对。

针对北京客户的上述特性和谈判风格，物流客户服务人员可用如下方法来应对：

1. 谈判时要带点官味，多打政治牌，以博得北京客户的好感，从而走出合作的第一步。

2. 以政治为媒，以政治名人作招牌，可增加企业或个人在北京客户心目中的分量。

3. 物流大企业、大集团和知名品牌容易在北京打开局面，赢得市场。

4. 物流客户服务人员若感到自己在谈判中筹码不够，可邀请公司董事长或总裁等核心人物亲自出面，北京客户一定会认真对待。

（二）既务实，又摆阔，特爱面子

北京客户不论做什么，都给人一种务实的感觉以及崇高真诚的人际关系，具有君子风度。谈判时，很少出现漫天要价的现象，所以物流客户服务人员与北京客户做生意会很踏实，货真价实，说话算数。

知识小链接

注意要点

- ◈ 大话可以说
- ◈ 大架子不可少
- ◈ 大气派不能丢

与之对应的，有些北京客户要气派，爱面子，特注重形式，追求贵族奢华。

针对北京客户的上述特性和谈判风格，物流客户服务人员可用如下方法来应对：

1. 真心待人，不虚伪，说话算数，不夸大其词。

2. 货真价实，不搞假冒伪劣产品。物流产品或服务运营中，多打品牌战略。

3. 讲点排场，多给北京客户面子，如宴请对方可选有气派的酒店用餐，而味道是其次的。花架子有时不能少，少了他们会瞧不起你；气派不可少，少了他们会认为你没实力；大话不可以少，少了他们会认为你没本事。

（三）有文化，喜安逸，不爱宣传

北京是中国人才最集中的城市之一，客户中的很多人都拥有很高的学历。有人戏言：在北京，随意扔一颗石子，砸着的可能就是博士。这些从知识分子转化而来的商人，文化层次高，信息灵敏，有儒商气质，在谈判时，有丰富的经济理论。

另一方面，北京很多客户又喜安逸，有一部分比较懒惰，所以和北京客户谈生意，可以在此方面多加考虑。

还有北京客户信奉"货好不用吹"的观念，不会在宣传上下很大力气，若大力宣传的产品，反而要提防这一点。因为在货好销时是不会做广告的，只有在产品积压时才想起做广告。

针对北京客户的上述特性和谈判风格，物流客户服务人员可用如下方法来应对：

1. 你必须有儒雅气质，谈吐举止高雅，专业知识精通，学识渊博。

2. 物流服务要真正方便北京客户。如电视购物、网上书店、送气送菜、搬家运货等主动上门快递业务发展空间很大。如北京"宅急送"就是从这一领域白手起家的。

3. 向北京客户介绍物流产品或服务时，最好少提及你的广告宣传和投入。

（四）注重人际关系，提倡和气生财，防止官商勾结和"托儿"

北京人传统的观念中世世代代都遵循着"礼之用，和为贵"和"中庸之道"的准则，希望通过保持人与人之间关系的和谐，最终达到社会的和谐，在生意场上恪守一条格言——"骗朋友只是一次，害自己却是终生"。所以谈生意时要注重与北京客户的人情交往。

知识小链接

人情文化源远流长

在老北京的四合院中，相互没有血亲关系的几个家庭生活在同一个空间，彼此之间相互关照，有福同享，有难同当，形成一种非常和睦友好的人际关系。这种生活方式最容易使人产生感情，而且这种感情世代相传，逐渐积淀下来，形成一种稳固的文化特征。现在虽用高楼大厦代替了古老的四合院，然而这种文化特征却一直延续下来，并不断增添新的内容。

以权经商的特征不仅表现为官员利用权力经商，而且表现为一些客户利用官员手中掌管的业务权进行经商活动。

另外根据人们喜欢"起哄"的特点，个别心存不良的商人会想方设法雇"托儿"，协助自己卖商品，对此，要有提防。

针对北京客户的上述特性和谈判风格，物流客户服务人员可用如下方法来应对：

1. 在与北京客户做生意时，必须注重与他们的人情交往，讲究人情味。

2. 与他们建立长期友好的合作关系，许多难办的问题，可以迎刃而解，从而提高办事效率。

3. 若双方生意发生纠纷，必须谨慎处理，尽量以和为贵。

4. 做某些生意时，如果人多，必须多动一下脑筋，防止上了"托儿"的当。

（五）读懂他们幽默、豪爽的性格

北京人可谓中国人中最具幽默感的人。也许燕赵文化赋予北京人热情爽朗的性格特征，加之北京长期作为都城的优越地位及独具魅力的北京方言，使得北京人幽默起来挥洒自如。幽默在商务活动中常被北京客户大量派上用场，甚至成为了一种制胜的武器。

由于北京人很幽默，因此，在与北京客户做生意或谈判时，必须迅速读懂他们的幽默，才能领会他们言语的真正含义，迅速地对人对事作出是非真伪的判断，从而更好地进行自己的决策。

热情好客也是北京人的一大特征。北京人中间流传着这样一句话："把菜吃光是对厨师最好的夸奖。"至于餐桌上的酒，那更是必不可少的，客人只有一醉方休，才能体现出主人殷勤好客，同时达到了主客之间关系融洽的目的。北京人直爽豪放的性格，又决定了他们不愿片面接受别人的恩惠。哪怕是最好的朋友，也非常注重礼尚往来的交往方式。

案例赏析

以幽默感摆脱窘境

【经典回放】 北京某物流公司总经理在一次记者招待会上，时而把人名说错，时而把地名说错。他将"新疆"说成"西藏"。当记者提醒他时，总经理立即改口："很抱歉，因为我刚去西藏谈成了一笔生意。"惹得记者哄堂大笑。

其实，该公司的业务从来没有扩展到西藏。这种幽默既为自己解了困，又巧妙地为自己做了一个广告。

【画龙点睛】 北京商人常常在自己阐述失言后，立即根据所言对象制造某种情景，形成幽默，从而使自己摆脱窘境。

针对北京客户的上述特性和谈判风格，物流客户服务人员可用如下方法来应对：

1. 熟悉北京客户惯用的幽默，体会出其侃的特点。
2. 多接近一些擅长京味幽默的北京朋友，领会其幽默风格。
3. 面对北京客户的幽默，你应多想想，领会其幽默的话外之音。

二、上海物流客户的谈判风格及应对策略

（一）看懂上海客户的海派风格

在很多中国人眼里，上海是他们认识西方的窗口，而西方人也从上海人身上

体验到了中国，认识到了中国。这种中西文化的长期交融、磨合，形成了上海人特有的人格气质，有人把这些气质归结为"海派"风格。主要特点有：

1. 功利

西方商人的行为方式、观念意识，给上海人以深刻的影响，使上海人有较强的功利意识和经济观念，形成了上海浓厚的商业传统。

2. 精明

精明是上海人给人的最深刻印象，这是长期以来商业传统影响的必然产物。传统的中国人讲求"轻利重义"，讲究大方豪爽；而经商做生意则讲究精打细算，斤斤计较，精明细心。商业传统的磨炼使上海人在传统的中国人之中独树一帜。

3. 法治

上海人较早地接受了西方的观念，讲究人与人之间的平等，讲求在法律、制度下的平等自由，契约观念强。

4. 包容

上海是一个中洋汇萃之地，很早就融入了天南海北的文化色彩，使得上海不排外，包容性极强。

针对上海客户的上述特性和谈判风格，物流客户服务人员可用如下方法来应对：

与上海客户做生意或谈判时，必须对其海派性格有充分的了解和认识。看懂了上海客户的海派性格，就可以有的放矢地与他们打交道、做生意了。

（二）目标明确，不摆虚荣，经济利益是唯一准则

北方人做生意考虑的因素可能还有人情关系、地位差别等。而在上海，只要能赚钱，几个素不相识的人可迅速组成一体。上海客户在进行生意谈判时，目的十分明确，对利润是最看重的，其他条件都可以在利润这个条件下发生改变，至于生意对手是谁，是否有人情味等，均是其次的。在谈判过程中，与北京客户对对方的政治背景十分关心正好相反，上海客户认为对手的身份背景并不重要。

在生意场上，没有利润，上海客户决不干。若有利可图，生意做成了，或有可能下次再合作，那么双方也许会决定继续交往，但如果无利可图，则基本上不会再交往了。

针对上海客户的上述特性和谈判风格，物流客户服务人员可用如下方法来应对：

与上海客户谈判做生意，若能建立良好的个人关系当然好，但最重要的是让对方有利可图。

（三）掌握分寸，处事时较理性，挣钱只要自己的一份

上海人在社交中的商业目标非常明确，对增进感情的繁文缛节不太接受。在生意场上，上海人淡化感情，少义气，但总免不了必要的礼尚往来，而交往中，要体现的是一种等价交换的商业规则，注意与对方赠礼的对等性。

上海人的精明被称为"门槛精"，在生意场上，该得的每一分利，他们都要得到。与上海客户做生意，别想"宰"他，但也不必太过小心，因为上海客户不会对你提出过分的要求，他们只要自己应得的部分，非分之想不多。

针对上海客户的上述特性和谈判风格，物流客户服务人员可用如下方法来应对：

1. 把握与上海客户的交往原则，礼尚往来，注重对等性。礼重了上海客户吃不消，心理有压力便不敢收；礼轻了，上海客户不尽力。

2. 只要挣自己应得的就可以了，不要有太高的企图，更不要有"宰"上海客户的非分之想。

（四）遵守商业规则，合同履约率高

上海是法制观念很强的城市，由于长期的商业发展，使得上海人形成凡事讲求公平合理，遵守商业道德，法制观念强，签约前逐条逐项谈判，一旦签订合同，一般都会严格履约。

针对上海客户的上述特性和谈判风格，物流客户服务人员可用如下方法来应对：

1. 应遵纪守法，按商业游戏规则办事，否则你就会失去他们的信任和合作。

2. 合同签订内容必须全面，表述准确，特别是对双方责任、义务的表述要一清二楚。

3. 必须认真履行合同。

（五）因精明而不愿担太大风险

精明是百年商业社会给上海人留下的一种生存素质。上海人做事不像北方人走一步算一步，往往是一切都想妥了才开始。这表现在上海客户谈判中多按国际标准进行生意往来，结果凡事求稳求安，所以有风险的事，上海客户一般不愿合作。即宁可不做，也不愿冒险。

另外，上海客户较有优越感，有时会使人们感到与上海客户做生意很不容易。

针对上海客户的上述特性和谈判风格，物流客户服务人员可用如下方法来应对：

1. 在谈判前做较精确的估算，有风险的项目不与上海客户合作。

2. 买卖中若存在一定风险，一定要事先说清楚，否则上海客户可能因中途意

识到风险而临时变卦。

三、广东物流客户的谈判风格及应对策略

（一）价值观明确，利益交往，少空谈情义

开放、开拓、变通、实在是广东人的性格特点。广东人言必言商，言必言利，全民经商，你很难分辨出谁是商人，谁不是商人。广东人见面对人最常用的招呼就是"恭喜发财"，比较信奉有钱就有地位，就有面子，就有一切。

为了赚钱，广东客户干得踏踏实实，他们没有心思，也没有时间谈哲理、人生。人与人交往，是因为有利益才交往，反之，则视为浪费时间，做生意赚钱比一切都重要。

针对广东客户的上述特性和谈判风格，物流客户服务人员可用如下方法来应对：

1. 要敢于谈钱，善于讨价还价，否则广东客户认为你不是生意人。

2. 少谈哲理人生，一门心思做生意。

3. 少来人情交往，以利交友。

（二）敢为人先，勇于冒险

广东人经商胆子大，敢于冒险，广东人发财的精义，在于一个"敢"字和一个"先"字，敢，即大胆，干别人不敢干的事。广东人强调"除了不能干的什么都可以干"、"见到红灯绕着走，见到绿灯赶快走，看不见灯摸着走"。而"先"是先行一步，争取第一。在广东人的性格中，只有"先"了才有意义，吃别人嚼过的馍，没有味道，广东人喜欢喝"头啖汤"。

针对广东客户的上述特性和谈判风格，物流客户服务人员可用如下方法来应对：

1. 尽量开展富有新意的合作

广东客户喜欢标新立异，喜欢做新生意。正因为新才没有竞争，没有对手，才可赚取垄断利润。与他们进行这方面合作很合乎他们的性格，也很容易成功。

2. 要敢冒风险，抢占头市

与广东客户做生意时要有"不入虎穴，焉得虎子"的勇气，生意才容易合作。

（三）注重广告和售后服务

注重广告和注重售后服务是广东商人制胜的武器。广东商人把宣传用足，也把售后服务用足，使得广东的产品家喻户晓，人人皆知。

针对广东客户的上述特性和谈判风格，物流客户服务人员可用如下方法来应对：

1. 重视广告的宣传和促销作用，仔细领会和运用其方法。

2. 小心提防虚假广告，避免误导上当。

（四）对外注重形象，部分人内心里讲究迷信

尽管广东人挣钱时一分一厘都抠得很死，但花起钱来却慷慨大方。广东人花钱很气派，比较注重外在形象。总是以最能显示其实力的一面与你接触，他的服装一定是名牌，手提包一定是精美昂贵的密码手提箱，手表一定是世界名表，车一定是进口名车。当然办公室一定豪华气派，老板桌尽可能大，沙发尽可能高档，从表面上充分显示自己的雄厚经济实力，即便其账面上已无分文，也要给人以气派的感觉。

在某些广东人的家里、公司里，到处都有"佛"的雕像等，各种电话号码、手机号码、车牌号码，多数有几个"6"与"8"。"6"与"8"抢手，有时需要竞拍，店铺门牌号码最好也是"6"、"8"，图个吉祥。而逢"6"、"8"的日子也显得很珍贵。

广东客户很迷信，出门做生意前，有条件的话，他们都要问问先生，几时出门好，往哪个方向好；重大生意谈判前总要求上一卦：生意可谈成否，对手今天怎样。有时候，生意场上风云多变，生意人拿不定主意时，他们就会想起去求签问卦。

针对广东客户的上述特性和谈判风格，物流客户服务人员可用如下方法来应对：

1. 谈判时也要讲究气派包装，不要招致部分势利的广东客户的小看。

2. 摸清广东客户的经济底细，按自己的策略行事。

3. 与广东客户做生意时，要有讲究。

送礼要防"忌"，说话要注意，多用"6"与"8"，处处图吉利；摸准他们的迷信心态，多从唯心角度去迎合他们避凶就吉的心理；谈生意，进行合作，多选择在"良辰吉日"、"风水宝地"。这样，精明之至的广东客户才会乐意与你合作交往。

四、东北物流客户的谈判风格及应对策略

（一）重义轻利，讲朋友之情

东北人最讲义气，他们做生意，以诚相待，很重朋友之情。在东北，只要性格相符，是朋友，生意就基本上谈成了。

小贴士

在东北，一位意大利客商私下里说："跟上海人谈买卖很累，跟东北人做生意倒挺轻松。南方人精细且斯文，北方人粗放而率直"。

东北人讲义气，而且性情豪爽，为了朋友甘愿两肋插刀，把友情看得比命都重要，东北汉子心眼儿都挺好，交朋友遇到知己能把心掏出来。就说喝酒吧，往往把客人往死里灌，似乎不喝得爬桌子腿，就不够朋友。只要喝透了，没有不能办的事。并且，生意人坐在一起，在酒桌前就不能说不会喝或胃痛。因为好酒的东北人觉得不喝透就是不够朋友；既然酒喝不透，直接推论就是不够朋友。和不够朋友的人办事，还有意思吗？

重义气，使东北人在商界获得了值得信赖的好名声，很多人在与东北的商家打交道时，表现得比较实在，容易相处。但东北人强悍耿直易怒，脾气大。其实，这也是符合东北人的豪放性格的。因此，与东北人做生意，首先要对东北人的这股脾气有所认识。这是赚东北人钱的基础。同时，与东北人做生意打交道，要诚实不欺，否则就要吃亏。

针对东北客户的上述特性和谈判风格，物流客户服务人员可用如下方法来应对：

1. 要会用些感情投资，没有办不成的事。
2. 摸准东北客户的脾气，采取相应的对策。

（二）无酒不成商，酒场谈生意

东北人大概受天气寒冷的影响，养成了"大碗喝酒，大口吃肉"的习惯，招待客人热情大方，毫不吝啬，让人有宾至如归之感。大喝特喝，不醉不休，"宁伤脾胃，不伤感情"，是东北商人酒场上的座右铭。

在东北，五六位生意人聚一桌，喝个四五十瓶啤酒，再加相当数量的白酒，实在是平平常常的事。东北人喜欢喝酒，会喝酒。对东北人来说，做生意和喝酒是密不可分的，无酒不谈商，许多大生意都是在酒桌上拍板的。东北人到外地去投资办事，用酒宴的方式款待南方客人，切不要以为款待你的东北人是个酒鬼，或是一个大手大脚不值得信赖的粗人。这仅仅是一个城市的风俗而已。

东北人讲义气，重交情，和东北人谈生意最好先联络感情，而感情又往往可以通过喝酒来加深。在东北人眼中，喝酒是对感情深浅的衡量。"感情深，一口闷，感情浅，舔一舔"。因此，在与东北人做生意时，若你能喝酒，甚至你虽然不能喝酒，却敢于硬喝，一切都豁出去了，你会得到某种报偿的。因为，通过喝酒，赢得了东北人对你的信任，他们认为你是一个实在的人，一个可交的人，你以后有什么事要办，一切都开绿灯，一切都为你提供方便；而那些不能喝酒，或者坚持不多喝的人，会引起在座人的反感，他们会认为你不真诚、虚伪、心眼太多、不可交。今后要办什么事情，都不会一帆风顺的。

针对东北客户的上述特性和谈判风格，物流客户服务人员可用如下方法来应对：

1. 要想在东北做生意，没有惊人的酒量是很难在商界立足的。

2. 若本人酒量确实不大，解决的办法是带上陪酒员。这在东北客户的生意场上是允许的。

（三）爱面子，但极不愿挣小钱

东北人与你交往时，很快就能和你打成一片，但很爱面子，讲虚荣。因此只要顺毛溜，顾全他们的面子，满足东北客户的虚荣心，就有钱可赚。

东北的生存条件既不同于江南水乡，也不同于黄土高原，许多人都晓得东北是个饿不死人的地方。只要动弹动弹，就可以弄到东西填饱肚子。这大概养成了东北人的惰性。大钱赚不到，小钱不愿赚。在全国浩浩荡荡的民工队伍中，却难觅东北人。

针对东北客户的上述特性和谈判风格，物流客户服务人员可用如下方法来应对：

1. 必须顾及对方的面子，多给其面子，曲意奉承常常能凑奇效。

2. 多付出一些感情投资，尊重对方，看得起对方。

3. 聪明的生意人可立足于"小"，在小的方面动脑筋，赚东北人的钱。

五、山西物流客户的谈判风格及应对策略

（一）勤俭吃苦居全国之冠

山西商人大多白手起家，凭着吃苦耐劳的创业精神杀出了一条血路，足迹踏遍天涯。许多山西商人把吃苦勤俭的美德代代传承，形成一种不怕艰苦、不畏风险的创业精神。在经商的刻苦性上，可以说，山西商人居全国商人之冠。现在，山西商人凭着这股精神，足迹遍及世界。从日本到莫斯科，从加尔各答到阿拉伯地区，都能见到山西商人的身影。山西人也自豪地宣称："凡是有麻雀飞的地方都有俺山西人。"

针对山西客户的上述特性和谈判风格，物流客户服务人员可用如下方法来应对：

1. 你若以勤俭吃苦形象示人，他们会认为你很踏实，引你为知己，把你当作

朋友看待。

2. 你若以勤俭吃苦形象示人，他们会认为创业的不易，从而博得其同情和好感，有时会给你一些照顾。

（二）讲究信用和质量，公平竞争

山西商人崇信尚义，名闻四海。在山西商人中，许多人生意越做越大，越做越红火，就是因为他们讲究信义，才得以致之。

近年来，由于山西商人在经商实践中奉行崇信重义的职业道德和遵守公平竞争的市场规则，成绩卓著，故受到社会的广泛好评。因此，与山西人做生意，在一般情况下，可以大胆放心，他们不会玩欺诈，也不会见利忘义。

小贴士

　　山西商人经商的秘诀就是公平竞争。

义与利是一对矛盾，只讲义而不求利，就不能成为商人，但只求利而不讲义，既不符合社会道德规范，又损害公众的利益，从长远来看也是饮鸩止渴，损害商人自身利益的。所以，处理好义与利的关系，既是职业道德的要求，也是商人素质的体现。在处理义与利的矛盾上，山西商人是成功的典范。

历史上，山西票号，财大气粗，其势力几乎左右着全国的金融市场。山西商人公平竞争的商业精神一袭而下，到现在，他们做生意时仍然很注重商业道德。在西部大开发的工程招标或其他企业活动中，虽然竞争很激烈，但是，山西人很少动歪主意，走关系，而是凭借实力进行公平竞争。

针对山西客户的上述特性和谈判风格，物流客户服务人员可用如下方法来应对：

1. 要讲究信用和质量，以取信于山西客户，从而愉快地合作。

2. 公平竞争，摒弃不正当手段，否则就要被驱逐出市场。

（三）薄利多销，产销结合

山西商人以善于经营闻名于全国，做生意的一个重要特点就是薄利多销，产销结合，并以其热情周到的服务，赢得广大客户的欢迎。

由于他们重视产品质量、信誉，因而客户只认商标，不加检验便大量购买，致使销路畅通、市场稳定、利润大增。此外，山西商人大多从事长途贩运，商品的流通环节十分畅通，自运自销，产销配套，一条龙服务，既保证了供货及时，质量可靠，又赚取了运输费用，可谓一举数得。

针对山西客户的上述特性和谈判风格，物流客户服务人员可用如下方法来应对：

必须重视山西商人薄利多销的做法，加以接受学习，这样才能增强自己的竞争力，否则售价太高，就难以参与竞争，打开市场。

（四）重视信息，预测行市

重视信息，预测行市，垄断市场，这是晋商致富的重要途径。

做生意，要讲信息。历史上尤其是以贱买贵卖为主要手段的晋商，对商品信息十分重视。他们虽无徽商那种族谱"联络网"，但也尽量通过各种渠道了解市场行情，掌握各地物资余缺及影响商业经营因素的情报。在商业总号和分号之间，一般是五天一信，三日一函，互通情报。这种经济情报对晋商寻求商机和下决心起了很大的作用。

现在的山西商人大多继承了过去晋商重视信息这一特点，做生意时，他们很重视信息的捕捉和反馈，许多大的公司企业都有专门的市场预测人员进行市场调研，及时采取相应的变化措施。进入新世纪，山西人在互联网上建立的"晋商网"，分"新闻动态"、"商业机会"、"产品展示"、"行业资讯"、"企业全库"、"晋商文化"、"企业名录"等栏目，及时发布和提供各种有关的最新信息，并且每天更新100条以上。

针对山西客户重视信息的特点，在与他们做生意时，要注意以下两点：

1. 睁大眼睛看行情，竖起耳朵听动静，多方设法了解环境，掌握市场和竞争对手的情况。

2. 要准确、全面、及时掌握市场信息，发挥信息创造巨大经济效益的作用。

六、安徽物流客户的谈判风格及应对策略

（一）多儒商，爱打文化牌

历史上，安徽商人在商界曾产生过举足轻重的影响，被称为徽商。一贯以来，徽商不是一个单纯的以经商营利为唯一目的的商业集团，他们与文化有着不解之缘，从而形成了这个商业集团的独特风格，赢得了"儒商"的美名。

安徽曾造就了一代称雄海内的儒商。徽商中不乏饱学之士，贾而好儒，亦贾亦儒，这是安徽商人的传统。尚文的传统培育了徽商贾而好儒的品格，而徽商的"好儒"和雄厚的经济实力，又有力地推动和促进了安徽文化的繁荣。今天的安徽商人虽然没有先辈"牛"了，但是安徽人贾而好儒、亦贾亦儒的人文传统没有改变。

经济与文化是密不可分的。现代安徽，经济上虽然落伍了，至今尚未形成一

个现代商人阶层，但安徽有丰厚的历史文化遗产，有发展文化的牢固信心。

针对安徽客户的上述特性和谈判风格，物流客户服务人员可用如下方法来应对：

1. 要正视徽商的博学多才，多谈论文化之事，并博得他们的好感。

2. 做生意时多来文化义举或文化投资。

3. 一定要有新儒商的气质，多打文化牌，他们才会认为你是一个真正的生意人。

（二）有强烈崇尚政治的心态

安徽人对政治的崇拜、痴迷，恐怕只有北京人才能与之媲美。在安徽，即便一个初通文墨的人对徽籍的政治人物也能一口气数出一大串。安徽人有热心政治的传统。安徽商人也重视企业与官场的关系。不少企业喜欢把国家领导人视察、接见的照片或题词挂在显要位置，有的企业老板没机会接触高级领导人，他们认为花上一定代价弄个题词也是值得的。

针对安徽客户的上述特性和谈判风格，物流客户服务人员可用如下方法来应对：

1. 要注意迎合安徽客户崇尚政治的心态，多打政治牌。

2. 给予安徽客户多一些政治上的利益或名誉，往往能获得生意上的实利。

（三）传统经商之道："诚"、"信"、"义"、"仁"

有句民谚说："无徽不成商"。说的是安徽人会做生意。安徽商人在长期经营中相信"财自道生，利缘义取"，逐渐形成了"诚"、"信"、"义"、"仁"的商业道德。

安徽人做生意重诚信，讲仁义是有名在外的。至今，传统徽商的经商之道在安徽商人中风骨犹存，安徽商人仍然怀着舍利取义的古国之风，在市场经济的激烈竞争中，讲求诚信，重视产品质量。

经商做生意重义气也是当代新徽商的一个特点，安徽商人往往能够做到老少无欺，生客熟客一样。针对安徽客户的上述特性和谈判风格，物流客户服务人员可用如下方法来应对：

在与安徽商人做生意或谈判时，了解传统徽商经营之道对现代安徽商人的影响是大有益处的。

知识小链接

中国各地商人的经商特点

● 北京商人（京商）爱好政治，注重文化，敢于做大生意；

● 上海商人（沪商）精明又勇于开拓，做买卖雷厉风行，守信重约；

● 广东商人（粤商）善于赚钱，又注重享受，在生意场上多理性少情感；

● 山西商人（晋商）以勤俭吃苦，以诚为本，善于理财而著称；

● 安徽商人（徽商）亦贾亦儒，贾儒结合，热心于政治；

● 山东商人奉行以苦为乐，苦干实干，豪爽义气，注重信誉，货真价实；

● 江西商人注重商德贾道，小本经营，擅长小本买卖；

● 湖南商人做生意敢下大手笔，敢闯敢干；

● 云南商人诚实买卖，不欺不诈；

● 新疆商人注重互补，爱打地方特色牌；

● 温州商人务实灵活，擅长推销，有商业头脑；

● 宁波商人灵活善变，诚信进取；

● 东北商人豪爽大方，重义轻利；

● 福建商人敢拼敢赢，从商有道；

● 湖北商人头脑灵活，不服输，但要面子。

小思考

你还知道其他地区物流客户的谈判风格吗？

第3模块　不同国家（地区）物流客户的谈判风格及应对策略

知识拓展

来自不同国家或地区的客商有着迥然不同的历史传统和政治经济制度，其文化背景和价值观念也存在着明显的差异。因此，他们在物流谈判中的风格也各不相同。如欲在国际物流谈判中不辱使命，稳操胜券，就必须熟悉世界各国商人不同的谈判风格，采取灵活的谈判方式。

一、美国物流客户的谈判风格及应对策略

（一）美国客户谈判风格

1. 干脆直爽，直截了当

美国谈判人员有着与生俱来的自信和优越感，他们总是十分有信心地步入谈判会场，不断发表自己的意见和提出自己的权益要求，往往在气势上显得有些咄咄逼人，而且语言表达直率，有很好的幽默感。

美国客户在谈判中一般都开门见山，不喜欢拖拉，习惯于迅速将谈判引向实质阶段，不兜圈子，不拐弯抹角，不讲客套，并将自己的观点全盘托出。他们对谈判对手的直言快语也很欣赏，如果对方换个角度或从某个侧面也讲得令其心服，最终达成妥协则皆大欢喜。

2. 重视效率，追求实利

美国谈判人员重视效率，在谈判过程中，他们连一分钟也舍不得浪费到毫无意义的谈话中去。美国谈判人员为自己规定的最后期限往往较短，力争每一场谈判都能速战速决。谈判一旦突破其最后期限，很可能破裂。

美国客户习惯于按照合同条款逐项进行讨论，解决一项，推进一项，尽量缩短谈判时间。他们十分精于讨价还价，并以智慧和谋略取胜，他们会讲得有理有据，从国内市场到国际市场的走势甚至最终用户的心态等各个方面劝说对方接受其价格要求。

同时，强调双方的互利，他们力图把生意和友谊分开。因此与他们谈判，很少听到请客吃饭之类的，就是请了也要 AA 制。

3. 全盘平衡，一揽子交易

美国客户习惯于按合同条款逐项讨论直至各项条款完全谈妥。美国客户在谈

判方案上喜欢搞全盘平衡的"一揽子交易"。所谓一揽子交易，主要是指美国客户在谈判某项目时，不是孤立地谈其生产或销售，而是将该项目从设计、开发、生产、工程、销售到价格等一起商谈，最终达成全盘方案。

4. 坦率、热情、性格外向

美国客户谈判时，喜欢直来直去，精力充沛、性格外向，常常在谈判时开一些玩笑。

5. 重合同、法律观念强

美国客户的法律意识根深蒂固，律师在谈判中扮演着重要角色。凡遇商务谈判，特别是谈判地点在外国的，他们一定要带上自己的律师，并在谈判中会一再要求对方完全信守有关诺言。一旦发生争议和纠纷，最常用的办法就是诉诸法律，因为此时友好协商的可能性不大。美国客户重视的是合同本身的条文，美国客户一旦签订合同，往往会非常认真地履行合同。

（二）如何与美国客户谈判

（1）与美国客户谈判准备一定要充分，否则对方就占据了谈判的主动权。

（2）不能因为成交而含糊其辞，与其谈判时，是与否一定要分清楚。

（3）一旦与美国客户发生纠纷，一定要采取诚恳、认真的谈判态度。

（4）不要指名批评某人，指责客户公司中某人的缺点，或把以前与某人有过摩擦的事作为话题，或把处于竞争关系的公司的缺点抖露出来进行贬抑等。

（三）如何与美国客户交往

1. 礼节

一般以握手为礼，见面与离别时，都面带微笑地与在场的人们握手，习惯于手要握得紧，眼要正视对方，微弓身。在美国，多数人随身带有名片，但是，他们的名片通常是在认为有必要再联系时才交换，因此，美国商人在接受别人的名片时往往并不回赠。

美国商人也在周六、周日休息，公定假日有元旦、退伍军人节、感恩节、哥伦布日等，不宜在这些时间找美国商人洽谈。美国商人对时间非常吝啬，因此与美国商人谈判必须守时，办事必须高效。美国商人喜欢一切井然有序，不喜欢事先没有联系以及与突然闯进来的"不速之客"去洽谈生意，美国商人或谈判代表总是注重预约晤谈。

2. 交谈禁忌

（1）不可过分谦虚和客套。美国商人大多性格外向，直爽热情。

（2）彼此问候较随便，大多数场合下可直呼名字。对年长者和地位高的人，在正式场合下，则使用"先生"、"夫人"等称谓，对于婚姻状况不明的女性，不要冒失地称其为夫人。在比较熟识的女士之间或男女之间会亲吻或拥抱。

（3）谈话距离不可太近，一般以 50cm 为佳。

（4）忌问年龄、个人收入和政治倾向。

（5）忌说"你长胖了"。因为他们认为"瘦富胖穷"。

3. 送礼禁忌

在谈判未果、关系不熟之前不要送礼，到美国人家作客忌空手而去，宜送巧克力、鲜花、糖果等。但忌讳"13"、"星期五"等。忌向妇女赠送香水、衣物和化妆用品，送这些东西，显得关系过密。忌送带有公司标志的便宜礼物，他认为你在做广告，美国人很注重送礼的外包装，因此，要多几层漂亮的包装。

二、日本物流客户的谈判风格及应对策略

（一）日本客户的谈判风格

1. 以集体为核心，集体决策

与日本客户谈判，将个别日本谈判人员攻破是无法达到目的的，他们强调团队精神，决策时间也会长一些，但是一旦定下来，行动却十分迅速。

2. 信任胜于法律

在谈判中如果和日本客户建立了信任关系，那么合同条款就是次要的，与日本客户谈判，中间人也是很重要的，因为没有中间人就无法解决信任问题。

3. 讲究礼仪，要面子

日本是礼仪之邦，首先要重视日本人的身份、地位，他们深受儒家思想的影响，等级制度很严格。日本客户走出国门进行商务谈判时，总希望对方能前往机场、车站或码头迎接，迎接人的地位要等同或略高于日本客户的地位。

与日本客户谈判，交换名片是一项不可缺少的仪式，当你接到名片后，要反复认真地看，显示你对对方的尊重，要面子是日本客户最普通的心理，如不要直接指责日本客户，不要直截了当地拒绝日本客户，不要当众提出令日本客户难堪或不愿回答的问题，应注意送礼方面的问题等。

4. 要有耐心，谈判往往是马拉松式的

耐心是谈判成功的保证，耐心使日本客户准备充分，一次成功的谈判往往要经过多个回合，呈马拉松式。在与日本客户谈判时，缺乏耐心往往会以失败告终。

（二）如何与日本客户谈判

1. 谈判必须有耐心

日本商人的决策步骤可概括为两大特性：自下而上，集体参与。这种决策制度运作缓慢，因此必须要有耐心。

2. 谈判人员的级别必须同等或官高一级

日本人的等级观念很重，他们非常重视地位。在谈判之前，务必弄清日本谈判者的级别、身份和职务，以便在谈判时以同等身份的人员与之接触。若比对方高一级，则更有利于谈判的成功。

3. 商业关系很重要

谈判开始时，你必须自荐，然后你才能销售产品或服务。日本客户可能想知道你的年龄、你所上过的大学以及你的家庭，然后才是商业问题。所以你要对对方表示同样的兴趣。

4. 注重细节

与日本客户谈判，不可放过对细节的把握。日本客户讲话的拐弯抹角多是出于保全个人面子及整体和睦的需要，因此与日本客户谈判时对其语言的正确理解至关重要，建议谈判时应配备高水平的日语翻译。

日本客户谈判时惯用"打折扣吃小亏，抬高价赚大钱"和"放长线、钓大鱼"等谈判手腕，对此应保持清醒的头脑。

（三）如何与日本客户交往

1. 送礼禁忌

（1）不宜出其不意地抢先送礼，当你送礼时，对方也打算送礼，才好买礼物。

（2）礼物不可触犯民族禁忌，如不可有落日字样，忌"4"、"6"、"9"、"13"等数字。

（3）送礼时忌对象不分，在等级社会中，送老总和副总同样的东西就是不尊重前者。

（4）忌用黑色、白色纸装礼品，因为此两种颜色有不吉祥之意。

（5）忌在公开场合打开礼物。倘若你的日本客户向你个人赠送礼物，请不要在公开场合打开它。如果他的同事看见礼物太昂贵或太寒碜，你的客户或许会丢面子。

2. 数字禁忌

忌讳使用数字"4"、"6"、"9"，因为"4"是死的同音，"9"是苦的同音，"6"是强盗的标志。

3. 颜色与图案禁忌

（1）忌讳绿色，他们认为这是不祥之色；

（2）菊花是日本皇室家族的标志，不可用于商品包装设计、商标等；

（3）忌荷花图案，因为这是不祥之物，是鬼花；

（4）商用花卉避免设计成淡黄色或白颜色的花卉图案；

（5）忌有狐狸和獾的图案。

案例赏析

日本客户对对方谈判人员的身份有要求

【经典回放】　一次，美日两国就有关物流项目进行谈判。美方公司派出由5位年轻人组成的谈判组赴日本进行谈判。日方代表将几位美国客人接到宾馆后，详细询问了每人的职务、身份后，向日方上司进行了汇报，晚餐接待的规格降了下来，只有日方公司的一名中层管理人员陪同。第二天的谈判，日方也没有主要负责人参加，结果可想而知。美方负责人电话询问一位了解日本情况的专家，了解到很可能是美方人员的级别太低和年龄太小的缘故。于是美方请示总部、尽快派年长的公司副总来谈判。结果，此人一到，日方马上由公司副总经理出面，谈判顺利完成。

【画龙点睛】　日本商人比较注重谈判中的身份、地位和面子。如自己一方副总出面、而对方在职务上、年龄上却小于自己，那么就是轻视自己，也没有面子。因此，不同的地域，不同的商人，由于风俗习惯、文化背景等差异而形成了独有的谈判风格。

三、俄罗斯物流客户的谈判风格及应对策略

（一）俄罗斯客户的谈判风格

1. 固守传统，缺乏灵活性

俄罗斯人有70年的计划经济烙印，人们的观念及行动还是喜欢按计划办事，所以在谈判时，固守制订好了的计划目标，若你的让步和他的计划目标吻合，就很容易达成协议。若有差距，让他让步就很困难。另外，他们缺乏灵活性，也是因为他们的计划制订与审批要经过许多部门、许多细节而使他们有了惯性。

2. 注重技术细节

俄罗斯客户在谈判时很注重对技术细节的谈判，谈判时会从产品的技术说明、维修单、原材料、证明书、设计图纸、样品清单等方面逐项进行谈判，所以，谈判时要作好充分的准备，要有技术方面的专家。同时，合同用语一定要准确，不可随便承诺某些条款，特别是索赔条款。

3. 善于讨价还价

俄罗斯客户喜欢用价格上的策略来争取利益，如常用制造竞价环境来取得谈判的胜利。

4. 易货贸易

由于外汇缺乏，俄罗斯客户在谈判中常用易货贸易，以货换货。先谈购买多少产品，货款应降低多少，一旦确定价格后，到成交时，一般不愿以现金支付，要以货易货，用其货物价格进行谈判，这样两头都争到了利益，也就达到了目标。

（二）如何与俄罗斯客户谈判

1. 切勿急躁，要耐心等待

俄罗斯客户办事比较随意，他们决不会让自己的工作节奏适应外商的时间安排。除非外商提供的产品或服务正是他们急于想要的。俄罗斯客户谈判喜欢带上各种专家，这样不可避免地扩大了谈判队伍，各专家意见不一也延长了谈判时间，拖延了谈判进程。因此，与俄罗斯客户谈判时，切勿急躁，要耐心等待。

2. 很看重价格，但成交往往要经过多轮讨价还价

俄罗斯客户虽然谈判节奏缓慢，但他们却深深承袭了古老的以少换多的交易之道，在谈判桌前显得非常精明。他们很看重价格，会千方百计地迫使对方降价，不论对方的报价多么低，他们都不会接受对方的首轮报价。

3. 注重形象，反感对方不修边幅

俄罗斯客户很重视仪表，喜欢打扮；在公共场合注意言行举止，比如他们从不将手插在口袋里或袖子里，即使在热天也不轻易脱下外套。在商务谈判中，他们也注意对方的举止，如果对方仪表不俗，他们会比较欣赏；相反，如果对方不修边幅就坐到谈判桌前，他们会很反感。

（三）如何与俄罗斯客户交往

1. 数字禁忌

忌讳"13"，偏爱"7"。

2. 颜色禁忌

忌黑色，认为这是死亡和丧葬的色彩；喜欢红色，把红色视为美丽和吉祥的象征。

3. 图案禁忌

讨厌兔子和黑猫的图像，而喜欢马的图像。

4. 送礼禁忌

不要用左手递交礼品，不可将玩具兔、黑猫等作为礼品。

四、德国物流客户的谈判风格及应对策略

（一）德国客户谈判风格

德国人的民族特点是倔犟、自信。他们办事谨慎，富有计划性。他们的敬业精神很强，工作重视效率、追求完美。德国能在短短几十年内于世界经济中再度崛起，是同他们这种自强不息的民族奋斗精神分不开的。

1. 严谨认真，准备周密

德国客户在谈判前准备充分，对所要谈判的标的物以及对方公司的经营、资信情况等均进行认真的研究，掌握大量翔实的第一手资料，以便在谈判中得心应手，左右逢源。

2. 缺乏妥协性和灵活性

德国客户在谈判中审慎稳重有余，而适当的妥协性和灵活性不足。若我们物流产品或服务报价过高，他们可能会觉得双方的价格相距太远，不值得进一步探讨，从而可能使我们失去一次贸易机会。相反，他们一旦报出价格，那他这个价格便显得不可更改。德国商人很少讨价还价，即便是有，讨价还价的余地也会很小。

3. 诚实守约，重视合同的履行

德国客户在签订合同之前，往往要仔细研究合同的每一个细节，并认真推敲，感到满意后才会签订合同。合同一经签订，他们会严守合同条款，一丝不苟地去履行。他们不轻易毁约，同样，他们对对方履约的要求也极其严格。

（二）如何与德国客户谈判

1. 要有契约意识

德国人素有"契约之民"的雅称，他们崇尚契约，严守信用，权利与义务的意识很强。对所有细节都会认真推敲，对合同中的每个字、每句话都要求准确无误。德国客户对交货期限要求严格，一般会坚持严厉的违约惩罚性条款，我们要保证成功地同德国人打交道，就得严格遵守交货日期，而且可能还要同意严格的索赔条款。德国人尊重合同，一旦签约，他们就会努力按合同条款一丝不苟地去执行，不论发生什么问题都不会轻易毁约，而且签约后，对于交货期、付款期等条款的更改要求一般都不予理会。

2. 要遵守时间

德国客户非常守时，与他们打交道，不仅谈判时不应迟到，一般的社交活动也不应随便迟到。另外，在德国，谈判时间不宜定在晚上，除非特别重要。虽然德国客户工作起来废寝忘食，但他们都认为晚上是家人团聚、共享天伦之乐之时，

而且他们会认为你也有相同的想法。

（三）如何与德国客户交往

1. 行握手礼应有力

德国客户重视礼节，社交场合中，握手随处可见，会见与告别时，行握手礼应有力。

2. 谈判要预约，赴会要准时

与德国客户约会要事先预约，务必准时到场。

3. 对有头衔的客户，一定要称呼他的头衔

德国谈判者的个人关系是很严肃的，因此不要和他们称兄道弟，最好称呼"先生"、"夫人"或"小姐"。他们极重视自己的头衔，当同他们一次次握手以及一次次称呼其头衔时，他们必然格外高兴。

4. 穿戴要严谨

穿戴也勿轻松随便，有可能的话，最好在所有场合都穿西装。

5. 举止要得当，赴宴有讲究

交谈时不要将双手插入口袋，他们认为这些是不礼貌的举止。如果德国商人坚持要做东道主，可以愉快地接受邀请。应邀去私人住宅用晚餐或聚会，应随带鲜花等礼物。客人要在晚餐或聚餐会临近尾声时，主动提出告辞，不要逗留过晚。

6. 送礼有禁忌

切忌以核桃作为礼品，不要送菊花、玫瑰和蔷薇，要重视礼品的包装。

五、英国物流客户的谈判风格及应对策略

（一）英国客户的谈判风格

1. 谈判一般比较冷静和持重

英国客户在谈判初期，通常与谈判对手保持一定距离，决不轻易表露感情。随着时间的推移，他们的精明灵活、长于交际、待人和善的特点就会逐渐显现出来。他们常常在开场陈述时十分坦率，愿意让对方了解他们的有关立场和观点，同时也常常考虑对方的立场和行动，对于建设性意见反应比较积极。

2. 崇尚绅士风度，谈吐不俗，举止高雅

无论在谈判场内外，英国谈判人员都很注重个人修养，尊重谈判业务，不会没有分寸地追逼对方。英国客户颇为看重与自己身份对等的人谈问题，因此洽谈生意时，在对话人的等级上，诸如官衔、年龄、文化教育、社会地位上都应尽可能对等，表示尊重。

（二）如何与英国客户谈判

1. 谈判要预约

与英国客户约会时，若是过去不曾谋面的，一定要先写信告之面谈目的，然后再约时间，一旦确定约会，就必须按时赴约，否则会对以后的谈判产生负面影响。

2. 对英国客户的款待要感谢

在商务活动中，招待客人的时间比较长，大约要花上 3 个小时。受到款待之后，一定要写信表示谢意，否则会被认为不懂礼貌。

（三）如何与英国客户交往

1. 时间禁忌

英国人每年夏冬两季有三周至四周的假期，他们会利用这段时间出国旅游。因此，他们较少在夏季和圣诞节至元旦期间做生意。英格兰从 1 月 2 日开始恢复商业活动，苏格兰则要等到 4 月以后。在这些节假日内应尽量避免与英国人洽谈生意。

2. 握手禁忌

见面告别时要与男士握手；与女士交往，只有等她们先伸出手时再握手。

3. 穿戴禁忌

会谈要事先预约，赴约要准时。若请柬上写有"blacktie（晚礼服）"字样，赴约时，男士应穿礼服，女士应穿长裙。男士忌讳系有条纹的领带，因为有条纹的领带可能被认为是军队或学生校服领带的仿制品。

4. 谈话禁忌

忌讳以皇家的家事为谈话的笑料；不要把英国人笼统称呼为"英国人"，应该具体地称呼其为苏格兰人、英格兰人或爱尔兰人。

5. 赠礼禁忌

赠送礼品是普通的交往礼节。所送礼品最好标有公司名称。如被邀作私人访问，则应捎带鲜花或巧克力等合适的小礼品。

六、法国物流客户的谈判风格及应对策略

（一）法国客户的谈判风格

法国人对本民族的灿烂文化和悠久历史感到无比骄傲。他们时常把祖国的光荣历史挂在嘴边。法国人为自己的语言而自豪，他们认为法语是世界上最高贵、最优美的语言，因此在进行商务谈判时，他们往往习惯于要求对方同意以法语为谈判语言，即使他们的英语讲得很好也是如此，除非他们是在国外或在生意上对

对方有所求。

1. 重视交易过程中的人际关系

一般来说，在尚未结为朋友之前，他们是不会轻易与人做大宗生意的，而一旦建立起友好关系，他们又会乐于遵循互惠互利、平等共事的原则。

2. 谈判方式上偏爱横向式谈判

即先为协议勾画出一个轮廓，然后达成原则协议，最后再确认谈判协议各方面的具体内容。法国客户举行谈判，他们都希望有文字记录，而且名目繁多，如"纪要"、"备忘录"、"协议书"、"议定书"等，用以记载已谈的内容，为以后的谈判起到实质性作用。

3. 谈判思路灵活，手法多样

为促成交易，他们常会借助行政、外交的手段或让名人、有关的第三者介入谈判。法国客户大多注重依靠自身力量来达成交易，愿以自己的资金从事经营，因而他们办事从不勉强。法国人喜欢个人拥有较大的办事权限，在进行商务谈判时，多由一人承担并负责决策，谈判效率较高。

4. 对商品质量要求高

法国商人对商品的质量要求十分严格，条件比较苛刻，同时他们也十分重视商品的美感，要求包装精美。

5. 时间观念比较淡漠

他们在商业往来或社会交际中经常迟到或单方面改变时间。在法国还有一种非正式的习俗，即在正式场合，不论主人客人，身份越高，来得越迟。但法国人对于别人的迟到往往不予原谅，对于迟到者，他们会很冷淡地接待。

（二）如何与法国客户谈判

1. 最好能用法语谈判

法国客户的国家意识和民族自豪感很强，因此，谈判时常要求对方用法语作为谈判语言。

2. 先关系，后生意

法国客户珍惜人际关系，但要和他们建立友好关系却很难。一般来说，在未成为朋友前，法国商人不会同别人做大生意，建立友好关系后，他们会遵守互惠互利、平等的原则。

3. 谈判时避免迟到

法国商人有个缺点，就是在交往中往往迟到，而且总能找到理由加以解释。如果别国人在商业交往中因故迟到，却不能受到他们的原谅。

（三）如何与法国客户交往

1. 握手禁忌

见面时要握手，且迅速而稍有力。告辞时，应向主人再次握手道别。女士一般不主动向男士伸手，因而男士要主动问候，但不要主动向上级人士伸手。

2. 称呼禁忌

熟悉的朋友可直呼其名，对年长者和地位高的人士要称呼他们的姓。一般则称呼"先生"、"夫人"、"小姐"等，且不必再用姓氏。

3. 商业款待禁忌

商业款待多数在饭店举行，只有关系十分密切的朋友才被邀请到家中做客。在餐桌上，除非东道主提及，一般都避免讨论业务。法国商人讲究饮食礼节，就餐时保持双手（不是双肘）放在桌上，还一定要赞赏精美的烹饪。法国饭店往往价格昂贵，要避免点菜单上最昂贵的菜肴，商业午餐一般有十几道菜，要避免饮食过量。吸烟要征得许可，避免在公共场合吸烟。当主要谈判结束后设宴时，双方谈判代表团负责人通常互相敬酒，共祝双方保持长期的良好合作关系。受到款待后，应在次日打电话或写便条表示谢意。

4. 时间禁忌

法国全国在 8 月份都会放假，应注意尽量避免在这段时期与法国人谈生意。

七、阿拉伯物流客户的谈判风格及应对策略

（一）阿拉伯客户的谈判风格

由于地理、宗教和民族等问题的影响，阿拉伯人以宗教划派，以部落为群。他们性情固执，比较保守，家族观念和等级观念很强，不轻易相信别人，整个民族具有较强的凝聚力。

1. 先交朋友，后谈生意

阿拉伯客户通常要花很长时间才能作出谈判的决策。他们不希望通过电话来谈生意。当外商想向他们推销某种商品时，必须经过多次拜访，有时甚至第二次、第三次拜访都接触不到实质性的问题。与他们打交道，必须先争取他们的好感和信任，建立朋友关系。只有这样，下一步的交易才会进展顺利。

2. 对讨价还价情有独钟

在他们看来，没有讨价还价就不是一场严肃的谈判。无论什么生意均可以讨价还价，标价只是卖主的报价。在商务谈判中更是如此，他们甚至认为，不还价就买走东西的人，还不如讨价还价后什么也不买的人受卖主的尊重。

3. 通过代理商进行商务谈判

几乎所有阿拉伯国家的政府都坚持让外国公司通过代理商来开展业务，代理商从中获取佣金。一个好的代理商对业务的开展大有裨益。他可以帮雇主同政府有关部门取得联系，促使有关方面尽早作出决定，帮助安排货款的收回、劳务使用、物资运输、仓储等诸多事宜。

4. 常笑脸"斩"客

阿拉伯客户信奉和气生财，所以对客人笑脸相迎，善于交际，注重感情投资。他们认为没有朋友，没有人与人之间的交往，就不可能成为富翁。他们最擅长和普遍使用的公关手法是宴会，以此来结交各类人员。

（二）如何与阿拉伯客户谈判

阿拉伯客户做事规矩繁多，对人爱憎分明，若想和他们谈成生意，一定要十分注重相关的礼俗。

1. 选择合理的拜访时间

阿拉伯国家规定每周四、周五为双休日，而我国实行每周六、周日的双休制，两相比较就只剩下三天的共同工作日了。拜访客户最好选在上午9点至中午1点，以及下午5点到晚上8点这一时间段，政府部门则只工作半天，择时不慎，易吃闭门羹。如有阿拉伯客户在谈判时突然起身，匆匆离去，你可千万不要见怪，因为虔诚的穆斯林要在每天的晨、响、哺、昏、宵面向麦加，作五次祷告。

2. 谈生意一定要有耐心

与阿拉伯客户谈生意一定要有耐心，无论政府高官还是小店老板都有不守时的毛病，与他们约会时你一定要准时，而他们却常会迟到十几分钟、几十分钟，甚至干脆不来。要是有阿拉伯人把右手的5个指头并在一起，对你说"等5分钟"，那么请作好准备，你将受冷落几倍，甚至几十倍于这个时间。但不要紧，阿拉伯人准会满脸堆笑地找出一大堆理由来作解释，把你憋了一肚子的气消下去。

阿拉伯人不爱当场拍板，关键时刻常用一些模棱两可、含糊不清的语句来敷衍对方，这时不妨多问几句，以探虚实。但同时，他们又酷爱砍价，最好在报价时留出打折的余地。

3. 懂一点伊斯兰教

你最好能说上几句标准的阿拉伯语，或是背上一小段《古兰经》，他们定会佩服得五体投地，你也会从此处于一个受人尊重的地位。若能不时扯扯宗教，或是侃侃足球，必会激起阿拉伯人的极大兴趣，生意上的难题也很可能在不经意间得到解决。

（三）如何与阿拉伯客户交往

1. 饮食忌讳

《古兰经》规定禁食死动物（包括因打、摔、触、勒、电等原因而自死的动物）、流出的血、猪肉和非诵安拉之名而宰的动物及酒。故在与阿拉伯客户交往时需注意饮食禁忌。好在阿拉伯人普遍耐饿，谈判得再晚也不必一定要请客吃饭。

2. 颜色禁忌

阿拉伯人喜欢绿色，普遍不喜欢黄色、白色，视黄色为不吉祥、不忠诚。

3. 图案忌讳

阿拉伯人忌讳用六角形图案，装饰图案也不宜用男性、女性头像等。他们崇尚鹰隼、狮子和骆驼，讨厌猪、狗、驴和熊猫。

◀ 本单元小结 ▶

本单元在解析物流谈判内涵的基础上，对物流谈判过程中买卖双方的心理挫折展开了分析，重点从国内、国际两个层面介绍了国内几个主要省市物流客户、世界几个主要国家或地区物流客户的谈判风格，并有针对性地提出了应对策略。

关键词集成

物流谈判　是指物流供需双方围绕涉及双方利益的物流产品或服务的交易条件，以达成一项双边都能接受的协议的行为和过程。

物流谈判主体　是指在物流谈判中通过主动了解对方并影响对方，从而企图使对方接受自己交易条件的一方。

物流谈判客体　是指在物流谈判中，谈判主体所要了解并施加影响以及企图使之接受己方交易条件的一方。

物流谈判议题　就是谈判双方共同关心的并希望解决的问题。

考 点 自 测

1. 单项选择题

（1）按谈判规模划分，物流谈判可分为（　　　）。

A. 一对一谈判、小组谈判和大型谈判

B. 国内物流谈判和国际物流谈判

C. 常规式谈判、利导式谈判、迂回式谈判和冲激式谈判

D. 横向谈判和纵向谈判

（2）无酒不成商，酒场谈生意，这是典型的（　　）的特征。

A. 山西客户　　B. 东北客户　　C. 安徽客户　　D. 北京客户

（3）善于赚钱，又注重享受，在生意场上多理性少情感。这是典型（　　）的特征。

A. 北京客户　　B. 山西客户　　C. 云南客户　　D. 广东客户

（4）全国在8月份都会放假，应注意尽量避免在这个时期与（　　）人谈生意。

A. 英国　　　　B. 阿拉伯　　　C. 法国　　　　D. 印度

（5）常笑脸"斩"客的外国客户为（　　）。

A. 阿拉伯客户　B. 德国客户　　C. 美国客户　　D. 日本客户

2. 多项选择题

（1）一场完整的物流谈判的构成要素是多方面的，最基本的构成要素包括（　　）。

A. 谈判主体　　B. 谈判客体　　C. 谈判议题　　D. 谈判地点

（2）喜欢谈政治的中国客户有（　　）。

A. 北京客户　　B. 上海客户　　C. 安徽客户　　D. 东北客户

（3）上海客户的"海派"风格特点为（　　）。

A. 功利　　　　B. 精明　　　　C. 法治　　　　D. 包容

（4）与美国物流客户谈判要注意的问题为（　　）。

A. 谈判准备一定要充分，否则对方就占据了谈判的主动权

B. 不能因为成交而含糊其辞，与其谈判时，是与否一定要分清楚

C. 一旦与美国客户发生纠纷，一定要采取诚恳、认真的谈判态度

D. 不要指名批评某人，指责客户公司中某人的缺点，或把以前与某人有过摩擦作为话题，或把处于竞争关系的公司的缺点抖露出来进行贬抑等

（5）英国客户的谈判风格为（　　）。

A. 谈判一般比较冷静和持重

B. 崇尚绅士风度，谈吐不俗，举止高雅

C. 先交朋友，后谈生意

D. 对讨价还价情有独钟

3. 判断题（正确的打"√"，错误的打"×"）

（1）山西客户讲义气，性情豪爽，为了朋友甘愿两肋插刀，把友情看得比命都重要。（　　　）

（2）湖南商人做生意敢于大手笔，敢闯敢干。（　　　）

（3）法国商人在餐桌上，除非自己主动提及，对方一般避免讨论业务。（　　　）

（4）德国人素有"契约之民"的雅称，他们崇尚契约，严守信用，权利与义务的意识很强。（　　　）

（5）美国客户忌荷花图案，认为这是不祥之物，是鬼花。（　　　）

4. 简答题

（1）物流人员谈判成功的心理素质是什么？

（2）针对广东客户"对外注重形象，部分人内心讲究迷信"的特性和谈判风格，物流客户服务人员应如何应对？

（3）山西物流客户的谈判风格是什么？

（4）如何与俄罗斯客户谈判？

（5）与阿拉伯客户交往有何禁忌？

案例综合分析

案例1

反客为主收订单

中国一物流公司为日本一家电器公司提供物流外包已经好几年了，双方有很好的交情。

有一年，中方向日方报价时，根据国际市场行情，将价格每吨下调5美元，日方觉得可以接受，邀请中方到日本签约。

当中方代表到日本后，双方谈了不到二十分钟。待中方代表报完价，日方代表漠然一笑，摆出一副不容置疑的神情："据我们掌握的情报，你们给日本某公司提供的报价更低。因此，我们提议贵公司重新出示价格。"

中方代表听罢，默然相视，首次谈判宣告结束。

中方代表团回到饭店后，感到被戏弄了，很生气，这分明是日方企图压价，但既然已经来了，谈判必须进行下去。中方人员通过有关协会，收集了一些交易数据。发现日本物流公司的报价均高出中方公司现报价的 10% ~ 20%。中方公司的报价，是目前世界市场的最低价。

综合各种分析，中方代表认为，日方在利用中方的心理来压价，以为中国方面人生地不熟，离开他们就找不到客户了。

经过商量，中方代表决定要在价格条件上做文章：首先，态度应强硬，不怕空手而归；其次，价格还要涨回原来的市场水平；最后，不必用两天给日方通知，仅一天半就将新的价格条件通知对方。而且，采用兵法"示形于东而攻于西"的策略，和另一家日方公司洽谈。这一小小的动作，立即被日商发现。

次日早晨，谈判桌上的角逐近乎白热化。中方代表很坦然地告诉日方代表："通过调查，我们的结论是，我方来日本之前的报价低了，应涨回去年的价位。请贵方研究，有结果请通知我们。若不在饭店，请留言。"此时，日方已经有些沉不住气了，担心真谈崩了，落个竹篮打水一场空。

果然不出所料。下午，日方宴请中方代表，请中方暂不要和其他公司谈判，并约定就餐后继续会谈。

会谈中，日方主动缓和气氛，他们认为，中方不应把价格往上调。中方寸步不让，经过好几个回合的讨论，中方终于点头答应："看在老朋友的交情上，我们可以下调2美元。"

经过讨价还价，双方同意按中方来日方前的报价成交。

以前，中国公司由于担心在价格上输给竞争对手而失掉单子，便会采取"让价"策略。然而，"靠低价换订单"不是高明的策略，对方会因为你的退让而一再砍价。

【问题分析】

(1) 与日方谈判要作好什么心理准备？

(2) 与日方谈判要注意什么？

案例 2

犹太商人的精明

美国和原苏联成功地进行了载人航天飞行之后，德国、法国和以色列也联合拟订了月球旅行计划。火箭与太空舰都制造就绪，接下来就是挑选太空飞行员了。

工作人员先问德国应征人员，在什么待遇下才肯参加太空飞行。

"给我 3000 美元我就干。1000 美元留着自己用，1000 美元给我妻子，还有 1000 美元用作购房基金。"德国男子说。

接着又问法国应征者，他说："给我 4000 美元。1000 美元归我自己，1000 美元给我妻子，1000 美元归还购房基金，还有 1000 美元给我的情人。"

以色列的应征者说："给我 5000 美元我才干。1000 美元给你，1000 美元归我，其余的 3000 美元雇德国人开太空船。"

【问题分析】

(1) 上述案例体现了德国人、法国人和以色列人的什么特点？

(2) 以色列人给物流客户服务人员什么启示？

实训巩固

针对不同国家（地区）交往禁忌的技能训练

【实训目的】

通过交往禁忌的训练，以提高物流客户服务人员与外商谈判的能力。

【实训内容】

学生模拟客户服务人员和客户进行情景演练。

【实训准备】

1. 人员准备：每组 8～10 人，分别扮演客户服务人员和不同国家的客户，并选出组长和记录员各一人。

2. 资料准备：熟练掌握不同国家或地区交往禁忌的相关资料。

3. 实训地点：实训室或教室。

【实训步骤】

1. 教师将不同国家（地区）商人交往的忌讳挑出来，隐去国家的名称，请大家对号入座。

2. 各组根据对方的表现相互打分。

3. 评选最佳物流客户服务人员和最佳物流客户。

【实训注意事项】

在抽号时要随机选择，分在一组的同学可以相互讨论并共同完成。

【实训活动建议】

尽量让学生多次扮演不同的角色，以拓展交往能力。活动结束后注意总结，请学生相互介绍经验，对评选出的最佳物流客户服务人员、最佳客户给予适当的物质和加分奖励。

▶ 心理测试

胆商（Daring Intelligence Quotient，DQ），它是一个人胆略、胆识和胆量的度量指标，属于非智力因素范畴。2001 年，中欧国际工商学院执行院长刘吉教授首次提出了胆商的概念。他指出，胆商是指在作决断时敢于拍板的勇气。

（1）你认为一个人谈判或事业的成功，主要取决于（　　）

　　　A. 命运与机遇　　　　B. 自身奋斗　　　　C. 两者皆有

（2）对于自己的失败，你会认为是（　　）

　　　A. 耻辱和挫折　　　　B. 成功前的演习　　　C. 一个教训

（3）当得知自己追求很久的目标客户正被竞争对手追求时，你会（　　）

　　　A. 另选一个目标

　　　B. 立誓要把目标客户夺回来

　　　C. 当作不知道

（4）对于理想的业绩目标，你认为（　　）

　　　A: 和大家差不多就行

　　　B. 一定要实现自己设定的目标

　　　C. 业绩超过别人才行

（5）当业务工作或生活中遇到困难时，你会（　　）

　　　A. 干脆逃避

　　　B. 想办法解决，迎难而上

　　　C. 多求助于他人

（6）你最喜欢哪一种旅游方式（　　）

    A. 陪远方来的客户或朋友观看身边的景点

    B. 新奇刺激、充满挑战的探险旅游

    C. 选择跟旅游团到心仪的地方旅游

（7）你的上司辞职了，你认为自己能胜任这个职位，接下来你会怎么做（　　）

    A. 等待公司老总亲自点将

    B. 积极争取，当仁不让

    C. 委婉地跟老总自荐

（8）一天深夜，你独自一人回家，在路上遭遇一个劫匪，你会怎么做（　　）

    A. 自认倒霉，保命要紧，把钱财都给他

    B. 选择时机将他制服

    C. 巧妙与之周旋

（9）四川汶川发生大地震时，恰巧你不幸碰上了，你会怎么做（　　）

    A. 悲观至极，认为这次彻底完了

    B. 用以往知道的遇险自救常识，选择合理逃生

    C. 等待救援

（10）遇到人生包括事业上接踵而来的打击后，你会（　　）

    A. 灰心丧气

    B. 理智地处理各种不幸，幸福地直面打击

    C. 选择依靠别人

测试结果：A：1分；B：3分；C：2分。

总分25~30分：胆商极高。心中有远大目标，为理想能坚持不懈，遇到困难也不容易退缩，有极强的冒险精神和成功欲望。值得注意的是，你在做任何事情的时候，需要多考虑一下，"三思而后行"，这样可避免莽撞带来的不良后果。

总分17~24分：胆商一般。胆识相对还算不错，不过遇到困难容易犹豫不决。心中虽渴望成功，但缺乏成功的野心，喜欢做较为稳妥的事情。

总分16分以下：胆识较差。习惯安于现状，不愿接受新事物，遇事总是选择逃避，喜欢自得其乐。

第5单元　应对不同物流客户的策略

学习导航 ▶▶

- 明晰不同物流客户的心理特征
- 了解针对不同物流客户的应对策略
- 知道物流客户的异议及其分类
- 重点掌握处理客户异议的方法

案例导读

日本银座物流的心理定价策略

【经典回放】　日本东京银座物流公司开发了一种快速宅急便物流产品，能够在客户打电话的当天将包裹送到目的地并找到收件人签收。该公司为了推广销售这种物流服务，采用了一种折扣销售方法，颇获成功。具体方法是：先发一个公告，介绍物流服务的一般情况，再宣布打折扣的销售天数及具体日期，最后说明打折方法：第一天打九五折，第二天打九三折，第三、四天打九折，第五、六天打八五折，这个销售方法的实践结果是，第一、二天物流客户不多，来者多半是来探听虚实和看热闹的。第三、四天客户渐渐多起来，第五、六天打八五折时，物流客户像洪水般地涌向该公司，纷纷要求选用该公司的物流产品或服务。这种销售态势已经引起了竞争者的警觉。

想一想：这是一则成功的折扣定价策略。妙在该公司准确地抓住了物流客户的购买心理，有效地运用折扣方法来销售。人们当然希望购买服务质量好而便宜的产品，但是有谁能保证到你想买时还有呢？于是出现了头几天客户犹豫，中间几天抢购，最后几天买不着者惋惜的情景。

本单元从物流客户的购买心理出发，着重研究不同类型物流客户的购买心理以及相应的应对策略,并对客户的异议进行合理的处理。

第1模块　应对不同物流客户的策略

必备知识

　　现在对于物流企业而言,最大的挑战在于理解是什么使物流客户作出了购买决策。这需要不断地与物流客户进行互动式交流与观察,不断地听取物流客户的想法和意见,因为激发物流客户购买欲望的因素很多也很复杂。虽然任何人购买一种产品都可能有多个动机,但是所有的购买决策都是由需求而激发的,这种需求或是心理上的或是生理上的。

　　根据马斯洛的说法,人类的所有基本需求都可以按照层级或者金字塔形的结构来进行排列,从最基本的生理需求(如衣、食、住、行)到安全需求再到社会需求,而社会需求反映了我们追求爱与被爱,在群体中得到认可和归属感。在马斯洛需求金字塔的最顶层是自尊的需求,希望别人认为我们是有价值的,自我实现、实现自我潜能的需求。根据马斯洛的理论,在满足了基本的需求——金字塔最底层的需求之后才能进入更高一级的需求。

　　除了个人的需求之外,物流客户的购买决策还要受到自身个性或心理特质的影响。

　　按心理特质来分类,物流客户可分为情感冲动型物流客户、热情开朗型物流客户、圆滑难缠型物流客户、顽固不化型物流客户和犹豫不决型物流客户五种类型。

知识小链接

客户的气质分析

　　"气质"一词最早是由古希腊医生希波克拉底提出来的,后来罗马医生盖仑对它作了整理。他们认为人有四种体液——血液、黏液、黄胆汁和黑胆汁。这四种体液在每个人体内所占比例不同,从而确定了胆汁质(黄胆汁)、多血质(血液)、黏液质(黏液)、抑郁质(黑胆汁)四种气质类型。

❀ 胆汁质的人是以情感发生的迅速、强烈为特征的，并且持久动作的发生也是以迅速、强烈、有力为特征的。属于这一类型的人都热情直爽，精力旺盛，脾气急躁，心境变化剧烈，易动感情，具有外倾性。

❀ 多血质的人是以情感发生迅速、微弱、易变为特征的，动作是以敏捷、易变为特征的。偏于此类的人，大都活泼好动、敏感、反应速度快、热情、喜与人交往、注意力易转移、志趣易变、具有外倾性。

❀ 黏液质的人是以情感发生缓慢、内蕴、平静、动作迟缓、稳重、易于抑制为特征的。偏于此类的人大都安静、稳重、反应缓慢、情感不易外露、沉默寡言、善于忍耐、注意力不易转移、具有内倾性。

❀ 抑郁质的人是以情感体验深而持久、动作迟缓无力为特征的。属于这一类型的人大都反应迟缓，善于觉察他人不易觉察的秋毫细节，具有内倾性。

一、情感冲动型物流客户的心理特点及应对策略

（一）情感冲动型物流客户的心理特点

这一类型的客户属于胆汁质，一般表现为热情、开朗、直率、精力旺盛、容易冲动、性情急躁，具有很强的外倾性；他们购买产品迅速，很少过多考虑，容易接受物流客户服务人员的意见，喜欢尝试新的产品；但是比较粗心，容易忽略对他们不利的条件。

1. 情绪易于冲动，对外界的刺激反应敏感

总的说来，这类物流客户的特点是情绪易于冲动，心境变换剧烈，对外界的刺激反应敏感，在购买物流产品或服务的过程中表现为冲动式购买，又称即兴消费。他们对产品或服务的选择以直观感觉为主，易受广告宣传、产品或服务外观、色调、环境等外部的影响，并喜欢追求新产品或时尚产品，对价格是否合算、产品是否真正实用不大考虑，常凭个人的兴趣来购买，交易迅速，买后往往感到并非是自己最满意或最需要的，因而产生懊悔之情。

2. 带有浓厚的感情色彩，凭直觉和想象进行消费

此类客户的购买行为还有一个重要的特点，那就是带有浓厚的感情色彩。表现在选购物流产品或服务时，感情体验深刻，想象力特别丰富，审美感觉也比较灵敏。如有些客户对某物流企业的仓储服务有一种特殊体验时，就会对这家企业产生一种偏爱，甚至情有独钟等。这类客户在购买活动中比较容易受外界因素的影响，如广告宣传、业界流行等，对物流产品或服务的外在表现如价格等比较挑剔，而对性能等方面较为忽视。

（二）情感冲动型物流客户的应对策略

情感冲动型客户进入物流营业场所的动机不一定是为了消费，有时他们只是想了解一下情况，但当他们看到别人在排队消费时，便容易产生冲动的消费欲，也会心血来潮地加入进去。

对这类物流客户的应对策略：迅速接近他们，耐心介绍物流产品或服务，把其特点和优点展示于他们面前。要避免讲话过多，创造良好的第一印象，从而勾起客户的购买欲望。尽量向他们推荐新的物流产品或服务，要主动进行现场促销，但不要与他们争执，万一出现矛盾时应避其锋芒；在收款结账时应速战速决，避免客户因反悔而导致交易失败。

此类客户往往会直接表达情感："别说了，我觉得你们价格太贵，专业水平也不怎么样，我不会接受这项物流服务的。"碰到这种情况时，应当采取果断措施，必要时提供有力的说服证据，强调你如此分析和建议的原因，以及能为他们带来的利益，打消其所有疑虑，在他们暂时作不了决定时，促使他们接受你的建议，不给他们留下动摇和反悔的机会。

比如，客户要租一辆货车来帮助他配货，作为物流客户服务人员可以适时地推荐公司新的第三方物流服务，该服务能有效避免空车行驶，能最大限度地避免运力的浪费，从而提高物流运营效率和效益，而且价格还可以优惠。在这种情况下，大多数的冲动型客户也许不经考虑就会选择这种新的物流产品或服务，他们购买完后，一定要称赞他们的购买决策，让他们有成就感。

案例赏析

装聋作哑

【经典回放】　有一位成功的物流企业家，有人问他成功的秘诀是什么？他说他一辈子装聋作哑。

原来是这样，有一天，一个物流客户走进他的公司里，指着一种物流服务产品问："有5吨货从A地运往B地要多少钱？"

"什么啊？"企业家用手贴着耳朵问。

"有5吨货从A地运往B地要多少钱？"

"什么？有多少？"

"是多少钱！！"物流客户有点对企业家恼怒了。

"哦！这个多少钱啊？稍等一下！"

企业家对办公室里的人喊："老板，5吨货从A地运往B地要多少钱？"

办公室里屋传出一阵带着睡意又不耐烦的吼声："不是说了么！这项服务要500元！好了，别烦我！"

"哦，这样啊，好的！"

企业家回过身来对着物流客户："您也听到了，老板说要500元，不过我可以便宜点，400元怎么样？"

物流客户暗自窃喜，匆匆付过钱后，一溜烟就走了。

【画龙点睛】 在这个案例中，物流企业家充分运用了客户心理学的原理，利用客户对"价格低"这样一个假象产生购买冲动，促使其迅速购买，给我们带来了有用的启示。

二、热情开朗型物流客户的心理特点及应对策略

（一）热情开朗型物流客户的心理特点

这一类型的物流客户属于多血质，一般表现为活泼好动，反应迅速，善于交际，但兴趣易变，具有外倾性。

1. 购买行为常受个人情感支配，没有明确的消费目的

这类客户常常主动与物流客户人员攀谈，能很快与之熟悉并交上朋友，但这种友谊常常多变而不牢固；他们在购买物流产品或服务时往往过于匆忙，过后可能改变主意而退货；他们喜欢尝新、尝鲜，但很快又会厌倦。

2. 想象力丰富，表情易外露

这类客户的想象力丰富，受名称、造型以及环境影响较大，但有时注意力不够集中，表情外露。喜欢新鲜、时尚的产品或服务，且购买时决定果断，是物流客户服务人员最喜欢的那类人。

这类人的话天生就多，就算是一些鸡毛蒜皮的小环节，他都会放大来说，有一句不说出来他就会不高兴，甚至他并不了解的事物，也会凭空设想去信口开河地大说一通，他也不管别人是否愿意听，嘴上痛快就行。

3. 购买物流产品或服务时情绪波动大

这类物流客户在选购产品或服务时，能很快与物流客户服务人员接近，愿意与他们或其他客户交换意见。话题多、兴趣广、较为开朗、爱开玩笑，有时甚至离开选购产品的话题，扯到其他事上。他们往往属于神经过程平衡而灵活性高、环境适应能力强、兴趣爱好易于变化的一类人。

（二）热情开朗型物流客户的应对策略

对这类客户，应对策略是：物流客户服务人员要极力表现出对他们的尊重，要多向他们提供物流新产品或服务的信息，但要让他们进行主动选择，遇到他们要求退货的情况，应尽量满足他们的要求。物流客户服务人员在可能的情况下，要主动同这一类客户交谈，赞扬和肯定他们的观点，一般促成其购买的几率就比较高，但不应有过多重复，否则他们会不耐烦。

若这类客户大说特说时，让他说去吧，不妨充当一个忠实的听众，等到他说累了，说到高兴为止，但是，你在听的过程中，要把握好时机插入你对产品或服务的介绍，要记住，想成功销售产品，对他们这种人，要学会顺从和迁就，千万不要抢走他们的话题，除非你不想卖产品。

比如，当你遇到一位健谈的物流客户时，他对三天送货上门的快递服务有着丰富的知识，他滔滔不绝地谈着自己的见解，此时最好的方式是让自己的产品和他谈的产品产生形式上的接近和情感上的认同，从而迎合他们的需求，关键的应对策略是让客户主动选择而不是让我们来替他们选择。因为这一类客户是多血质的心理气质，有着非常强的主动性和个性，他们会是一个好客户，但前提是我们要为他们提供足够的空间。

🍄 案例赏析

盲目推销失败多

【经典回放】　早晨刚上班，一家知名的第三方物流企业新客户服务人员小刘正在打扫卫生，见到一个年轻女子风风火火地冲进公司，脚刚踏进门，就大声问："对韩国的出口货运代理服务怎么报价？"

小刘吃惊的同时，一边查找资料，一边急忙迎上去。没等小刘介绍，该女子已经指着一本宣传册焦急地说："拿一本给我看看。"小刘连忙拿了一本给他，然后说："大姐，这个出口货运代理是用班轮还是租船？是你自己的公司还是为别的公司？要不你看看这种服务，刚刚更新的，费用少而且耗时少。"

小刘以为自己是为客户着想，没想到却招来了客户的白眼，那女子冷冷地说："我就要我手上拿的这种服务，我们公司以前用过，你极力向我推荐的那种服务，是不是有提成？无利不起早，我就知道你们这一套！"话语间透着不满，然后就走了。看着客户离去的背影，小刘感到自己很委屈，眼泪都差点流下来了。

【画龙点睛】　很明显，这位客户属于热情开朗、直爽果断型。这类客户大多有一定的经济能力，并且很清楚自己究竟要购买哪一种物流服务产品，一般来到物流公司会很直接地指出自己需要的产品，比较有主见，客户服务人员只要顺势而行，也不用多费口舌就会推销成功。若客户服务人员此时仍向其推荐其他产品，反而会让客户反感。

三、圆滑难缠型物流客户的心理特点及应对策略

（一）圆滑难缠型物流客户的心理特点

这类客户往往比较精明，表现出许多心理特点。他们基本属于理智型客户，其特点为：

1. 购买行为以理智为主，凭学识和经验来选择物流产品或服务

在购买活动中善于观察、分析和比较，根据自己的经验和物流产品的知识，广泛收集所需要的物流产品信息，经过周密的分析和思考，才能作出购买决定。因此，此类客户购买行为以理智为主，很少感情用事，主观性较强，不受他人及广告宣传的影响，挑选物流产品仔细、认真、很有耐心。在整个购买过程中保持高度的自主，并始终由理智来支配行动。

2. 善于比较挑选，不会急于作出决定，处世圆滑

圆滑难缠型物流客户的心理特征，可以从以下情形来判断。"你说的这种配送产品质量很一般，我仔细考虑后，还是决定尝试另一种，真不好意思。"这是圆滑难缠型物流客户经常使用的一句话。当物流企业营销顾问向他建议使用某种产品时，他要么是因为价格太贵、要么是根本不想购买而采用这句话当借口来拒绝你。而如果他已经完成了咨询工作，物流企业营销顾问也帮他拟好了配送方案，他也会因为某种原因找借口来放弃采用方案。比如他会说这段时间太忙，过两个星期吧，这类客户很有可能就是抱着免费获取配送方案的心态来的，或试图通过几家物流企业的咨询来作一个价格与服务的比较。这类客户是很难留住的。

（二）圆滑难缠型物流客户的应对策略

针对这类圆滑老练的客户，物流客户服务人员要预先洞察他的真实意图和购买动机。在面谈时造成一种紧张气氛，如向客户表明这种物流产品很受欢迎，自从物流企业开始促销，有很多客户采用，再过两天，促销时期就过了，到那时，可能会提价。这样有利于使对方觉得只有当机立断作出购买决定才是明智之举。同时，物流客户服务人员要强调使用这种物流产品后将会令企业物流环节得到怎样的改善，从而进一步"利诱"客户，如此双管齐下，客户也就没有纠缠和推脱

的机会，从而失去退让的余地了。

具体来说，这类客户可以分为以下三类：

1. 理智好辩型

◆ 特点：这类客户喜欢与你对着干，你说东，他说西，与你唱反调以显示他的能力。他们与"自命清高型"不同，他们凡事都喜欢搬出理论来，大道理始终讲不完，有时明知自己是错的，非要与你争辩不可，直到实在争辩不过去了，嘴上还不服输。

◆ 应对策略：先承认对方的一切说法，不要去顶撞，即使对方是错的。你的态度一定要诚恳，让对方觉得你乐于听他说，以此来博取对方好感。当对方觉得在你面前有优越感，又对你的产品有一些了解时，也就常常会购买，当然，你与之交谈一定要尽量少说多听，要么不说，要说就切中要害，一针见血，只能刺激对方的需求即可。

2. 虚荣心强型

◆ 特点：这类客户死要面子，为满足那份虚荣，最爱撒谎、欺骗，以此好让人觉得他高人一等，讨得别人的赏识和羡慕。他们很自大自负，想法单一，心里放不下一点东西。

◆ 应对策略：多讲解这款物流产品或服务最适合他们这种高层次的人选用，多给他成就感和肯定，因为他们都喜欢别人的奉承。你只要顺着他的这种心理，多一份认同，对方就会当你是知己。你多讲选择了这种产品可以带来的感受和优越感，才有可能让这类人接受你的产品。

3. 贪小便宜型

◆ 特点：无论他们在你面前装得多大方，其实他们心里都希望你能将物流产品或服务便宜地卖给他，甚至免费送一些给他试用一段时期，他们常常会让你感到，他们并不把物流产品或服务放在心上，说不定还会告诉你，他也有个朋友销售这种物流产品或服务，不花钱都会拥有，根本没有必要给你面子，然而，你一旦有便宜让他们讨，他们的态度就立即会改变。

◆ 应对策略：你要发现对方有这种倾向，就要告诉他，企业有规定不让这样做，也可以举个例子说明不能这样降价，或赠送服务的理由，以示请他能理解企业的规定，不过，接着你要想出可以达到同样优惠的目的，或者具有大的吸引力的举措，让他觉得同样有便宜可占，购买该物流产品或服务就不会成问题。

案例赏析

同情——共鸣——转折术搞定客户

【经典回放】 说起这种圆滑难缠型的客户，配送服务经理小廖就非常有发言权，因为他从事配送服务营销经理4年来，遇到了很多这种类型的客户。他们刚进公司就非常配合小廖的工作，小廖问什么，他们就回答什么，他们也会主动问配送方面的问题，让小廖觉得这个人很热情，他一定是自己的准客户。

但随着咨询工作的进一步深入，小廖才发现他们有一个共同的特点，就是在配送服务营销经理解答问题时，他们会很专注地听，好像也在思考什么，小廖知道他们肯定是在想等一会拒绝时应该从什么地方入手。所以一般情况下，小廖都不露声色，该谈什么、该问什么都照章进行，直到最后客户开始推脱他的建议时，他就会采取同情——共鸣——转折的战术来说服客户。

如一位客户说："哎呀，对不起，我今天恐怕不能签这份配送服务单子了，下午有急事，要赶过去。"小廖会说："您真是大忙人啊，也难怪公司送货会受到影响。不过，事情是要做的，送货环节也是要保持的呀。既然您今天没有时间，那我们就从基本的车辆选择开始做起吧。这样吧，我为您开张单子，什么时候使用哪种卡车我都会给您写清楚的。"说着说着，小廖就准备写了。而客户一般都知道，配送服务营销经理推荐的产品价格肯定不会很便宜，可能购买产品的费用比自己在外面租一辆整车要高很多，而自己的话又已经说了出来，所以也只好选择其中一样了。

【画龙点睛】 对付圆滑难缠的客户，客户服务人员要预先洞察其真实意图和消费动机，寻找其不作决定的真正原因，然后对症下药，强调物流项目的优点，从而进一步"利诱"客户，双管齐下，使客户失去退让的余地。

四、顽固不化型物流客户的心理特点及应对策略

（一）顽固不化型物流客户的心理特点

不管你谈的是什么问题，客户总认为自己永远是正确的。这就是顽固不化型客户的典型特征。

1. 性格较急躁，喜好夸张，对客户服务人员常抱怀疑态度

此类客户在购买过程中，往往不能忍受别人的意见，对物流客户服务人员的

介绍持有戒心，异常警觉，持不信任态度，甚至于物流客户服务人员越是推荐、介绍其产品，他越不理睬。这类客户多属于性情孤僻、主观意志较强的一类人。

2. 易激怒，凡事一经决定，则不再更改

此类客户在选购物流产品或服务时，经常表现出傲慢的态度。语言表情都神气十足，甚至会用命令的口吻提出要求，且情绪易于激动，稍不合意就会与物流客户服务人员发生争吵，爆发出一种狂热而不能自制。他们多属于兴奋过程强烈、抑制能力差、情绪易于冲动的一类人。

此外，还有部分顽固不化的客户的购买行为特点是喜欢根据过去的购买经验、使用习惯来购买物流产品或服务。他们在长期的购买活动中，往往会对某种物流产品或服务以及某家企业产生一种特殊的感情，非常信任和熟悉，以致形成某种定式，如产品质量过硬、企业服务周到等，在这种偏好和信任的基础上，客户往往会不加考虑，重复以往的购买行为，或长期使用某产品，这类客户购买物流产品时表现出很强的目的性，要改变他们的习惯，有时还真的很难。

（二）顽固不化型物流客户的应对策略

不管你谈的是什么问题，客户总认为自己永远是正确的。在做生意时，哪怕他是个笨蛋，你也得为他保全一份信心。针对这部分客户的特点，我们总结出以下应对策略：

1. 一般的应对策略

（1）不要过多表现自己，要让客户有表现的机会

对此类客户，一边要听他高谈阔论，一边要用好奇的目光注视着他。比如客户坚持要按他过去的经验来制订采购价格，你如果这个时候硬是要强行推销现有的采购价格的话，一定会遇到强烈的反抗，因此，最好的应对方法就是倾听，并用好奇的目光注视他，让他最后觉得自己的话都没有道理了，这时再适时推荐我们的产品以让客户接受。

（2）听听客户对你产品或服务的忠告

此类客户自以为对物流产品或服务很专业，对你的产品或服务有种种异议，你不妨把它们全部记录下来，逐条加以研究。然后再约见并告诉他，你已请教过专家，对其细节问题都一一作了答复，并承认他们的确是真正的行家。

另外，可以根据该种客户的具体心理来分类，并进行合理的应对。

2. 不同客户类型的应对策略

（1）脾气暴躁型客户

◆特点：一旦有一丝的不满，这类客户会立即表现出来，忍耐力特差，喜欢侮辱和教训别人，唯我独尊。他们更多的时候会暴跳如雷，大发脾气，让人难以接

近，与他们打交道随时都能闻到一股"火药味"。

◆ 应对策略：保持平常心理来面对，不要因为对方盛气凌人而屈服，以至低声下气地"顺大溜"拍马屁。面对此种情况，你若采取一种不卑不亢的言语来感动他，效果会更佳。

（2）自命清高型

◆ 特点：对任何事，都会扮出一副非常懂的样子，不管你推销的物流产品或服务多么好，他都会不以为然，总是认为自己了不起，比别人高人一等，并且会摆出一种高傲的神态来对付你。

◆ 应对策略：这类客户很喜欢听奉承话，你一旦恭维他，他就会飘飘然。如果你能来点幽默感就更好了，毕竟他们都喜欢听好话，只要多多地赞美，迎合他们的自尊心就能受他们的肯定，但是，不要直截了当地批评、嘲笑或挖苦他们。

（3）喋喋不休型

◆ 特点：这类客户喜欢凭自己的经验和主观意志来判断事物，不易接受别人的观点。

◆ 应对策略：对这类客户，物流客户服务经理要有足够的耐心和控制能力。当客户在情绪激昂地高谈阔论时，要给他合理的时间，切不可在他谈兴正浓时贸然制止。一旦双方的推销协商进入正题，客户服务经理要任其发挥，直至对方接受产品或服务为止。

小思考

你能描述一下顽固不化型物流客户上述 3 种类型的特点及应对策略吗？

案例赏析

反常理怪招，赢得你的"顽固"客户

【经典回放】 某仓储企业货拣部主管拥有的一部老叉车已不能使用了，于是，便有许多物流叉车推销员来推销叉车，使他感到不耐烦，这自然造成他重重防御的心理，只要推销员一上门，他就会想：

"这些家伙又来了，我决不会上他的当。"

由于这些人为了推销他们的叉车，要么说："你这部老叉车早已破旧不堪，实在有失你的身份。"要么说："你已经换过太多的零件，还不如用这些费用来购买一部新车更划算。"

这些话多么不堪入耳啊！所以，只要一见到他们，主管心中就起反感。

某日又来了一名中年叉车推销员，他直觉的反应就是：

"这家伙是来推销叉车的，我决不上他的当。"

可是那个推销员一看见主管的叉车便说：

"你这部车起码还可用上一年半载的，现在就换车的话也太可惜了，我看还是过一阵子再说吧！"

说着，递了张名片给主管便离去了。

听他这么一说，这位先生顿时感到自己的整个防御心理都是多余的。接着，他马上按照名片给那位仁兄拨通了电话，结果如何，各位可想而知。

【画龙点睛】　因为这位物流叉车推销员的工作方法太出乎他的意料了，简直违背了他原来所"期待"的一切。由于在这种得不到"期待"的情况下产生了空虚感，所以他便很自然地投降了。当然此刻这位主管已是十分乐意地向推销员购买新叉车了。因为他的防御心理完全被瓦解了。

五、犹豫不决型物流客户的心理特点及应对策略

（一）犹豫不决型物流客户的心理特点

这类客户属于抑郁——敏感型。从气质心理学的角度来分析，这一类型的客户一般沉默寡言，不善交际，对新环境、新事物难于适应、缺乏活力，情绪不够稳定；遇事敏感多疑，言行谨小慎微，内心复杂，较少外露。

1. 气质上偏向沉静敏感

此类客户在购买活动中，很少受外界因素的影响，感情不外露，举动不明显，沉默寡言，态度持重，交际适度，但不随和，不愿与物流客户服务人员谈物流产品以外的话题。他们往往属于神经过程平静而灵活性低、反应比较缓慢而沉着的人。

2. 依赖思想较重，希望有人能为他们当好参谋

此类客户消费心理不稳定，缺乏购买经验，多属于不常购买或奉命购买物流产品或服务的人，他们在购买过程中，缺乏主见，对自己需要的物流产品或服务没有固定偏爱，往往长时间处于犹豫不决的状态。这类客户渴望遇到态度温和的物流客户服务人员，乐于听取他们的参谋介绍。

3. 从众心理明显

此类客户易受众多人同一购买趋向的影响，对所要购买的物流产品或服务不去分析、比较，只要众人购买，便认为一定不错。因此，在市场上经常发生这样的情况，只要有较多的人购买某种物流产品或服务，就会有人跟随购买，尽管所买的物流产品或服务并非是自己急需的。

（二）犹豫不决型物流客户的应对策略

让犹豫不决的客户决策有时是一件让人提心吊胆的事，这类客户让你觉得无所适从，会浪费你不少时间。

1. 一般的应对策略

（1）为他确定购买的最后期限

告诉他，只要在某期限前购买，就能获得提前送货、免费维修、设计咨询和价格折扣等一些他们盼望的优惠条件，在客户心理上造成一种限期购买的印象。

（2）通过其他客户的成交及现场气氛向他施压

这类客户会有从众性，总想静观其他客户的购买意向。那就展现一个争相订购的场面吧，对客户说："如果你现在不订，下午张总会来订完。"这时客户会产生激烈的思想斗争，犹豫不决的思想会被突然的打击所影响，从而变成果敢的决断。

（3）用委婉平和的手法成交

先建立起彼此的友谊，再请其作决定，此类客户希望能得到你个人的支持，同时这种对他的支持与理解会打消他们心中的疑虑，以致一步步完成销售，但不能操之过急。

（4）产品比较法

列一个周边配送服务的详细的特性对比表，为客户逐项说明你推介的物流产品或服务的优点，告诉他购买你的产品或服务是明智的选择。

（5）用干脆果断的手法

用以上方法不断施压，然后逼他作决定。利用其惰性，告诉他"方案你已看了不少，也没有十全十美的方案，就定下来吧"！让客户有种解脱感。

另外，犹豫不决型的客户还可以分成以下三类，每类客户都可以使用不同的营销技巧来促使订单的达成！

2. 不同客户类型的应对策略

（1）犹豫不决型

◆ 特点：情绪很不稳定，有时兴趣很浓，态度也相当好，一会儿又转为优柔寡断，陷入进退两难的境地，满腔热情陡然变得冷淡，思虑太多，没有主见。

◆ 应对策略：这类客户对事物进行思考时，思维都是逆反的，要打动他们，使之接受产品或服务，就必须采取循循诱导的方法来进行强烈暗示："这个产品很适合你"、"现在不买将来就会后悔"、"绝对要买这个产品"、"现在就立即买下不需等待"、"这个产品就是好"，你只有获得对方的信赖才可能成交。

（2）小心谨慎型

◆ 特点：客户对你的任何一句话都会用心听，用心想，稍微有一点不明白，他们都会提出来问你，生怕疏忽而上当受骗。他们心里比较细，对人对事的疑心较大，动作和说话的语气都较为缓慢。

◆ 应对策略：要跟着他们的思维速度走，尽量将要说的话说深说透，多掺杂一些分析性的话语，在推介物流产品或服务时多借助工具、图表及证据来配合，最好多旁征博引一些话和例子来增加他们的信心，特别要多强调物流产品或服务的附加值及可靠性。

（3）沉默羔羊型

◆ 特点：该类客户会仔细地听我们介绍产品或服务以及企业情况，在倾听过程中还会不时地提出一些问题来让我们解决，一般都是想更多地了解产品或服务资讯。他们保持沉默，主要是因为他们心里带着许多疑问来了解产品或服务，而对于你所推介的产品或服务的购买兴趣并不太大。

◆ 应对策略：首先要阐明物流产品或服务的诸多优点，而且要告知购买产品后所享受到的优质服务，要多煽动，以激发他们购买的欲望。你要尽量减少他们对你的不断发问，可以"反其道而行之"地问他们一些问题，将他们带入销售的气氛。

案例赏析

客户优柔寡断怎么办

【经典回放】　一天，一位从外地赶来的客户来到某物流设备供应商的门面前漫不经心地闲逛。店员小张走过去问道："您好，有什么需要帮您的?"客户似乎对她的话不屑一顾，什么也没说，只是围着液压起重机东瞧瞧西望望，一会儿把起重机的说明书拿起来看看，一会儿又把叉车的说明书拿起来瞧瞧，这让小张有点不知所措。如果小张保持沉默，这次服务可能也就这样随之终止了。这时小张看着这位40多岁的客户说到:"您的皮肤保养得可真好,细腻白皙,您的年龄比我大不了多少吧?真让人美慕。"女士听后笑了笑说:"哪里呀,眼看就是奔50岁的人了,哪能和你们年轻人比呀?老了!"

就这样,两人有一句没一句地聊了起来。此时小张注意到,客户的眼光已经逐渐集中在了两种不同品牌的起重机上。小张见客户对此类商品显示出兴趣,便说道:"你真会挑,目前这种品牌的液压起重机在我们公司很热销。""是吗?我有个客户也向我推荐这个。"小张趁热打铁地说道:"请问,您买这个起重机是做什么项目用呢?"客户说:"自己公司做第三方物流用,以前的客户都说这个牌子好,你帮我参考参考究竟哪一种更好吧。"小张便把两种起重机的说明书都递到客户面前,并耐心地介绍起来:"起重机是物流装卸搬运的关键机械,它的重要作用在于调节物流货场和码头的货运衔接,能有效缩短装卸时间,提高装卸效率,为下一步的运输和储存打下坚实的基础。"

听了小张的一段讲解后,客户说:"我们公司平时业务量比较大,平时用的起重机比较简陋,为了提高装卸效率,准备买一台新的起重机,可现在市面上的液压起重机让人眼花缭乱,也不知哪种适合我们公司。"小张继续回答道:"起重机的价格本身不重要,重要的是耐用程度和可维修程度,如果一台起重机使用几次便要维修,那么维护成本就会很高,价格就算买的时候低也得不偿失。""那这两种起重机,到底那一种好呢?""这两种的区别主要在耐用性方面,红色起重机这一品种使用十次就必须修一次;而绿色起重机这一品种使用十五次才需要一次简单维护。至于价格方面,红色的虽然比绿色的便宜,但是绿色的可以减少维修的次数,因此从方便和经济两方面来看,还是绿色的好一些。""好吧,就买一辆绿色的起重机。""好的,不过我还是要提醒您,液压起重机不能代替吊车,如果贵公司作业量很大,还是建议使用更为专业的吊车来完成物流任务。""谢谢你的提醒。"客户满意地签下了订单。

【画龙点睛】 这位客户是典型的优柔寡断型中的犹豫不决型。表面上看这类客户与小心谨慎型客户比较相似,但这类客户的特点是:购买物流设备有一定的目的性,即知道自己要买什么类型的起重机,但是又拿不准具体该买哪一品牌的产品,他们通常要对同类起重机完全看过,再比较价格,看规格,选产地,全部看完后还是拿不定主意来购买。我们物流客户服务人员要对这类客户运用心理战术,如在语言上要说些恭维话,以增强客户的信心,让客户下决心购买。

第2模块　物流客户异议的处理

知识拓展

在物流领域，每天都会有客户对物流产品或服务提出异议，如何处理这些异议，成为物流客户服务人员必备的一项知识。在了解客户异议之前，作为一名合格的物流客户服务人员，必须具备这样一个前提：了解你推介的物流产品或服务，并能及时处理客户的异议。

一、物流客户异议的分析

虽然客户的异议并不让人感到愉快，但如果物流客户服务人员能理解异议的必然性，心境也许就会平和许多。销售的过程本就是一个"异议——同意——异议"的循环过程，每一次交易都是一次"同意"的达成，而合作必然会带来新的问题和额外的要求，这就是异议。虽然异议总是带来烦恼，但它也是物流客户服务人员从客户身上获取更多信息并影响客户的机会。解决异议、满足需求不但是教育客户并同其建立良好关系的绝佳机会，而且经常能创造新的销售机会。

（一）物流客户异议的概念

物流客户对信息或对客户服务人员的提问表示反对或抵触的表现称为物流客户异议。客户异议是客户对您在销售过程中的任何一个举动的不赞同、质疑或拒绝。

如您要去拜访客户，客户说没时间；您询问客户需求时，客户隐藏了真正的动机；您向他解说产品时，他带着不以为然的表情……这些都可称为异议。

有时潜在客户提出的异议可能转化成销售条件。如果你感到异议是销售条件，并且你有可能满足潜在客户的某种需求，可能会实现销售。

物流异议是如何产生的呢？客户的异议其实说明了他的兴趣、关注和顾虑，寻找其背后的原因将有利于客户服务人员知道解决问题的关键点所在，从而制订相应的策略。通常的原因有如下三种：

1. 理性原因

通常物流客户会基于本身的经济状况、使用情况和对同类产品及技术的了解而表达对产品的不认可，如不合适、价格过高、技术落后等，但更多的时候客户会因为信息不充分或缺乏经验而产生错误的理解，这时候物流客户服务人员能否提出真实并有说服力的解释就尤为重要了。

2. 感性原因

很多异议都是出于情感和心理上的不满和恐惧，如物流客户会在采购过程中在乎别人（特别是上级和同事）的看法，同时也会考虑到是否影响在下属心目中自身专业素养和技术水平方面的威望。如果客户所在组织正处于动荡期或其本身地位不稳固，这时对于存在的一些意想不到的风险和麻烦会特别在意。通常，许多异议其实缺乏道理和合理的解释，完全是杞人忧天，仅仅出于当事人对某些事物的消极态度和错误看法。

3. 战术性原因

物流客户也会寻找不存在的缺陷或扩大细小的不足来进行策略性的试探，增加自己手中的砝码，最常见的就是寻求价格上的减让和在谈判中提高自己的位势。另外，在受到竞争对手的压力时，物流客户有时也会通过异议来暗示自己的不满。

知识小链接

从主体来看客户异议的原因

从产生异议的主体角度看，客户异议还有如下的原因：

- 客户方面的原因
- 产品方面的原因
- 推销人员方面的原因
- 企业方面的原因

（二）物流客户异议的类型

1. 需求异议

需求异议是指客户不需要产品或服务而形成的一种反对意见。它往往是在物流客户服务人员向客户介绍物流产品或服务之后，客户当面拒绝的反应。如一位物流客户提出："我们公司的仓储设备很好，就像欧美自动化仓库一样，不需要用你们的自动跟踪信息系统。""我们根本不需要它。""这种产品我们用不上。""我们已经有了。"这类异议有真有假。真实的需求异议是成交的直接障碍。物流客户服务人员若发现物流客户真的不需要其推介的物流产品或服务，那就应该立即停止营销。虚假的需求异议既可表现为物流客户拒绝的一种借口，也可表现为物流客户没有认识或不能认识自己的需求。物流客户服务人员应认真判断物流客户需求异议的真伪，对虚假需求异议的物流客户，设法让他觉得推销的产品或服务，符合物流客户的需求，使之动心，再进行营销。

2. 财力异议

财力异议是指物流客户认为缺乏货币支付能力的异议。比如，"产品不错，可惜无钱购买"。"近来资金周转困难，无力引进物流信息系统"等。一般来说，对于物流客户的支付能力，物流客户服务人员在寻找物流客户的阶段已进行过严格审查，因而在营销中能够准确辨认其真伪。真实的财力异议处置较为复杂，物流客户服务人员可根据具体情况，或协助对方解决支付能力问题（如答应赊销、延期付款等），或通过说服使物流客户觉得购买机会难得而负债购买。对于以为借口的异议，物流客户服务人员应在了解真实原因后再作处理。

3. 权力异议

权力异议是指物流客户以缺乏购买决策权为理由而提出的一种反对意见。比如，物流客户说："作不了主"、"领导不在"等。与需求异议和财力异议一样，权力异议也有真假之分。物流客户服务人员在寻找目标客户时，就已对物流客户的购买人格和决策权力状况进行过认真的分析，已经找准了决策人。面对没有购买权力的物流客户，极力推销物流产品或服务是营销工作的严重失误，是无效营销。但在决策人以无权作借口拒绝物流客户服务人员及其产品时放弃营销更是营销工作的失误，是无力营销。物流客户服务人员必须根据自己掌握的有关情况对权力异议进行认真分析和妥善处理。

4. 价格异议

价格异议是指物流客户以推销的产品或服务价格过高而拒绝购买的异议。无论物流产品或服务的价格怎样，总有些人会说价格太高、不合理或比竞争者的价格高。比如，"太贵了，我买不起。""我想买一种便宜点的产品。""我不打算投资那么多，我只使用很短时间。""在这些方面你们的价格不合理。""我想等降价时再买。"当物流客户提出价格异议时，表明他对推销的产品或服务有购买意向，只是对产品或服务价格不满意而讨价还价。当然，也不排除以价格高为拒绝营销的借口。在实际物流营销工作中，价格异议是最常见的，物流客户服务人员若无法处理这类异议，物流营销就难以达成交易。

5. 产品异议

产品异议是指物流客户认为产品或服务本身不能满足自己的需要而形成的一种反对意见。比如，"我们公司不喜欢这种集装箱的颜色。""这辆叉车造型太古板。""新产品质量都不太稳定。"还有对产品的设计、功能、结构、样式、型号等提出异议。产品异议表明物流客户对产品或服务有一定的认识，但了解还不够，担心这种产品能否真正满足自己的需要。因此，虽然有比较充分的购买条件，但就是不愿意购买。为此，物流客户服务人员一定要充分掌握物流产品或服务知识，能够准确、详细地向物流客户介绍产品的使用价值及其利益，从而消除物流客户的异议。

案例赏析

产品或服务异议是这样消除的

【经典回放】　丁强是一名从事物流工作的押运员，负责从省城押运货物到一个山区县，一次，该山区县的女客户在省城进了一批衣服，都是大仓装，因还有其他货物同运，故不得不把女客户的衣服分成小包，在分仓时，丁强细心数了数衣服的数量，并叫同事以及司机签字证明，可那名女客户早已赶客车回县城了。

货物托运到县城时，女客户见状，大吵大闹，也不清点衣物。丁强耐心劝说，客户却不听，一口咬定自己的衣物少了，要丁强赔偿3000元的损失。女客户有一亲戚在县工商局也赶来助阵，定为赔偿损失2000元。丁强耐心解释，拆仓是他的过错，但是迫不得已，并询问女客户，你说衣物损失了，到底损失了多少，也不能瞒天要价嘛？这时女客户才说她有进货单。

丁强一听说道："正好，拆仓时我们也详细清点了衣物的数量，不如花点时间核对一下嘛！"征得女客户的同意后，他们花了近两个小时清对了衣物，结果一件不少。女客户致歉道："我一看自己的东西换了仓装，就以为是别人做了手脚，错怪了你们。"

【画龙点睛】　"物流"也可以叫"钱流"，工作认真仔细就可以少受损失，与客户的交流要有耐心，要诚恳，从而消除客户对产品的异议，赢得客户的信任。

6. 物流客户服务人员异议

物流客户服务人员异议是指因物流客户服务人员的原因，物流客户不去购买物流产品或服务而产生的异议。有些物流客户不肯买推销的物流产品或服务，只是因为对某个物流客户服务人员有异议，他不喜欢这个物流客户服务人员，不愿让其接近，也排斥此物流客户服务人员的建议。但物流客户肯接受自认为合适的其他物流客户服务人员。比如，"我要买另一家的。""对不起，请贵公司另派一名物流客户服务人员来"等。物流客户服务人员对物流客户应以诚相待，与物流客户多进行感情交流，做物流客户的知心朋友，消除异议，争取物流客户的谅解和合作。

7. 货源异议

货源异议是指物流客户认为不应向有关公司的物流客户服务人员购买产品的一种反对意见。比如，"我用的是某某公司的产品。""我们有固定的进货渠道。"

"与国有运输企业做生意才放心"等。物流客户提出货源异议，表明物流客户愿意购买产品，只是不愿向眼下这位物流客户服务人员及其所代表的公司购买。当然，有些物流客户是利用货源异议来与物流客户服务人员讨价还价，甚至利用货源异议来拒绝物流客户服务人员的接近。因此，物流客户服务人员应认真分析货源异议的真正原因，利用恰当的方法来处理货源异议。

8. 购买时间异议

购买时间异议是指物流客户有意拖延购买时间的异议。由于营销的环境、客户及营销方法等不同，导致物流客户表示异议的时间也不相同。一般来说，物流客户表示异议的时间有以下几种：

（1）首次会面的时间异议。物流客户服务人员应预料到物流客户开始就有可能拒绝安排见面时间。如果这个物流客户非常具备潜在物流客户的条件，物流客户服务人员应事先作好心理准备，想办法说服物流客户。

"接近物流客户的三十秒，决定了物流销售的成败。"这是成功物流客户服务人员的共同体验，那么什么是接近物流客户呢？在专业物流销售技巧上，我们定义为"由接触潜在物流客户，到切入主题的阶段"。

知识小链接

怎样接近物流客户？

接近物流客户的方式有三种——电话、直接拜访、信函或邮件。

专业物流销售要使初次面对客户时的话语成为接近话语。接近话语的步骤如下：

步骤1：称呼对方的姓名　　步骤2：自我介绍

步骤3：感谢对方的接见　　步骤4：寒暄

步骤5：表达拜访的理由　　步骤6：赞美及询问

从接触物流客户到切入主题的这段时间，您要注意以下两点：

⊛ 打开潜物流在客户的"心防"。

曾任美国总统的里根，不仅是位卓越的总统，也是一位伟大的沟通家，他说："您在游说别人之前，一定要先减除对方的戒心。"接近是从"未知的遭遇"开始，接近是从和未见过面的人接触，任何人碰到从未见过面的第三者，内心深处总会有一些警戒心，相信您也不例外。当客户第一次接触您时：

他是"主观的"："主观的"含义很多，包括对个人穿着打扮、头发长短、品位，甚至高矮胖瘦等主观上的感受，而产生喜欢或不喜欢的直觉。

他是"防卫的"："防卫的"是指客户和客户服务人员之间有道捍卫的墙。

因此，只有在您能迅速地打开潜在物流客户的"心防"后，才能敞开客户的心胸，客户才可能用心听您的谈话。打开客户心防的基本途径是先让客户产生信任感，接着引起客户的注意，然后是引起客户的兴趣。

☺ 销售物流产品或服务前，先销售自己。

接近客户技巧的第一个目标就是先将自己销售出去。

案例赏析

处理客户异议学问大

【经典回放】 有两个接近物流客户的范例，您可以比较一下。

范例1

客户服务人员A：您好！我是大林物流公司的客户服务人员陈大勇。在百忙中打扰您，想要向您请教有关贵公司物流方面的事情。

客户：哦，我们公司的物流有什么问题吗？

客户服务人员A：并不是有什么问题，我想是否已经到了需要更换供应商的时候。

客户：没有这回事，我们现在的物流供应商很好，现在不想考虑更换供应商。

客户服务人员A：并不是这样哟！对面××电器公司都已更换了新的供应商呢。

客户：不好意思，将来再说吧！

范例2

客户服务人员B：郑总在吗？我是大华物流公司的客户服务人员王维正，在百忙中打扰您。我是本地区的客户服务人员，经常路过贵公司。看到贵公司一直生意都是那么好，实在不简单。

客户：您过奖了，生意并不是那么好。

客户服务人员B：贵公司对客户的态度非常亲切，郑总对贵公司员工的教育训练一定非常用心，我也常常到别家公司，但像贵公司服务态度这么好的实在是少数；对面的张总，对您的经营管理也相当钦佩。

客户：张总是这样说的吗？张总经营的公司也是非常好的，事实上他也是我一直学习的对象。

客户服务人员B：郑总果然不同凡响，张总也以您为模仿的对象，不瞒您说，张总昨天刚和我公司续签了物流服务的合同，非常高兴，才提及郑总的事情，因此，今天我才来打扰您！

客户：喔！他在使用你们的物流服务？

客户服务人员B：是的。郑总是否也考虑使用我公司的服务呢？目前贵公司的物流状况虽然也不错，但是如果能够使用更能降低成本、提高效率的物流供应商，您的客户一定会更满意贵公司的售后服务，贵公司的生意就一定会更好。请郑总一定要考虑这样的物流供应商……

【画龙点睛】　上面这两个范例，您看完后，有什么感想呢？我们比较范例1与范例2物流客户服务人员A和B接近客户的方法，很容易发现，客户服务人员A在初次接近客户时，单刀直入地询问对方物流的事情，让人有突兀的感觉，而遭到客户的反问和拒绝。

反观物流客户服务人员B，和客户以共同对话的方式，在打开客户的"心防"后，才自然地进入销售物流的主题。客户服务人员B在接近客户前能先做好准备的工作，能立刻称呼老总，知道郑总公司的经营状况、清楚对面张总以他为学习目标等，这些都是促使该物流客户服务人员成功的要件。

（2）产品介绍阶段。在这一阶段，物流客户很可能提出各种各样的质疑和问题。事实上，物流客户服务人员正是通过物流客户的提问去了解物流客户的兴趣和需求所在。如果物流客户在营销介绍的整个过程中一言不发、毫无反应，物流客户人员反而很难判断介绍的效果了。中国有句古话：贬货者才是真正的买主。提出疑问，往往是购买的前兆。

（3）营销结束（试图成交）阶段。物流客户的异议最有可能在物流客户服务人员试图成交时提出。在这一阶段，如何有效地处理物流客户的异议显得尤为重要。如果物流客户服务人员只在前面两个阶段圆满地消除了物流客户的异议，而在最后关头却不能说服物流客户，那一切的努力都将付诸东流。

为了避免在成交阶段出现过多的异议，物流客户服务人员应该在准备营销介绍时就主动回答物流客户有可能提出的异议，为成交打下基础。如果在试图成交阶段物流客户的异议接二连三，就说明在前面营销介绍阶段存在的漏洞太大。

购买时间异议是指物流客户有意拖延购买时间的异议。物流客户总是不愿马上作出决定。事实上，许多物流客户用拖延来代替说"不"。物流客户人员经常听到物流客户说："让我再想一想，过几天答复你。""我们需要研究研究，有消息再通知你。"以及"把材料留下，以后答复你"等。这些拒绝很明显意味着物流客户还没有完全下定决心，拖延的真正原因，可能是因为价格、产品或其他方面不合适。有些物流客户还利用购买时间异议来拒绝物流客户服务人员的接近和面谈。因此，物流客户服务人员要具体分析，有的放矢，认真处理。

知识小链接

客户异议的两面性

对销售而言，可怕的不是异议而是没有异议，不提任何意见的客户通常是最令人头疼的客户。因为客户的异议具有两面性：既是成交障碍，也是成交信号。我国有一句经商格言："褒贬是买主、无声是闲人"，说的就是这个道理。

有异议表明客户对产品感兴趣，有异议意味着有成交的希望。客户服务人员通过对客户异议的分析可以了解对方的心理，知道他为何不买，从而按病施方，对症下药，而对客户异议的满意答复，则有助于交易的成功。日本一位推销专家说得好："从事销售活动的人可以说是与拒绝打交道的人，战胜拒绝的人，因而是销售成功的人。"

二、物流客户信赖感的建立

因为凭借"信任"可以换取你想要的一切，所以，"信任"无疑是商业社会最宝贵和最难以获得的东西。

在现实世界里，信任又是那么容易被破坏，以至于有的人开始怀疑世界上是否还有这样的东西存在。

按客户对企业或品牌的信任程度，客户可分为七个类型：怀疑者、探寻者、初次客户、回头客、老主顾、热心客户、流失的客户。对此可以并采取不同的互动策略，以建立更有效的信任。

这种分类方法也可以用于和客户建立信任关系过程的几个阶段：获得信任，保持信任，以及如果失去信任——再重新赢得信任的阶段。

知识小链接

信 任

兰登字典是这样定义"信任"的：

"对某人或某事的能力和实力毫不置疑。"要得到这种"毫不置疑"的信任是非常高的要求，有时还需要付出很痛苦的代价。

（一）物流客户信赖感建立的基础

建立客户信任对物流企业相当重要。有几个因素在帮助客户服务人员赢得物流客户的信任中非常重要，如专业知识、可依赖性、客户导向、相容性和职业道德规范等。

1. 专业知识

年轻的物流客户服务人员往往缺乏经验。物流企业往往投巨资来培训新的物流客户服务人员，希望他们快速掌握专业知识。销售培训是为了让物流客户服务人员获得关于企业物流产品或服务、经营计划、行业、竞争和总体市场情况的知识。年轻物流客户服务人员还可以从经验丰富的物流客户服务人员那里学习，从实践中学习，不断提高专业知识水平，否则，物流客户对你的信任感就无从谈起。

近些年来，许多组织的规模都缩小了，大大削减了采购部门，包括人员和其他采购支持部门。所以，物流客户必须用更少的资源做更多的事情，并因此渴望专业知识，无论是对他们的自有业务、财务状况、行业发展趋势的即时洞察力，还是有效地识别业务中出现的成本削减和收入机会的策略技巧。当然，针对那些技术型的、注意细节的或对产品或行业没有充分了解的物流客户时，物流客户服务人员娴熟地掌握专业知识更为关键。

物流客户服务人员应该努力帮助他们的物流客户达到目标。如个人或商务经营者能从网上和交易中获得专业知识，但是，如果他们认为其他人（如财务计划者、证券公司）知识更丰富而且能带来更多的专业知识，那么他们就会利用这些来源。

当今的物流客户都积极地回应对他们努力达到底线目标有所帮助的任何活动，无论是收入增加、赢利能力，还是财务或战略目标。因此，专业知识在物流客户对卖方信誉的评价中扮演更加重要的角色。对某些物流客户来说，尤其是那些负有经济或财务责任的物流客户，如 CFO、财务主任和业务经理，客户服务人员为客户底线贡献的能力决定了他们对卖方信誉的评价。对物流客户服务人员来说，从经济角度来理解物流客户的关键战略是相当重要的一个考虑。物流客户服务人员追求的就是让物流客户明白以下几点：

（1）积极地致力于帮助物流客户达成其底线目标的工作；

（2）提供的帮助、忠告和建议能积极影响物流客户达到目标的能力。说比做容易，因为物流客户服务人员经常不了解他们物流客户的长期财务目标。

物流客户服务人员必须显示出比物流客户的知识更加丰富，不仅仅是关于他们销售的产品和服务的知识，而且也包括关于物流客户的财务和业务操作的整个范围，如产品、计划、竞争者、物流客户、卖方等方面的知识。因为，物流客户如今希望获得建议和解决方案，而不仅仅是选择。物流客户服务人员必须帮助他们的物流客户通过增加价值来达到目标。

因此，我们经常说："物流客户服务人员不见得是专才，但是至少是通才。"这就是专业知识需要丰富的意思吧！

2. 可依赖性

可依赖性的核心是物流客户服务人员行动的可预见性。常听物流客户说："我能时常依赖他，他说到做到。"物流客户服务人员必须记得他们对物流客户或目标物流客户所作出的承诺。一旦作出承诺，物流客户就会期待承诺被兑现。物流客户往往不会打电话提醒物流客户服务人员他们曾做过的承诺。物流客户服务人员应该对所有的访问都记笔记，以便日后可以回顾。如果记下了，那么就不会忘记该做什么事。物流客户服务人员要尽力去建立一种可靠的行为模式。也就是说，物流客户服务人员不应该承诺他所无法提供的东西，物流客户服务人员也必须证明处理秘密信息的能力。买卖双方相互依赖，小心地保守秘密和保持秘密信息的机密性。"道德困境"证明了信任和严守秘密问题的重要性。

物流客户服务人员必须牢记他们代表着物流客户的利益。尽管大多数物流客户服务人员声明他们对物流客户利益的绝对忠诚，但是当物流客户涉及如定价、生产灵活性和设计变动这些问题时，许多物流客户服务人员都缺乏支持物流客户利益所需的承诺或技巧。

3. 客户导向

在市场日益激烈的竞争之下，物流客户选择越来越多，需求变化也越来越趋于复杂；物流客户服务人员也必须发生改变，在销售流程中，以前以产品为中心，不需要建立太多的关系，物流客户就会买物流产品或服务，然而，今天时代不同了，物流客户就必须花时间来发现关系，建立信任，从而实现销售。

以物流客户为导向就是换位思考，以物流客户为中心来分析问题，帮助物流客户来解决问题。所以，物流客户服务人员需要花较多的时间与物流客户之间建立信赖，并且了解物流客户的需求，只有以物流客户为中心才能更好地建立信任感。

4. 相容性（讨人喜欢）

物流客户一般乐于与他们所了解、喜欢和感到有必要联系的物流客户服务人员打交道。

有些物流客户服务人员过于急功近利，低估了与物流客户建立和睦关系的重要性。事实上，如今的物流客户不再像 10～15 年前一样，容易花时间在销售访问中谈论个人问题。为了与物流客户建立和睦关系，物流客户服务人员必须更有创造力和更加机智。如配送业物流客户服务人员与零售企业的员工共进午餐是很寻常的事情。这些午餐有时多达 20～40 人，物流客户服务人员这时就有时间与在座的客户员工交流、谈论他们的产品以及他们关心的其他问题。

物流客户服务人员必须清楚他们的物流客户很忙，很难挤出时间来应付工作以外的事务。但是，记住一点，物流客户是人，也有相容性。

在物流营销实践中，客户服务人员往往注重与客户所在企业的决策者、购买者、使用者、发起者、影响者处理好关系，而忽视了守门人。相容性和讨人喜欢对与客户守门人（如接待员、秘书和看大门的人等）建立关系很重要。第一印象很重要，物流客户服务人员寻找与这些人的共性的能力对在采购组织内获得更多需要的盟友有很大帮助。讨人喜欢被认为是一个很难准确把握的情感因素，但在某些买卖双方关系上又是一个强有力的因素。

如果物流客户服务人员能很好地证明自己具有建立信任的其他品质，那么相容性就能促进信任的建立。

5. 职业道德规范

职业道德规范指个人或个人所在机构关于职业行为的相关标准。职业道德规范决定了客户服务人员在物流营销实践中，什么是对、什么是错，并构筑了一个约束机制。职业道德标准是建立在社会标准之上的，而且大多数行业形成了与社会标准一致的行为准则。各行业都将他们得到的公众尊敬归功于行业组织制订的行为标准。

物流客户服务人员经常被卷入道德问题中。物流客户服务经理用增加交际费代替加薪来激励他的物流客户服务人员。物流客户服务人员将物流客户不需要的产品或服务卖给物流客户，并夸大产品的益处来达成买卖。这类事情还可以列出很多。物流客户对非专业的、不道德的行为越来越不能容忍。道德规范与信任密切相关。物流客户服务人员只要试过一次欺骗行为、非法活动或非物流客户导向行为，物流客户就会失去对他的信任。

（二）建立物流客户信赖感的八个步骤

在了解了影响物流客户信赖感建立的因素后，还应掌握其实施步骤，主要有以下八大步骤，如下图所示。

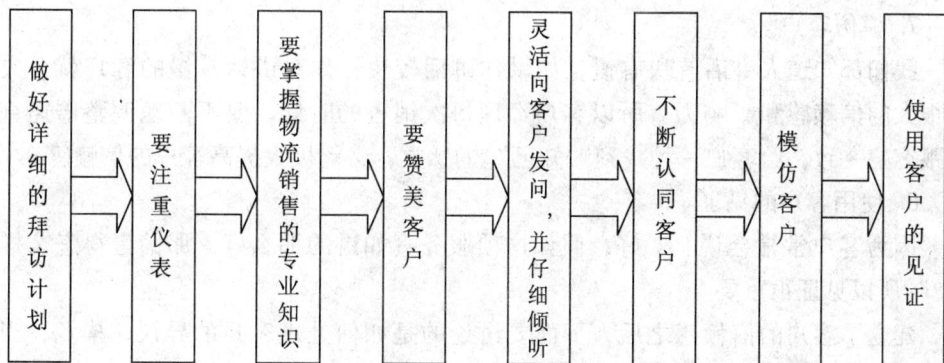

建立物流客户信赖感实施步骤图

1. 做好详细的拜访计划

客户经理在拜访物流客户前要掌握拜访对象的基本情况，彻底了解客户的需求，让客户感觉到你是他们的贴心人，才能增加客户对你的信赖感。

2. 要注重仪表

整齐端庄的仪表对客户是一种尊重，同时又能给人良好的第一印象，更能提高客户经理的自信心。作为物流销售服务团队核心的客户经理，要永远为客户满意而穿着，为销售成功而打扮。

3. 要掌握物流销售的专业知识

作为一名合格的客户经理，要时刻掌握企业的销售政策、促销手段、品牌价格、新产品或新服务等信息，才能更好地为客户服务。假如你不知道这些信息，物流客户一问三不知，马上就会对你失去信赖感。

4. 要赞美客户

比如说：“贵公司今天的品牌展销形象搞得不错，肯定能多吸引客户。”记住：出自真诚的，而不是敷衍的赞美才会建立起客户对你的信赖感。

5. 灵活向客户发问，并仔细倾听

客户经理在一开始就要通过不断的发问来打开话题，让客户开始讲话，自己仔细倾听，才能了解和分析零售客户的真实需求，然后予以满足。因为在现代的生活中很少有人愿意听别人讲话，大家都急于发表自己的意见。假设你一开始就能把听的工作做好，你跟客户的信赖感已经开始建立了。

6. 不断认同客户

由于有些客户对物流企业政策不理解，会有一些抱怨，他们讲的不一定是对的，可是只要客户是对的，你就要开始认同他。

7. 模仿客户

我们都知道人讲话有快有慢，如果你讲话较快，你对讲话较慢的客户就会失去很大的信赖感和影响力。所以客户经理每次销售的时候，要不断地调整语速直到跟客户一致，给客户一种找到"知己"的感觉，必能极大提高客户的信赖感。

8. 使用客户的见证

因为客户常常会说："好，假如这项服务真如讲的那么好，那销售得怎么样呢？"所以见证很重要。

建立了客户的信赖感之后，下面要讨论的是如何处理客户的异议，毕竟，当物流客户的异议发生后，及时处理的技巧是必需的。

（三）物流客户异议的处理

无论如何，物流客户异议毕竟是销售过程中的障碍，必须予以清除。那么，该如何处理异议呢？

1. 处理物流客户异议的原则

（1）做好准备工作

"不打无准备之仗"，这是物流客户服务人员面对客户拒绝时应遵循的一个基本原则。销售前，客户服务人员要充分估计客户可能提出的异议，做到心中有数。这样，即使遇到难题，到时候也能从容应对。事前无准备，就可能不知所措，客户得不到满意答复，自然无法成交。可以说，良好的准备工作有助于消除客户异议的负面性。

物流客户服务人员在出门之前就要将客户可能会提出的各种拒绝列出来，然后考虑一个完善的答复。面对客户的拒绝，事前有准备就可以胸中有数，以从容应付；事前无准备，就可能张皇失措；或是不能给客户一个圆满的答复以说服客户。如何做好准备工作呢？编制标准应答语是一种比较好的方法。具体程序是：

知识小链接

处理客户异议准备工作的流程

第1步，把大家每天遇到的客户异议写下来；

第2步，进行分类统计，按每一异议出现的次数多少排列出顺序，出现频率最高的异议排在前面；

第3步，以集体讨论方式编制适当的应答语，并编写整理成文章；

第4步，大家都要记熟；

第5步，由老客户服务人员扮演客户，大家轮流练习标准应答语；

第6步，对练习过程中发现的不足，通过讨论进行修改和提高；

第7步，对修改过的应答语进行再练习，并最后定稿备用。最好是印成小册子发给大家，以供随时翻阅，达到运用自如、脱口而出的程度。

（2）选择恰当的时机

根据美国对几千名客户服务人员的研究，优秀客户服务人员所遇到的客户严重反对的机会只是其他人的十分之一，原因就在于优秀客户服务人员往往能选择恰当的时机对客户的异议提供满意的答复。在恰当时机回答客户异议，就是在消除异议负面性的基础上发挥其积极的一面。

知识小链接

处理客户异议的时机

● 在客户提出异议之前进行处理
● 在客户提出异议时当即进行处理
● 推迟处理
● 不予处理

（3）忌与客户争辩

不管客户如何批评，物流客户服务人员永远不要与客户争辩，"占争论的便宜越多，吃销售的亏越大"。与客户争辩，失败的永远是客户服务人员。

（4）给客户留"面子"

客户的意见无论是对是错、是深刻还是幼稚，客户服务人员都不能给对方留下轻视的感觉。客户服务人员要尊重客户的意见，讲话时面带微笑、正视客户，听对方讲话时要全神贯注，回答客户问话时语气不能生硬。"你错了"、"连这你也不懂"、"你没明白我说的意思，我是说……"这样的表达方式抬高了自己，贬低了客户，挫伤了客户的自尊心。

2. 处理物流客户异议的方法

处理物流客户异议的方法很多，常用的方法主要有以下七种：

(1) 转折处理法

转折处理法，是物流产品或服务推销工作的常用方法，即物流客户服务人员根据有关事实和理由来间接否定客户的意见。

应用这种方法是首先承认客户的看法有一定道理，也就是向客户作出一定让步，然后再讲出自己的看法。此法一旦使用不当，可能会使客户提出更多的意见。在使用过程中要尽量少地使用"但是"一词，而实际交谈中却包含着"但是"的意见，这样效果会更好。只要灵活掌握这种方法，就会保持良好的洽谈气氛，为自己的谈话留有余地。

(2) 转化处理法

转化处理法，是利用客户的反对意见顺水推舟地处理客户异议的方法。

客户的反对意见是有双重属性的，它既是交易的障碍，同时又是一次交易机会。物流客户服务人员要是能利用积极因素去抵消其消极因素，未尝不是一件好事。

这种方法是直接利用客户的反对意见，转化为肯定意见，但应用这种技巧时一定要讲究礼仪，而不能伤害客户的感情。此法一般不适用于与成交有关的或敏感性的反对意见。

(3) 以优补劣法

以优补劣法，又叫补偿法。若客户的反对意见的确切中了物流产品或服务中的缺陷，千万不可以回避或直接否定。

明智的方法是肯定有关缺点，然后淡化处理，利用产品或服务的优点来补偿甚至抵消这些缺点。这样有利于使客户的心理达到一定程度的平衡，有利于使客户作出购买决策。

当推销的物流产品或服务质量确实有些问题时，而客户恰恰提出："这东西质量不好。"物流客户服务人员可以从容地告诉他："这种产品的质量的确有问题，所以我们才削价处理。不但价格优惠很多，而且本企业还确保这种产品的质量不会影响您的使用效果。"

这样一来，既打消了客户的疑虑，又以价格优势激励客户购买。这种方法侧重于心理上对客户的补偿，以便使客户获得心理平衡感。

(4) 委婉处理法

物流客户服务人员在没有考虑好如何答复客户的反对意见时，不妨先用委婉的语气把对方的反对意见重复一遍，或用自己的话复述一遍，这样可以削弱对方的气势。

有时转换一种说法会使问题容易回答得多。但只能减弱而不能改变客户的看法，否则客户会认为你歪曲他的意见而产生不满。物流客户服务人员可以在复述之后问一下："你认为这种说法确切吗?"然后再继续下文，以求得客户的认可。如客户抱怨"价格比去年高多了，怎么涨幅这么高?"物流客户服务人员可以这样说："是啊，价格比起前一年确实高了一些。"然后再等客户的下文。

（5）合并意见法

合并意见法，是将客户的几种意见汇总成一个意见，或者把客户的反对意见集中在一个时间讨论。

总之，是要起到削弱反对意见对客户所产生的影响。但要注意不要在一个反对意见上纠缠不清，因为人们的思维有连带性，往往会由一个意见派生出许多反对意见。摆脱的办法，是在回答了客户的反对意见后马上把话题转移开。

（6）反驳法

反驳法，是指物流客户服务人员根据事实直接否定客户异议的处理方法。

理论上讲，这种方法应该尽量避免。直接反驳对方容易使气氛僵化而不友好，使客户产生敌对心理，不利于客户接纳物流客户服务人员的意见。但如果客户的反对意见是产生于对产品的误解，而你手头上的资料可以帮助你说明问题时，你不妨直言不讳。但要注意态度一定要友好而温和，最好是引经据典，这样才有说服力，同时又可以让客户感到你的信心，从而增强客户对产品的信心。

反驳法也有不足之处，这种方法容易增加客户的心理压力，弄不好会伤害客户的自尊心和自信心，不利于推销成交。

（7）冷处理法

对于客户的一些不影响成交的反对意见，客户服务人员最好不要反驳，采用不理睬的方法是最佳的。千万不能——客户一有反对意见，就反驳或以其他方法处理，那样就会给客户造成你总在挑他毛病的印象。当客户抱怨你所在企业或同行时，对于这类无关成交的问题，都不予理睬，转而谈你要说的问题。

客户说："啊，你原来是××公司的客户服务人员，你们公司周围的环境可真差，交通也不方便呀!"尽管事实未必如此，也不要争辩。你可以说："先生，请您看看产品……"

国外的物流营销专家认为，在实际推销过程中80%的反对意见都应该冷处理。但这种方法也存在不足，不理睬客户的反对意见，会引起某些客户的注意，使客户产生反感。且有些反对意见与客户购买关系重大，客户服务人员把握不准，不予理睬，有碍成交，甚至失去推销机会。因此，利用这种方法时必须谨慎。

案例赏析

反驳法的妙用

【经典回放】　下面是一位拟租用物流仓库的客户和物流客户服务人员的对话：

客户："这个仓库的公共设施占总面积的比率比一般要高出多少?"

客户服务人员："您大概有所误解，这次推出的仓库，公摊面积仅占仓库总面积的18.2%，而一般仓库则高达19%，我们要比平均数少0.8%。"

客户："你们企业的售后服务也不好，有了问题电话通知你们来解决，往往姗姗来迟!"

客户服务人员："我相信您知道的一定是个案，有这种情况发生，我们感到非常遗憾。我们企业的经营理念，就是服务第一。企业在全省各地的技术服务部门都设有电话服务中心，随时联络在外服务的技术人员，能以最快的速度替客户服务，以达成电话通知两小时一定到现场修复的承诺。"

【画龙点睛】　这个案例是反驳法的妙用，强调不要直接反驳客户。直接反驳客户容易陷于与客户争辩而不自觉，往往事后懊恼，但已很难挽回。但有些情况您必须直接反驳以修正客户不正确的观点。

本单元小结

本单元通过分析物流客户的气质类型，结合案例介绍了应对五种物流客户的策略，以及通过对物流客户异议的分析，详细讲述了如何处理和解决客户异议。要求学生能通过学习熟练掌握面对面应对物流客户的方法和技巧，能针对不同的情景合理运用应对策略。

关键词集成

情感冲动型物流客户　属于胆汁质，一般表现为热情、开朗、直率、精力旺盛、容易冲动、性情急躁，具有很强的外倾性。

热情开朗型物流客户 属于多血质，一般表现为活泼好动，反应迅速，善于交际，但兴趣易变，具有外倾性。

圆滑难缠型物流客户 基本属于理智型客户，购买行为以理智为主，凭学识和经验来选择物流产品或服务，善于比较挑选，不会急于作出决定，处世圆滑。

顽固不化型物流客户 往往性格较急躁，喜好夸张，对客户服务人员常抱怀疑态度，易激怒，凡事一经决定，则不再更改。

犹豫不决型物流客户 属于抑郁——敏感型。这类客户一般沉默寡言，不善交际，对新环境、新事物难于适应、缺乏活力，情绪不够稳定，遇事敏感多疑，言行谨小慎微，内心复杂，较少外露。

客户异议 是指物流客户对信息或对客户服务人员的提问进行反对或抵触的表现，是客户服务人员在销售过程中的任何一个举动，客户都不赞同、提出质疑或拒绝。

考 点 自 测

一、单项选择题

（1）马斯洛"需要层次论"的最高层次是（　　）的需要。

  A. 社交需要   B. 自我实现需要

  C. 安全需要   D. 尊重需要

（2）情感发生迅速、微弱、易变，动作发生也是以迅速、敏捷、易变为特征的人属于（　　）。

  A. 多血质   B. 胆汁质

  C. 黏液质   D. 抑郁质

（3）面对情感冲动型客户时，我们应该（　　）。

  A. 坚持我们的主见   B. 延长收款时间

  C. 尽量推荐新的物流产品 D. 出现矛盾应该回击

（4）"你说的这种产品质量很一般，我仔细考虑后，还是决定尝试另一种，真不好意思。"这一般是以下哪一种客户说的话？（　　）

  A. 热情开朗型   B. 圆滑难缠型

  C. 情感冲动型   D. 顽固不化型

（5）物流客户以推销产品价格过高而拒绝购买的异议属于（　　）。

A. 价格异议　　　　　　　　B. 产品异议

C. 物流客户服务人员异议　　D. 购买时间异议

二、多项选择题

（1）物流客户异议产生的原因主要包括（　　）。

A. 理性原因　　　　　　　　B. 感性原因

C. 战略原因　　　　　　　　D. 战术性原因

（2）应对顽固不化型物流客户可以选用的策略是（　　）。

A. 要让客户有表现的机会　　B. 听听客户对你产品的忠告

C. 保持平常心来面对　　　　D. 要有足够的耐心和控制能力

（3）圆滑难缠型物流客户的类型包括（　　）。

A. 理智好辩型　　　　　　　B. 犹豫不决型

C. 虚荣心强型　　　　　　　D. 贪小便宜型

（4）我们应该从（　　）方面钻研物流服务产品的知识。

A. 对每个物流服务产品都要到现场观摩学习

B. 研究物流服务产品的基本知识

C. 学习所有的物流知识

D. 掌握物流服务产品的诉求重点

（5）物流客户表示异议的时间分为（　　）。

A. 首次会面阶段　　　　　　B. 营销结束（试图成交）阶段

C. 产品介绍阶段　　　　　　D. 售后阶段

三、判断题（正确的打"√"，错误的打"×"）

（1）情感冲动型物流客户属于胆汁型气质。（　　）

（2）不管你谈的是什么问题，客户总认为自己永远是正确的。这就是犹豫不决型客户的典型特征。（　　）

（3）处理物流客户异议的前提是了解你的产品。（　　）

（4）潜在客户提出的异议不可能转化成销售条件。（　　）

（5）以物流客户为导向就是换位思考，以物流客户为中心来分析问题，帮助物流客户解决问题。（　　）

四、简答题

（1）不同气质的客户有哪些心理特征？

（2）如何应对热情开朗型的物流客户？

（3）如何应对犹豫不决型的物流客户？

（4）物流客户异议有哪几种类型？

（5）专业物流销售技巧中，对于初次面对客户时的话语，应成为接近话语。接近话语的步骤有哪些？

案例综合分析

案例1

团队销售更易获客户信赖

马健先生是德力宝公司的 CEO，公司是一家从事大型设备进出口的企业，年营业额超过 3000 万美元。经过 10 年成功的业务开拓，使马健成为一个出色的销售组织者，他有一套与潜在客户建立超越竞争对手的信任关系的销售组织方法。当他得到一个确定的需求时，公司会立即组织一个由 6 人组成的项目组，包括总经理、经理、财务总监、销售总监、销售代表、实施项目经理和后勤支持人员。马健发现这种团队的组合能够最有效和快速地与客户建立信任。潜在客户非常希望在销售前期与公司的执行团队进行更加默契的沟通，他们能更快地了解公司的服务能力。

马健还发现，进行这种团队式的销售能够缩短成交时间，从而大幅度减少销售费用。在客户服务人员独立销售的时代，平均成交一笔重要的生意要花费 3 个月。现在相同规模的交易只需 4 周，甚至更少的时间，因为团队运作能够整合更多更有效的信息，而且速度更快。这种模式比竞争对手更专业，更容易得到客户的信任。当财务总监帮助客户策划支付计划时，项目实施经理可以指导客户规划更符合实际的采购和配置方案，这种精诚团结的作风使得马健和他的团队获得的利润达到每年 500 万美元以上。而且当高价值的订单受到竞争对手的强大攻击时，他们运用这种团队式的销售模式总是能获得成功。

【问题分析】

请问马健先生是通过什么方法取得客户的信赖的？

案例2

处理客户异议有妙方

物流客户："贵企业把太多的钱花在做广告上，为什么不把钱省下来，作为进货的折扣，让我们的利润好一些？"

客户服务人员："就是因为我们投下大量的广告费用，客户才会被吸引到指定地点来购买指定品牌，不但能节省您销售的时间，同时还能顺便销售其他产品，您的总利润还是最大的吧！"

【问题分析】

看了这段对话后，你认为客户服务人员用的是处理客户异议中的哪一种方法？为什么？

实训巩固

针对不同气质客户类型的技能训练

【实训目的】

通过心理素质的训练，以不变应万变，塑造物流客户服务人员谈判成功的心理基础。

【实训内容】

学生模拟客户服务人员和客户进行情景演练。

【实训准备】

1. 人员准备：每组4～5人，分别扮演客户服务人员和不同类型的客户。
2. 资料准备：配送行业的相关资料。
3. 实训地点：实训室或教室。

【实训步骤】

1. 教师提示客户的个性气质分五种类型，请同学们扮演五种不同气质的采购人员，并提示要注意的问题。

2. 分组后讨论设计销售对象。面对不同气质的销售对象，采用什么样的推销手段和方法。

3. 各组根据对方的表现相互打分。

4. 评选最佳物流客户服务人员和最佳物流客户。

【实训注意事项】

在抽号时注意不能自由选择，分在一组的同学可以相互讨论下一步任务完成的方法，可以设计几种不同的方式，应当要求自己独立完成。第一个人采用过的一种方式或采用的方法，后面的人若用完全模仿的方式则无效。

【实训活动建议】

尽量让学生多次扮演不同的角色，多接触不同气质类型的人，同时对使用方法和技巧得当的同学及时进行表扬和鼓励，活动结束后注意总结，请学生相互介绍经验，对评选出的最佳物流客户服务人员、最佳客户给予适当的物质奖励和加分奖励。

▶ **心理测试**

德商（Moral Intelligence Quotient，MQ），指一个人的德行水平和道德人格品质。德行强调对个人进行有效的自我激励和自我约束，即对自己的思想、情绪、欲望、言语和行为等进行有效的激励和约束。

专家认为，智商（IQ）决定学习能力，情商（EQ）决定适应环境的能力，德商（MQ）决定做人的能力。俗话说："小胜在智，大胜在德。"各位客户服务人员，想知道你的德商指数吗？做做下面的测试，看看你的MQ究竟如何？

（1）当看到客户或朋友受到伤害时，你会（　　　）

    A. 理解客户或朋友的痛苦并去安慰他们

    B. 陪着客户或朋友流泪甚至心烦意乱

    C. 表现出无动于衷的态度

（2）面对客户的需要和感情表达时，你会（　　　）

    A. 正确解读客户的非言语性暗示（如手势、身体语言、面部表情和语调等）

　　B. 很会留意观察客户的面部表情，并给予恰当的反应

　　C. 无法共享客户的感情表达

（3）当看见有人作弊或以强欺弱时，你会（　　　）

　　A. 不惧威胁，帮助弱者，告发不正当行为

　　B. 知道应该怎样正确行事，但不会多管闲事

　　C. 内心虽有波动，但仍无动于衷

（4）每当做错事后，你会（　　　）

　　A. 对自己的错误或不妥当的行为感到愧疚

　　B. 承认错误，勇敢说声"对不起"

　　C. 想方设法狡辩或掩饰错误

（5）渴望去做某件事而未被允许，你会（　　　）

　　A. 管住自己的冲动和欲望

　　B. 考虑后果，忍耐一下，克服行为上的冲动

　　C. 固执行事，不达目的不罢休，或者阳奉阴违

（6）在工作时，某人或客户有急事要约你出去，你会（　　　）

　　A. 婉言谢绝或答复人家忙完之后再与其联络

　　B. 会出去，但心里总惦记着手头的事情

　　C. 无论忙闲，坚决加班，且不计后果

（7）每当遇到老年人或残疾人时，你会（　　　）

　　A. 主动地过去帮助他们

　　B. 言语和行为上对他们保持尊重

　　C. 远离、回避或从心里厌恶他们

（8）当有同事或客户遭到捉弄或冷遇时，你会（　　　）

　　A. 不计回报地阻止别人的恶意行为

　　B. 拒绝参与侮辱和嘲笑的行为

　　C. 感情上麻木不仁，甚至有点幸灾乐祸

（9）当遇到长相难看或举止怪异的人，你会（　　　）

　　A. 对他们表现出宽容、友好和坦诚

　　B. 不随便对他们评判、分类或抱有成见

　　C. 嘲笑他们的缺点和差异，甚至参与对其谩骂

（10）针对某件事，同事或客户发表意见或看法时，你会（　　　）

　　A. 在提出自己的看法之前，认真倾听对方的意见

　　B. 客观地评价对方的观点

C. 经常打断同事或客户的话，自说自话

测试结果：A：5 分；B：3 分；C：1 分。

总分 38～50 分：你的 MQ 优秀，只需在保持现有道德品质的基础上，多交一些德商高的朋友，以求与他们互补。

总分 19～37 分：你的 MQ 一般，需要有针对性地提高自己的德商，使你的品格更进一步。

总分 19 分以下：你的 MQ 已严重影响到你的工作和生活，建议立即去看心理医生，或考虑对现状来一次根本性的改变，学会按照正常道德标准思考和行事。

第6单元　与物流客户交往的礼仪

学习导航 ▶▶

- ◆ 了解人际交往的基本礼仪
- ◆ 弄清人际交往中"自卑死结"的成因
- ◆ 掌握解开人际交往中"自卑死结"的钥匙
- ◆ 重点掌握与物流客户交往的基本礼仪
- ◆ 学会在与物流客户交往中建立自我影响力

案例导读

交往礼仪与艺术

【经典回放】　礼仪的"礼"字指的是尊重，即在人际交往中既要尊重自己，又要尊重别人。古人讲"礼仪者敬人也"，实际上是一种待人接物的基本要求。我们通常说"礼多人不怪"，如果你重视别人，别人可能就重视你。进而言之，礼仪其实就是交往艺术，就是待人接物之道。

1. 使用称呼就高不就低

在商务交往中，尤其应注意使用称呼就高不就低。如学生尊称自己的导师为老师，同行之间也可以互称老师，所以有这方面经验的人在介绍他人时往往会用受人尊敬的衔称，这就是"就高不就低"。

2. 入乡随俗

一般情况，也许你会习惯性地问："是青岛人还是济南人？"但是，当你人在济南时，就应该问："济南人还是青岛人？"这也是你对当地人的尊重；当你到其他公司拜访时，不能说主人的东西不好，所谓客不责主，这也是常识。

3. 摆正位置

在人际交往中，要摆正自己和别人的位置。很多人之所以在人际交往中出现问题，关键一点就是没有摆正自己的位置，也就是说，在人际交往中下级要像下级，上级要像上级，同事要像同事，客户要像客户。摆正位置才有端正态度可言，这是交往时的基本命题。

4. 以对方为中心

在商务交往过程中，务必要记住以对方为中心，而放弃自我中心论。如当你请客户吃饭时，应首先征求客户的意见，他爱吃什么，不爱吃什么，不能凭自己的喜好，主观地为客人订餐，这就叫摆正位置。如果你的客户善于表达，你可以夸他说话生动形象、很幽默，或者又有理论又有实践，但你不能说"你真贫，我们都被你吹晕了!"

交往以对方为中心，商务交往强调客户是上帝，客户感觉好才是真好。尊重自己尊重别人，恰到好处地表现出来，就能妥善地处理好人际关系。

想一想：与客户交往离不开礼仪，现在已被越来越多的物流客户服务人员所认同。本单元将围绕与物流有关的礼仪而展开，为你把脉客户交往心理、建立良好的人际关系、提升驾驭客户的能力指点迷津。

第1模块 人际交往的基本礼仪

必备知识

礼仪是人类为维系社会正常生活而要求人们共同遵守的最起码的道德规范，它是人们在长期共同生活中和相互交往中逐渐形成的，并且以风俗、习惯和传统等方式固定下来。对一个人来说，礼仪是一个人的思想道德水平、文化修养、交际能力的外在表现；对一个社会来说，礼仪是一个国家社会文明程度、道德风尚和生活习惯的反映。重视开展礼仪教育已成为道德实践和构建和谐社会的一个主要内容，也是物流客户服务人员商务交往必须掌握的基本知识。

一、人际交往的基本礼仪

（一）人际交往的含义

人际交往是人与人的相互作用，是以人为对象的一种活动方式。共同活动的双方以及其他的人都可以成为交往活动的对象。人际交往的内容是人的思想、观点、兴趣、情感和态度的相互交流，其目的是沟通、协调和建立一定的人际关系。人际交往的基本礼仪主要包括：仪表礼仪、服饰礼仪、言谈举止礼仪和见面礼仪等。

小贴士

　　美国有个学者在对一万个成功者研究时发现，一个人的"智慧"、"专业技能"和"经验"只占成功因素的 15%，其余 85% 则取决于良好的人际交往。也就是说，事业成功与生活幸福并不完全取决于智商的高低和努力的程度，更主要的是取决于人与人的交往。

（二）人际交往基本礼仪

1. 仪容仪表礼仪

仪容是指人的容貌，由发式、面容以及人体所有未被服饰遮掩的肌肤造型构成。仪表是指人的容颜，是一个人精神面貌的外观体现。人们常说的"第一印象"多半来自人的仪容仪表。良好的仪容仪表，既能体现自尊自爱，又能表示对他人的尊重与礼貌。

案例赏析

　　【经典回放】　有一天，日本松下电器公司的创始人松下幸之助到东京的某理发店理发。理发师无意中认出了松下幸之助，大为惊讶这位日本闻名的大实业家竟是个衣冠不整的小老头。理发中，他告诉松下幸之助说："你是公司的代表，却这样不重衣冠。别人会怎样想：'连老板都这样邋遢，他公司的产品会好吗？'"一席话把松下说得无言以对。从此，他接受了理发师的建议，十分注重整理自己的发型和衣着。

　　【画龙点睛】　在商务场合中，不修边幅、衣冠不整的人，往往会使别人很自然地将他与缺乏教养、不拘小节联系起来，甚至会怀疑其所推销的产品或所在的公司。因此，一个人的仪容仪表在商务交往中非常重要。

　　清洁卫生是仪容美的关键，是礼仪的基本要求。不管长相多好，服饰多华贵，若满脸污垢，浑身异味，那必然破坏一个人的美感。每个人都应该养成良好的卫生习惯，不要在人前"打扫个人卫生"，如剔牙齿、掏鼻孔、挖耳屎、修指甲、搓污垢等。这些都应该避开他人进行，否则不仅不雅观，而且也不尊重他人。与人谈话时，保持一定距离，声音不要太大，不要对人口沫四溅。

做好个人的仪容仪表卫生要注意以下几点：

（1）头发要勤于梳洗，发型要朴素大方

男士可选择中分式、侧分式、短平式、后背式；女士可选择齐耳的直发式或留稍长与微曲的长发。男士头发不应盖过耳部，不能及后衣领，也不要烫发。女士头发不应遮住脸部，前面刘海儿不要过低，在正式社交场合，无论男士还是女士都不可将头发染成黑色以外的颜色。

小贴士

头发是人体的制高点，是别人第一眼关注的地方。所以在商务场合，个人形象的塑造，一定要"从头做起"。

（2）面部要注意清洁与适当的修饰

男士要剃净胡须、刮齐鬓角、剪短鼻毛，不留小胡子和大鬓角。女士可适当化妆，但以浅妆、淡妆为宜，不可浓妆艳抹，并避免使用气味浓的化妆品。

（3）其他注意事项

与人交往，做到勤洗澡、勤换衣袜、勤剪指甲、勤漱口，上班前忌吃大葱、大蒜、韭菜之类有异味的食物，必要时可含一点茶叶或嚼口香糖，以除去异味。

2. 着装礼仪

着装，指服装的穿着。但从礼仪的角度看，着装并不等同于穿衣。它是着装人基于自身的阅历修养、审美情趣、身材特点，根据不同时间、场合、目的，力所能及地对所穿服装精心选择、搭配和组合。在各种场合，注重个人着装的人能体现仪态美，增加交际魅力，给人留下良好的印象，使人愿意与其深入交往。

（1）着装原则

着装体现仪态美，除了整齐、整洁、完好，还应同时兼顾以下原则。

◆ 文明大方。要求着装要符合本国的道德传统和常规做法。正式场合，忌穿过杂、过艳、过露、过透、过短和过紧的服装。身体部位的过分暴露，不但有失自己的身份，而且也失敬于人，使他人感到多有不便。

◆ 搭配得体。要求着装的各个部分相互呼应，精心搭配。特别是要恪守服装本身及鞋帽之间约定俗成的搭配（西装最好不超过三色，即衣裤、领带、皮鞋的颜色不超过三种），在整体上尽可能做到完善、和谐，展现着装的整体之美。

◆ 体现个性。体现个性原则要求着装适应自身形体、年龄、职业特点，扬长避短，并在此基础上创造和保持自己独有的风格，即在不违反礼仪规范的前提下，在某些方面可体现与众不同的个性，切勿盲目追逐时髦。

（2）如何穿着职业装

穿着职业装不仅是对职业对象的尊重，同时也使着装者有一种职业的自豪感、责任感，是敬业、乐业在服饰上的具体表现。规范穿着职业装的要求是整齐、清洁、挺括、大方。

◆ 整齐。服装必须合身。袖长至手腕，裤长至脚面，裙长过膝盖，尤其是内衣不能外露；衬衫的领围以插入一指大小为宜，裤裙的腰围以插入五指为宜；不挽袖、不卷裤、不漏扣、不掉扣，领带、领结、飘带与衬衫领口的吻合要紧凑且不系歪；如有工号牌或标志牌，要佩戴在左胸上方，有的岗位还要戴好帽子与手套。

◆ 清洁。衣裤无污垢、无油渍、无异味，领口与袖口处尤其要保持干净。

◆ 挺括。衣裤不起皱，穿前要烫平，穿后要挂好，做到上衣平整、裤线笔挺。

◆ 大方。款式简洁、高雅，线条自然、流畅，便于岗位接待服务。

3. 言谈礼仪

言谈作为一门艺术也是个人礼仪的一个重要组成部分。

（1）礼貌

态度要诚恳、亲切，声音大小适宜，语调要平和沉稳，尊重他人。

（2）使用敬语

敬语是表示尊敬和礼貌的用语。如日常使用的"请"、"谢谢"、"对不起"，第二人称中的"您"字等。要努力养成使用敬语的习惯。现在我国提倡的礼貌用语是十个字"您好"、"请"、"谢谢"、"对不起"、"再见"。这十个字体现了说话文明的基本语言形式。

知识小链接

学习敬语

初次见面为"久仰"；很久不见为"久违"；请人批评为"指教"；麻烦别人称"打扰"；请人原谅称"包涵"；求人方便为"借光"；托人办事为"拜托"；赞人见解称"高见"等。

4. 仪态举止礼仪

仪态举止是身体语言，也称"无声"的语言，注意仪态举止非常重要。

（1）谈话姿势

谈话姿势往往反映出一个人的性格、修养和文明素质。所以交谈时，双方首先要互相正视、互相倾听，不能东张西望、看书看报、面带倦容、哈欠连天，否则会给人心不在焉、傲慢无理等不礼貌的印象。

（2）站姿

站立是人最基本的姿势，是一种静态美。站立时，身体与地面垂直，重心放在两个前脚掌上。挺胸、收腹、收颌、抬头、双肩放松、双臂自然下垂或在体前交叉、眼睛平视、面带笑容。站立时不要歪脖、斜腰、曲腿等。在一些正式场合不宜将手插在裤袋或交叉在胸前。更不要下意识地做些小动作，那样不但显得拘谨，给人缺乏自信之感，而且有失仪态的庄重。

（3）坐姿

坐，也是一种静态造型。端庄优美的坐姿，给人以文雅、稳重、自然大方的美感。正确坐姿是：腰背挺直，肩放松。女性要两膝并拢；男性膝部可分开一些，但不要过大，一般不超过肩宽。双手自然放在膝盖上或椅子扶手上，在正式场合，入座时，要轻柔和缓，起坐要端庄稳重，不可猛起猛坐，弄得桌椅乱响，造成尴尬气氛。不论何种坐姿，上身都要保持端正，如古人所言"坐如钟"，若坚持这一点，那么不管怎样变换身体的姿态，都会优美自然。

（4）走姿

行走是人们生活中的主要动作，走姿是一种动态的美。"行如风"就是用风行水上来形容轻快自然的步态。正确的走姿是：轻而稳，胸要挺，头要抬，肩放松，两眼平视，面带笑容，自然摆臂。

5. 见面礼仪

（1）握手礼

握手是一种沟通思想、交流感情、增进友谊的主要方式。与他人握手时，目光注视对方，微笑致意，不可心不在焉，左顾右盼，不可戴帽子和手套与人握手。必须站立握手，以示对他人的尊重、礼貌。客户伸手表示再见，说明会见得非常愉快。

知识小链接

"尊者决定"握手顺序

- 先上级后下级
- 先长辈后晚辈
- 先主人后客人

握手要注意的事项主要有：

◆ 握手时间一般以 3~5 秒为宜，太长了使人感到局促不安，太短了则表达的热情不够。

◆ 握手时要面带微笑，双目对视，上身微前倾，头略微低，以示恭敬。不要一边和对方握手，一边同第三人说话，这是最不应该的失礼。

◆ 握手力度，一般以手指稍稍用力，对方的手掌有结实感为宜。异性之间，男士只须轻轻握一下女士的手指即可，切忌握住异性的手久久不松开。男士不主动向女士伸手。

◆ 有些客户再次上门，工作人员应主动热情地伸手表示欢迎，让客户受到尊重，从而心情愉快。

（2）自我介绍基本规范

介绍是人际交往中互相了解的基本方式，正确的介绍可以使素不相识的人相互认识，也可以通过落落大方的介绍和自我介绍显示出良好的交际风度。

自我介绍的基本程序是：先向对方点头致意，得到回应后再向对方介绍自己的姓名、身份和单位，同时递上准备好的名片。自我介绍时，表现出坦然、亲切，注视对方，举止庄重大方，态度镇定而充满自信，表现出渴望认识对方的热情。如果见陌生人就紧张、胆怯、语无伦次，不仅说不清自己的身份和来意，还会造成难堪的场面。

做自我介绍，应按不同的交往对象来确定内容繁简，总的原则是简明扼要，一般以半分钟为宜，情况特殊也不宜超过三分钟。若对方表现出有认识自己的愿望，则可以在报出本人姓名、供职单位、职务（即自我介绍三要素）的基础上，简略地介绍一下自己的籍贯、学历、兴趣、专长及与某人的关系等。自我介绍应该实事求是，既不能把自己拔得过高，也不要自卑地贬低自己，介绍用语一般要留有余地，不宜用"最"、"第一"、"特别"等极端口语。

知识小链接

第一印象最重要

交际礼数有千条，第一印象最重要。

以下几条须谨记，结识新友乐陶陶。

见面须带三分笑，主动握手问声好。

男女长幼应有别，不卑不亢受称道。

穿着打扮要得体，切忌花里又胡哨。

胡子拉碴头发乱，不修边幅惹人恼。

衣装虽是寻常物，却可一斑窥全貌。

若是一副邋遢样，定遭非议和取笑。

言谈谦逊又大方，胡吹海侃不可靠。

谈话时间掌握好，以便来日再相邀。

临别也要有礼貌，当面告辞莫忘掉。

读者都是聪明人，响鼓哪需重槌敲。

二、解开人际交往中的"自卑死结"

（一）"自卑死结"的成因

现实生活中的人际交往，并非人人都会游刃有余，得心应手，往往存在很多交际缺陷，如腼腆、自卑等。腼腆一般有三种情况，一是生性内向、沉静；二是由于过于自爱，过于重视自己的言行；三是在现实生活中遭受过某种挫折，而变得消极被动。对于第一种情况，要加强性格锻炼，对于第二、三种情况，要改变观念，树立生活信心，不断培养交际技巧。腼腆的性格若不加强正确的训练培养，会逐渐形成自卑的性格。

自卑的人在工作中并不一定表现为能力差，相反是自己期望值过高，不切实际，因此必然容易导致失败，最后形成"自卑死结"。"自卑死结"是怎样形成的呢？

人自母体分离而成为一个独立生命的个体，他的成长就是一个由小到大、由弱变强的复杂过程。但是，因为源于先天和后天的多种因素，人与人之间就出现了强弱、贫富、贵贱、优劣等差距。自蒙昧期进入谙事阶段，人们就无时无刻不在面对这些差别。所以说，自卑心态是一种近似本源的人的一种天性，人人都会有，只不过程度不同罢了。有人把自卑当动力，去冲刺一个又一个人生目标，有人反把它当成包袱，束缚了自身的发展。

自卑心态的滋生与成因，有以下几个方面：

1. 缺乏自信

有人说，自信是支撑人生的一道坚硬的脊梁。看看古往今来创造了人生辉煌的成功者，他们几乎都是非常自信的。古代晏子不辱使命，发明家爱迪生锲而不舍，都是自信支撑的结果，而凡在人际交往中有"自卑障碍"的人，首先就是个不自信者。

自信是什么？说到底，它是对自己的综合评估和认可。如果对自己没有信心，又怎么要求别人认可？得不到别人的认可，势必产生畏惧心理，事情必然办不好，事情办不好，也就没法得到别人或同事的认可。如此恶性循环，自信消失，自卑如一蚕虫，就会啃光自信的心瓣，从而走向自我封闭，落下人生的败笔。

有心理或生理缺陷者，自尊心很强，心理也很脆弱，最容易犯上自卑心结。

小贴士

据一项调查表明，80%以上的形象不佳、身材矮小、低学历、生理残障者……都不同程度地犯有封闭心理的毛病。身体有缺陷，本身在心理上就有不如别人的悲观心理，而又必须寻找一种理由来保护自己的自尊，那就用自卑的外衣把自己密封起来，就容易成为首要的选择。比如说，让一个口吃患者去演讲，怎么会有信心？

案例赏析

自卑束缚了他的职场发展

【经典回放】　小王是一个性格内向的人。在校期间表现很好，成绩也不错，就是不爱与人交往。跨出校门后，机会很好，到了一家物流公司做了一个负责外联的业务员。这似乎是命运给他开了一个玩笑。与人交往，还未说话脸先红，心里一紧张，不是口吃，就是说错话。日长月久，他心理就郁积了一个症结，见到陌生人就心慌，总怕说错话，越怕说错话就越出错，所有的自信都一扫而光，自卑的影子笼罩了整个心头。最后他向领导主动请示，去做了一名不必与陌生人打交道的电脑操作员。因为他的自我封闭，渐渐地患上了抑郁症，本身好好的前程就这样给毁了。

【画龙点睛】　由上例可见，根除自卑心理，提高自信，是物流客户服务人员职场顺利的基础，更是成功商务交往的前提。

2. 对手过于强大

面对一个成功者，除了自信外，必须还具备征服的欲望。人之所以能由小长大，由弱变强，事实上是在不断征服自己及外界中成长起来的。但有个事实不得不承认，在强大的对手面前，作为弱小方，征服并非一件容易的事，如果交锋时受挫，极易诱发人的自卑心理，消蚀人的自信。

强大的对手一般都有"会当凌绝顶，一览众山小"的傲气。而过于弱小的人，在强大的对手面前，避免不了有高山仰止，喘不过气来的压抑。若初次见面出师不利，势必在心中留下失败的阴影，在事后的人际交往中，失败的恐惧就如影随形，迫使人们走进自卑心理的误区，从而形成交际障碍。

3. 失败的阴影

事实上，自卑的心理虽是人类一种带有共性的普遍现象，但也不是与生俱来就妨碍人的工作和生活的。相反，在很多时候，这是隐藏得很深的，通常的情况会被反复的失败"开发出来"。

4. 心理承受能力差

承受挫折的能力是有强弱之分的，而那些心理承受能力差的人往往又对自己的期望非常高，一旦在交际中屡遭挫折，就会对自己产生怀疑，自卑心态自然就冒了出来，从而带来交际中的心理障碍。

小思考

自卑心态的滋生与成因，除了上述几种外，还有其他类型吗？

（二）解开人际交往中"自卑死结"的钥匙

不妨先在自己身上做个试验。凡有交际心理障碍倾向者，先拣一个不熟悉的环境与人交流，再回到自己的家里，找自己的朋友来交流。交流的内容和诉求可以都是相同的，然后来测定两种场合的交流效果。有理由相信，两种不同环境交流的效果肯定是相反的。也许在前一种条件下的交流会是一团糟，而在后者条件下的交流会很成功。为什么会出现这样一种情况，说到底是一种自卑心理在作怪，怎样用钥匙打开人际交往中的"自卑死结"？

1. 要学会自我解脱

即使有一次交流失败的记录，也不必懊恼或把责任一股脑儿揽到自己账下。可以退一步这样解脱自己，交际本来是双方的事，既然失败，对方也有责任。但对方也许和你一样也是一个不善表达和交流的人。若对方这方面虽很出色，却完全能把握局势而得到成功，说不定对方的心情比自己还糟呢？这样一来，就不会在自责中丧失自信，而后可以冷静地分析失败原因，把握住今后的机遇。

2. 平常多演练

多交朋友，在家多和亲朋好友交流，在校多和老师同学交流，课堂上积极举手发言，班级活动力所能及地参加，不放过任何一个锻炼自己的机会。参加工作后，临阵前要作些必要的操练，不打无准备之战。若要与人进行业务洽谈，在洽谈前要尽量把各项咨询工作做周详点。自己的诉求，对方的心理及性格特征，洽谈中可能发生的事都要先作出应对的准备。这样，就可以增强自信，等于在洽谈中占据了主动。

3. 始终以平常心与人交往

对结果不必期望太高。在商业社会，大部分人际交往都带有功利色彩。若把得失放在第一位，心理包袱必然很沉重，那么在交流中，所想到的总是利益，必然束手束脚，潇洒不起来。若能够以交朋友的心态与人交流，心理就会轻松，言语也自然流畅，效果也会不同。不要忘记，即便是为利益而交往，也是双赢关系，成败与否都关系到彼此的利益。为什么还要那么自卑，那么拘谨呢？

4. 练内功，掌握一定的交际技巧

所谓练内功，就是加强自身修养，多掌握交际知识，心中有"货"，才不心乱。丰富的知识，不但能增强自信，还会帮助自己在人际交往中左右逢源，游刃有余。很多专家（如金正昆教授谈人际交往礼仪）都总结出人际交往中的很多法宝，如幽默、先声夺人、自嘲、循循诱导等。但不管哪个法、哪个宝，都是建立在个人素质的基础上的。自卑，是因为自我太弱小。一个法盲不能跟法官、律师成为知音；一个股盲难与炒股发烧友找到共同的语言；一个连明星名字也说不出一个的人难和追星族探讨"娱乐前线"的最新动态。自身修养不够，底气不足，才是自卑心态作祟的主要原因。

人际交往是社会的一道风景。开放的社会，人们的心扉也要向社会敞开。物竞天择，适者生存，从生物进化论的角度来看，"适"就是适应所处的周围生存环境。既然世界需要交际来促使人类自身进步，改变自身命运，就没有理由把心扉关闭，在失败和自卑的阴影中孤独地走完生命的历程。而应该在现实生活和工作中不断地适应新环境、新朋友、新同事、新客户。在交往中克服自卑心理，在交往中提高自身的能力和水平，才能在工作中立于不败之地。

第2模块　与物流客户交往的礼仪

知识拓展

人际交往的基本礼仪，对从事各行各业的人来说很多是相通的，但因行业不同，其礼仪又有不同的特点。对物流客户服务人员来说，必须掌握好与物流客户交往的基本礼仪。

一、与物流客户交往的基本礼仪

在客户面前，无论装饰得多么漂亮、干练，不管多么光鲜华贵，如果不懂得与客户交往的礼仪，那么客户首先对你留下表里不一、素质较差的印象。一旦留下了不好的印象，双方就很难再进行有效沟通，更不用说达到工作目的了。如何才能争取到每一个客户，不使客户与我们失之交臂，就必须提高和完善自己，完善服务，提高对基本礼仪的认识。

与物流客户交往的基本礼仪主要包括：介绍礼仪、名片使用礼仪、待客礼仪、商务通信礼仪和交谈礼仪等。

（一）介绍礼仪

在与物流客户交往中，物流客户服务人员首先要向客户具体说明自己的情况，即要掌握介绍礼仪。介绍礼仪一般分为三种，即介绍自己、介绍他人、介绍集体。

1. 介绍自己

自我介绍，就是在必要的社交场合，把自己介绍给其他人，以使对方认识自己。恰当的自我介绍，不但能增进他人对自己的了解，而且还能创造出意料之外的商机。

知识小链接

自我介绍"三注意"

第一，先递名片；第二，时间简短；第三，内容完整。

正式的自我介绍，一般应包括四项内容，即单位、部门、职务和姓名。

（1）单位及部门。物流客户服务人员供职的单位及部门，如有可能，最好全部报出，具体工作部门有时可以暂不报出。

（2）姓名。应当一口报出，不可有姓无名，或有名无姓。

（3）职务。报出担任的职务或从事的具体工作：有职务最好报出职务，职务较低或无职务，则可报出目前所从事的具体工作。如这样说："我是杨大鹏，是华中物流公司大客户部经理。"

2. 介绍他人

介绍他人时，最重要的礼仪问题是先后顺序。标准做法为：介绍双方时，先卑后尊。

知识小链接

"尊者优先了解情况" 的规则

在为他人介绍前，先要确定双方地位的尊卑，然后先介绍位卑者，后介绍位尊者。这样，可使位尊者了解位卑者的情况。

根据规则，为他人作介绍时的商务礼仪顺序大致有以下几种：

（1）介绍上级与下级认识时，先介绍下级，后介绍上级；

（2）介绍长辈与晚辈认识时，应先介绍晚辈，后介绍长辈；

（3）介绍年长者与年幼者认识时，应先介绍年幼者，后介绍年长者；

（4）介绍女士与男士认识时，应先介绍男士，后介绍女士；

（5）介绍已婚者与未婚者认识时，应先介绍未婚者，后介绍已婚者；

（6）介绍同事、朋友与家人认识时，应先介绍家人，后介绍同事、朋友；

（7）介绍来宾与主人认识时，应先介绍主人，后介绍来宾；

（8）介绍与会先到与后来者认识时，应先介绍后来者，后介绍先到者。

知识小链接

介绍礼仪与技巧

❀ 在正式场合，介绍时一般用"请允许我向您介绍……"如"王总，请允许我向您介绍一下 A 公司赵经理"。向众人介绍一人时，可以说："请允许我把×××介绍给诸位。"在一般的、非正式场合进行介绍，所用语言应较简单、活泼。

❀ 被介绍的双方在介绍完毕后应相互握手问候，对身份高的人可以说"久仰！"、"久仰大名，认识您很荣幸！"等；对于一般人可以说"认识您很荣幸！"、"很高兴认识您！"；也可在握手时简短地问候一声"你好。"

3. 介绍集体

介绍集体，一般是指被介绍一方或双方不止一人。它实际上是一种特殊的介绍他人的情况。其基本规则是：介绍双方时，先卑后尊。而在介绍其中各自一方时，则应当先尊后卑。

小思考

王敏、李霞两位白领在公司大楼前迎接来宾。一轿车驶到，陈总下车。李霞上前问候道："陈总，您好！"呈上自己的名片。又道："陈总，我叫李霞，是中百物流公司客户部经理，专程前来迎接您。"陈总道谢。王敏上前问道："陈总好！您认识我吧？"陈总点头。王敏又道："那我是谁？"陈总尴尬不堪。

请你判断上述做法的正误。

（二）名片使用礼仪

名片犹如一个人的脸面，是商务人士的重要交际工具。它直接承载着个人信息，担负着保持联系的重任。物流客户服务人员不仅必须备有名片，而且必须随时携带名片。

1. 交换名片的顺序

物流客户服务人员在商务场合往往不止与一人交换名片，而通常是要与多人交换名片。在与多人交换名片时，应讲究先后顺序：或由近而远，或由尊而卑地进行。

位卑者应当首先把名片递给位尊者。若在递交名片时顺序混乱，远近不分，尊卑不分，就会给对方造成不良印象，为进一步交往制造了障碍。

2. 名片的索取

一般而言，索取名片不宜过于直截了当，而应掌握其基本方法。索取名片的方法主要有交易法、激将法、谦恭法和联络法四种。

(1) 交易法

交易法就是想要索取别人的名片时，主动把自己的名片先递给对方。当你把名片递给对方时，对方不回赠名片是失礼行为，所以对方一般会回赠名片给你。

(2) 激将法

激将法是指有时遇到交往的对方的地位身份比自己高，或身为异性，难免有提防之心，把名片递给对方，对方很可能不回赠名片。遇到这种情况，不妨在把名片递给对方的时候，略加诠释，比如："张总，我非常高兴能认识您，不知能不能有幸跟您交换一下名片？"在这种情况下，对方就不至于不回赠名片。即便他不想给，也会找到适当借口让你下台。

(3) 谦恭法

谦恭法是指在索取名片前，稍做铺垫，以便索取名片。如面对一位行业专家时，你可以这样说："认识您，我非常高兴，希望以后有机会能够继续向您请教，不知道以后如何向您请教比较方便？"前面的一席话都是铺垫，只有最后一句话才是真正的目的：索取对方名片。

(4) 联络法

谦恭法一般是对地位高的人适用，但对平辈或晚辈就不太合适了。面对平辈或晚辈时，不妨采取联络法。联络法的标准说法是："认识您，太高兴了，希望以后有机会能跟您保持联络，不知道怎么跟您联络比较方便？"

3. 名片的递交

递交名片，通常应当关注两点：其一，应在见面之初递上名片；其二，递上自己的名片时应郑重其事，此外还要注意以下细节：

(1) 递名片时应起身站立，走上前去，使用双手或者右手，将名片正面对着对方并递给对方。

(2) 若对方是外宾，最好将名片上印有英文的那一面对着对方。

(3) 将名片递给他人时，应说："多多关照"、"常联系"等话语，或者先作一下自我介绍。

知识小链接

递交名片的注意事项

◉ 不要用左手递交名片

◉ 不要将名片背面对着对方或颠倒着面对对方

◉ 不要将名片举得高于胸部

◉ 不要以手指夹着名片给人

4. 名片的接受

接受别人名片时，需要注意四点。对于第三点，尤其需要重视。

（1）他人递交名片给自己时，应起身站立，面带微笑，目视对方。

（2）接受名片时，双手捧接，或以右手接过，而不要只用左手接过。

（3）接过名片后，要从头至尾把名片认真默读一遍，意在表示重视对方。

（4）最后，接过他人名片时，应使用谦词敬语。如"请您多关照"。

小思考

1. A 物流客户服务人员把自己的名片递给一客户，右手从上衣口袋取出名片，两手捏其上角，正面微倾向上。

2. B 物流客户服务人员把自己的名片递给一客户，该客户双手接过，认真默读了一遍，然后说："李经理，很高兴认识您！"

请分析 A、B 物流客户服务人员的行为是否正确？

5. 名片的收存

（1）名片的置放

◆ 参加商务活动时，要随时准备好名片。名片要经过精心的设计，能够艺术地表现自己的身份、品位和公司形象。

◆ 随身所带的名片，最好放在专用的名片包、名片夹里。公文包以及办公桌抽屉里，也应经常备有名片，以便随时使用。

◆ 接过客户的名片看过之后，应将其精心放入自己的名片包、名片夹或上衣口袋内。不可玩弄，乱扔乱放，特别不能放在裤后口袋里，这是对客户最大的不恭。

（2）名片的管理

及时把所收到的名片加以分类整理收藏，以便今后使用方便。不要将它随意夹在书刊、文件中，更不能把它随便地扔在抽屉里面。存放名片要讲究方式方法，做到有条不紊。

知识小链接

名片管理方法

- 按姓名拼音字母分类；
- 按部门、专业分类；
- 按国别、地区分类；
- 按姓名笔画分类；
- 输入手机、电脑等电子设备中，使用其内置的分类方法。

（三）待客礼仪

1. 文明待客

文明待客，主要以主人的语言、举止、态度来体现。

（1）来有迎声

来有迎声，就是要主动热情而友善地与客人打招呼，向对方问候致意。这永远不可或缺。当公司物流客户服务人员在自己的工作岗位上接待来宾时，或面对外来客人时，都要具有强烈的主人翁意识，主动向交往对象打招呼，或问候对方。如"您好，欢迎光临"。这是常规，也是最基本的礼貌常识。

（2）问有答声

问有答声，是指当我们在自己岗位上当班时，面对客人要有问必答，不厌其烦。不提倡在正式场合以及非正式场合与客人谈论那些与自己工作业务不相关的事情，但是当客人向自己提出问题时，应有问必答，不厌其烦。有问必答是一种耐心，是一种教养，也是一种风度。问有答声是文明待客的一种基本表现。

（3）去有送声

去有送声是文明待客时的最后一个环节，做到善始善终。我们既要注意第一印象的美好，也要注意所谓的末轮效应。当客人离去时，不论对方有没有主动与你道别，不论双方洽谈是否成功，都应本着有始有终的态度来考虑。当客人离去时，特别是在场的公司物流客户服务人员都要主动向对方道别、致意。若忽视了这一环节，来有迎声、问有答声的种种规范化表现都会功亏一篑。

小思考

　　一客户来到 A 物流公司，敲门进入一写字间。公司一客户服务人员起身相迎："您好！需要我给您提供什么服务？"该客户服务人员耐心回答提出的问题，不厌其烦。当客户离去时，物流客户服务人员与之道别："再见！"该客户经过前台，前台工作人员也与之道别："请慢走！"

　　请分析该物流公司的相关客户服务人员是否做到了文明待客？

　　2. 礼貌待客

　　礼貌待客，在此具体指的是礼貌用语使用的问题。

　　（1）问候语

　　一般而言，问候语指的是："您好"，有时亦可采用时效性问候。当面对客人时，或路遇客人时，主动问候对方是一种基本的礼貌。不仅对外来的客人如此，当遇到自己的同事、领导和下级的时候也应该如此对待。从更专业的角度而言，在工作岗位上，特别是在窗口接待部门工作时，使用问候礼貌用语最好采用时效性问候，比如"早上好"、"周末好"、"节日好"等。问候对方的时机，应选在打电话并由对方拿起听筒的时候，或者在面对对方的时候。使用时效性问候更显得独具特色和更加专业。

　　（2）请求语

　　求助于人时，一定少不了一个"请"字。需要别人帮助、理解、支持、配合自己的时候，一定要注意这个"请"字是不能少的。加不加"请"字与态度有关，有没有"请"字就与品位、教养画等号了。如告诉对方"请稍候"、"请用餐"，这样就显得非常有礼貌。告诉别人"吃吧"、"等一会儿"，这样的语气，对熟人之间可以，对外人就未必适当了。

　　（3）感谢语

　　得到他人帮助、理解、支持时，必须使用感谢语"谢谢"，当别人帮助我们，理解我们，支持我们，配合我们之后，一定要养成一个主动向对方道谢的习惯。感恩之心常存是做人的一种基本教养。特别要提醒大家注意的是：在某些收费性服务岗位上，尤其需要在收费之后，向对方道谢。道理很简单，客人付费给我们，从某种意义而言，对方就是我们的衣食父母，我们理当感谢客人对我们的支持。

（4）道歉语

打扰、怠慢他人时，需要向对方说"抱歉"或"对不起"。当自己影响了别人，打扰了别人，妨碍了别人，或者给别人添了一些不必要的麻烦之后，应主动向对方道歉或说声"对不起"。需要使用必要的抱歉用语的时候，理当认真地去说，因为"礼多人不怪"，这应是一种基本的礼貌。

（5）道别语

当交往对象告别时，应主动对对方说："再见"、"保重"或"慢走"。道别是接待客人的最后一关，如果忽视了这一关，前面的努力就会大打折扣。与客人告别时，无论谈话是否卓有成效，都要牢记使用道别用语。

问候语"你好"，请求语"请"字，感谢语"谢谢"，抱歉语"对不起"，以及道别语"再见"。这五句基本的礼貌用语，应该是每个物流客户服务人员耳熟能详的，也是在实际接待过程中必须认真熟记和经常使用的。

3. 热情待客

接待来宾时，光有文明与礼貌还远远不够。更重要的是应当表现热情，真心实意。如果只讲礼貌用语，只注意来有迎声，问有答声，去有送声，而缺乏必要的热情，就会给别人以被勉强、被胁迫、不耐烦的感觉。从接待礼仪的角度而言，热情待客有下列三个可操作的环节必须注意，即眼到、口到、意到，此为"热情三到"。

（1）眼到

眼到是指接待来客时，一定要目视对方，注意与对方交流眼神。面对客人时，必须养成双眼正视对方的习惯，不看别人是失礼的行为，敷衍了事地看着别人也是失礼的行为，不用规范化的方法看对方更是失礼的行为。要注意自己看对方的时间长短是否合适，部位是否正确，也要注意自己注视对方的角度是否给别人尊重友善之意，或者对对方进行全方位扫描则是非常失礼的。总之，接待来宾时，一定要目视对方，注意与对方交流眼神。

小贴士

　　心理学实验表明：人们视线相互接触的时间，通常占交往时间的30%～60%。若超过60%，则表示彼此的兴趣可能大于交谈话题的兴趣；低于30%，则表明对对方本人或话题没有兴趣。除关系十分密切的人外，一般连续注视对方的时间应为1~2秒。

知识小链接

目光接触技巧

口诀："生客看大三角、熟客看倒三角、半生不熟看小三角。"

❖ 与不熟悉的客户打招呼时，眼睛要看他面部的大三角：即以肩为底线、头顶为顶点的大三角形。

❖ 与半生不熟的客户打招呼时，眼睛要看他面部的小三角：即以下巴为底线、额头为顶点的小三角形。

❖ 与很熟悉的客户打招呼时，眼睛要看他面部的倒三角形。

（2）口到

待客之语，一定要让对方听清楚，听懂，否则会劳而无功。所谓口到的含义，主要有两个：

◆ 语言上无障碍。口到的第一个含义是语言上无障碍。讲普通话是在接待国内客人时必须注意的一个基本素养。会不会讲普通话，不仅是个人素质问题，而且也是一个单位的服务意识和对外开放的心态问题，所以需要引起个人的高度重视。接待外国客人时，一定要有精通外语的人在场，否则就会出现沟通障碍。

◆ 避免沟通脱节。口到的第二个含义是要求在与客人进行沟通时，避免出现沟通脱节问题，即自己所说的与对方理解的不一样。如果客户到银行交违章罚款，交完罚款后，小姐仍然使用礼貌用语"欢迎再来"，此时客户会做何感想？因此讲任何礼貌用语，都需要因人而异、因时而异，这是非常重要的。

（3）意到

待客时，最佳的表情应当是自然、大方，并且与来客互动。意到就是表情和神态要热情、友善而专注，具体而论，意到有以下几个要求：

◆ 表情、神态自然。通常情况下，表情自然，表示自己见识广，临阵不慌，沉着应对；表情过分严肃，实际上有怯场之嫌，不合适。但是在非常危急的关口、非常重要的关口和突发性事件降临时，则另当别论。

◆ 注意与交往对象进行互动。要注意与交往对象进行互动，即自己的情绪体验应与对方的情绪体验相宜，对方高兴的时候自己不要不高兴，对方不高兴的时候自己也不要高兴，绝对没有必要只以一种表情，比如微笑，以不变应万变。

知识小链接

距离与感觉

人们可能有个共同的体会，就是和初次见面的人面对面谈话，真是一件不好受的事。这是因为两人的视线极易相遇，而导致两人之间的紧张感增加。

❖ 一位企业家谈起与他人交际的经验时说：如果有他不喜欢的人向他借钱，他就会和对方面对面交谈。因为这样谈话，会使对方紧张而不敢乱开口，即使借到，也不敢不还。而借钱不还的，多半都是坐在旁边位置谈话的人。

❖ 与人交谈时坐在旁边的位置，自然就会放松下来。这是因为不必一直注意对方的视线，而只在必要时看他即可。通常，比较重要的见面，都会为了使对方不紧张，并且令对方说出真心话而使用各种办法。其中之一，就是在室内放一盆花，让对方有转移视线的对象。另外，就是坐在对方旁边的位置与之交谈，对于增加打探感很有帮助。

❖ 在人际关系方面，使对方产生亲近感，是给予对方好印象的基本条件。而要满足这项条件，利用"分散效果"，可以说是给对方强烈印象的最好方法了。

❖ 与陌生人交往，要像推销员走访客户那样，在赢得他们的好感之前，先把自己推销出去。

◆ 举止大方。举止应落落大方，不卑不亢。举止大方不仅代表企业良好的管理水平，也代表该客户服务人员的良好素质，使客户对企业留下美好的印象。

（四）商务通信礼仪

随着科技的发展，生活节奏和工作效率的加快，固定电话、移动电话、传真机和电子邮件等成为了现代商务活动的重要通信工具。掌握现代通信工具的基本礼仪和正确的沟通技巧，是现代物流客户服务人员开展商务活动的必修课。商务通信礼仪主要包括固定电话礼仪、手机礼仪、传真礼仪和电子邮件礼仪。

1. 固定电话礼仪

做物流工作，与物流客户的交往，多数时间是见物不见人，电话交流比较频繁，因此，掌握电话交流礼仪以及电话对答艺术就显得尤为重要。电话应对和面对面接触的应对一样，应对的好坏，是给物流客户的第一印象。成败与否，都要掌握第一声。

（1）接电话的礼节

◆ 及时接听电话。上班时间打来的电话几乎都与工作有关。客户来电话，若不马上接听，对方可能会猜测：是不是还没上班？是不是人手不够，没人接电话？这个公司是不是关门了？不管怎样猜测，一个结论是该公司不重视与客户的沟通和联系。

一般应在电话铃响第二声后迅速接听。若电话铃响了四次以上，应说一声："对不起，让您久等了。"

◆ 主动问候，自我介绍。接电话时，首先是问好，通报自己的服务单位和姓名。比如："您好！这里是上海物流公司客户服务中心。我是小张，请问您是哪里？"

接着说："请问您找谁？我能为您做点什么？"

若对方找的不是你，可回答："请稍后"，然后去找人。若找的人不在，应明确告知对方他不在，同时提示对方是否需要帮助。比如："×××不在，请问您贵姓？需要我转告吗？"

◆ 准备纸和笔。一般应在电话机旁备有纸和笔，一旦需要即可方便记录，记录完毕后，将其中的重点再与客户核对一遍，以免遗漏或有误。

◆ 挂断电话。通话完毕，一般应等对方放下话筒后再挂断。切忌不要对方话音未落就挂电话，也不要没致结束语时就挂机。挂断电话时一定要轻，不能"啪"地一声重重挂上，以免使人产生粗鲁无礼之感。

（2）打电话的礼节

案例赏析

最不得体的回答

【经典回放】 张飞是名从事物流运输的司机，与某公司业务员秦某交往颇深，该公司的大部分货物都由张飞运输。张飞本人技术不错，就是平时有点油嘴滑舌，不过也还讨人喜欢。一次，张飞主动打电话到某公司联系业务，不巧秦某告假，是秦某的上司（女）代为值班，电话挂通后，张问："是秦妹妹吧？"对方一听，愣了一下，然后回答道"你的情妹妹不在。"就挂上电话，从此张飞就失去了到该公司运输货物的机会。

【画龙点睛】　　电话交流最大的特点是只闻其声，不见其人，当我们拿起电话的那一刻，最先想到的应该是仔细听，再仔细听！

◆ 选择适当的时间打电话。第一，刚上班时尽量不要给客户打电话。因为一般上班后的第一件事就是考虑、安排当天的工作，在这个时间不太愿意接到电话；第二，最好避开临近下班的时间打电话或不要在用餐的时间打电话；第三，往办公室打电话的最佳时间是 9～17 时；拨打私人电话的恰当时间是 9～12 时，15～21时，尽量避开早上太早、午睡及晚上太晚的时间；第四，不要在上班时长时间打私人电话；第五，给国外通话，一定要注意时差，否则难免出洋相。

◆ 自我介绍。打电话者首先应自报姓名，这是电话礼节中最基本的常识。如"您好，这里是王牌公司吗？我是东方物流公司的张小强"，然后报出所要找的客户姓名。如"请问王小姐在吗？"或"麻烦您找李先生。"若是别人转接，等要找的客户来接时，还需再报一次单位和姓名。如"您好，是王小姐吗？我是东方物流公司的张小强"。若要找的客户不在，切不可"啪"地挂断电话，而应说："谢谢，过会儿我再打来吧！"或"麻烦您转告他回来后给我来个电话，请您记一下，我的电话号码是×××××××。"

◆ 确定对方是否有时间接电话。当你给客户打电话时，可能他们正在忙其他的事情，你需要询问客户此时是否方便接听你的电话，可以在开始之前问对方一下：

"您现在忙吗？我想和您谈几分钟，可以吗？"

"您现在有时间吗？可不可以请教您几个问题？"

"现在给您打电话方便吗？"

◆ 控制通话时间。一般情况下，每一次通话的时间应有意识地加以控制，基本的原则是：以短为佳，宁短勿长。避免煲"电话粥"。

知识小链接

通话"三分钟原则"

即打电话时，打电话者应当自觉地、有意识地将每次通话的长度限定在 3 分钟之内，尽量不要超过。否则你说得津津有味、其乐无穷，对方可能已很不耐烦，恨不得早点挂机。

◆ 正确应对不同的情况：第一，没人接听时不要匆忙挂断；第二，慎用免提键；第三，出现线路中断时，要由打电话者重拨，接电话者应静待一两分钟后再离开。重拨越早越好，接通后可以说："对不起，刚才线路出了点毛病。"

案例赏析

固定电话免提键不要乱用

【经典回放】　某物流公司客户服务部王经理正在用电话接待一位客户的投诉，为了使两位新来的下属了解如何接待投诉的客户，王经理使用了免提键，并且礼貌地告诉了对方，不一会儿，营销部门的孙经理正好经过这里，此时客户正在向王经理抱怨营销部门的工作如何不到位，还扬言要向总经理投诉。这时，孙经理实在忍不住了，直接通过这部电话的免提键来解释事情的来龙去脉。

【画龙点睛】　对于一些比较保密的或隐私的事情，以及在公共场所打电话时，使用免提键之前要慎重考虑，以防失礼或制造一些新的矛盾。

2. 手机礼仪

手机的出现使得人们之间的联系更加便捷。但若在使用时不注意礼仪，就会干扰别人，给他人带来不方便。

手机使用时应遵循以下一些礼仪规范：

（1）手机接听

手机铃响了之后应尽快接听，以免影响周围的人们。手机接听时首先报姓名，以迅速确定接听对象。

手机铃响了，如果你正在和别人交谈，那么要接听手机则需先声明："对不起，我先接个电话"，以示尊重。

（2）手机使用

◆ 不要在公共场所，如医院、影剧院、图书馆、音乐厅等，大张旗鼓地打电话。

◆ 不允许在聚会期间，如大会会场、上课课堂等场合使用通信工具，从而分散他人注意力。应将手机设置成振动状态或暂时关机。若有重要来电必须接听时，应迅速离开现场，再开始与对方谈话。

◆ 驾驶汽车时，不要使用手机通话，以防止车祸。

（3）手机放置的位置

手机应放在适当位置。既要方便使用，又要合乎礼仪。放置手机的常规位置有二：

◆ 置于随身携带的公交包内或手袋中；

◆ 放在上衣口袋之内。

不要在不使用手机时将其握在手里。

3. 传真礼仪

传真机因其方便快捷，在现代社会生活和现代物流商务活动中使用越来越多。人们对待传真应像对待其他通信工具一样，要讲究一定的礼仪。

（1）书写传真礼仪

传真文件也是一种普遍认可的文书形式，书写时应做到简明扼要，文明有礼。

◆ 正式的传真必须有封面，封面页一般较为正式。发急件时应在封面页注明，如不注明急件，就容易被耽误。其上注明传送者与接收者双方的公司名称、人员姓名、日期、总页数等，如此接收者可以一目了然。

◆ 书写传真件中的内容时，应简洁明了，且有礼貌。传真件必须用写信的格式，如称呼、签字、敬语等均不可少，尤其是信尾签字必不可少。

（2）发送传真礼仪

◆ 在发传真之前，应先打电话通知对方，以防止自己的传真落在别人手里或因找不到收件人而被丢入垃圾箱。

◆ 传真机有自动和手动两种方式。自动传真机不需要人工操作，在拨通传真电话后，几声正常的电话回音后，就会自动出"嘀"的长音或是语音提示，此后就可以开始传真文件；手动传真机需接听者给出传真开始的信号，在听到"嘀"的长音后再开始传真文件。

4. 电子邮件（E-mail）礼仪

电子邮件因其方便快捷，通信信息量大，费用低廉，使用者越来越多，特别是国际间通信交流和大信息量交流更是优势明显。随着互联网和电子邮件在物流领域的普及应用。电子邮件礼仪已成为物流商务礼仪的一部分，并且对于客户关系成败的影响日益显著。

（1）书写发送电子邮件礼仪

简单明了的邮件可以免去你再打电话、发传真去向客户解释邮件内容的时间。

如何写好一封简单明了的电子邮件呢？

◆ 电子邮件写信的内容和格式应与平常书信一样，称呼、敬语不可少，签名以打字代替即可。

◆ 要尽可能不使邮件携带计算机病毒。因此，在发送电子邮件前务必要用杀毒程序杀毒，以免不小心把带有病毒的邮件发给对方。

◆ 提前通知收件人。尽量在发邮件之前得到对方的允许或至少让他知道有邮件过来，确认你的邮件对他有价值，防止收件人把你的邮件作为垃圾邮件处理。

◆ 写邮件时最好在主题栏写明主题，以便让收件人一看就知道来信的要旨。

◆ 最好不要将正文栏空白，只发附件。这样不仅不礼貌，还容易被收件人当作垃圾邮件处理掉。

（2）接收电子邮件

◆ 接收电子邮件时安全问题很重要。电子邮件是计算机病毒的重要传染源和感染病毒的重要渠道。在接收电子邮件时如遇到来历不明邮件必须慎重，有时宁可损失一些信息也要果断删除一些可能含有病毒的不明邮件，以防止自己的计算机感染病毒。

◆ 电子邮箱的容量是有限的，要定期及时清理收件箱、发件箱以空出邮箱空间。

◆ 电子邮件的异地接收功能，使你不论在何时何地，只要上互联网，打开自己的电子邮箱空间就可以接收电子邮件。因此，可将常用资料放入自己的邮箱备份，出差在外时如有需要就可打开邮箱，从中拷贝使用，非常方便和安全。

（五）交谈礼仪

孔子在《论语》中说"言之不文，行之不远"，说明谈话一定要符合一定的礼仪规范。

交谈，从问候寒暄开始，始终包括说和听两个方面。无论是说还是听，都要合理地运用眼神与注视。此外，一次合理的交谈，还须注意选择话题，要选择与物流有关的话题。对谈话内容进行修饰，力求使交谈过程生动活泼、轻松愉快。在听与说的关系上，听比说更重要。只有听与说互相配合，才能达到交谈中的理想效果。

1. 如何用心交谈

◆ 说话的魅力在于真诚，而不在于说得滔滔不绝。当你用得体的语言表达真诚的时候，你就赢得了物流客户的信任，就与物流客户建立起了信赖关系。反之如果只是嘴上说，而没有诚意，就会让物流客户觉得不可信任和依赖。

◆ 正确、简洁而有条理地向物流客户介绍，用你所学的专业知识说服物流客户。

◆ 发音清楚，让物流客户清楚你的意思。

◆ 要插入适当的称赞词，但不必拍马屁，不要说伤害物流客户自尊心的话。

◆ 常用礼貌用语，使物流客户在交谈中心情愉快，感觉受到了充分的尊重。

2. 交谈的要领

◆ 要以能给对方好感，能让对方理解、明白的心情来说话。

◆ 站在对方的立场，说些理解物流客户，关心物流客户的话。只顾到单方面的谈话，会令人厌恶，要尊敬对方，探求对方感兴趣的事。

◆ 说话时态度要和蔼可亲，不卑不亢，说些客套话，说话谨慎，不信口开河，否则会丧失信用，损坏公司形象。

◆ 掌握物流方面的专业用语和专业知识。同客户交谈时，让对方觉得自己的业务能力强，有问必答，让物流客户产生信任感。

◆ 说话时经常面带笑容。无论是谁，都认为笑容比生气的面孔好看。有时，有些敏感的问题不宜直接回答时，不用吞吞吐吐，可以选用笑容轻轻掩过。接待物流客户的秘诀就是笑容，不要暴露内心的不安、不快或烦躁，令人可喜的表情能给物流客户留下良好的印象。

◆ 同三人以上谈话时，不能只和一个人谈，而冷落他人；也不能只和女客户谈，而冷落了男客户；所谈之事，不便让更多人知道时，则应另找谈话机会。

◆ 交谈进程中还要擅于聆听。只是单方面的说话，是无法打动对方的心的。要抓住对方的心，就要专心聆听对方说的话，一边聆听，一边看看对方的脸，不必东张西望。认真倾听，关心对方所说的内容，要随声附和地表示赞同，但不要打断对方的话，即使有话想说，也要等对方说话告一段落为止。如果对方的意思相反，也要一度认同对方的观点后，再提出自己的意见，认真倾听，让物流客户感到你的真诚。

知识小链接

交谈四忌

◈ 不打断对方，做一个真正有教养的人。

◈ 不补充对方，否则就有显得自己比对方懂得多之嫌。

◈ 不纠正对方，若不是原则问题，就没有必要对客户说的话随便进行是非判断。

    ❂ 不质疑对方，否则会使双方的谈话失去信任的基础。

二、与物流客户交往的自我影响力的建立

与物流客户交往并建立自我影响力，主要取决于个人魅力，或者说是人格魅力。

个人魅力主要是在人际交往中体现出来的令人喜欢、愉快的能力及品质。个人魅力同样也是生产力，作为一名物流客户服务人员，发挥好个人魅力可以提高自己的业务能力。

物流客户服务人员个人魅力主要体现在两个方面：一个是基于个人的，我们称之为人格魅力；另一个是基于工作方式和技能的，我们称之为业务能力魅力。对物流客户服务人员而言，二者缺一不可，具体表现在：客户服务人员自身品德素养、敬业精神、职业忠诚度、对专业知识的掌握程度、个人谈吐与工作方法技巧的利用、行业及同事之间专业权威的树立、对物流客户的吸引力等。怎样才能树立好自己的个人魅力，并在与物流客户交往中树立影响力呢？

（一）个人素养的打造

"严于律己，宽以待人。"打造个人品德素养，努力学习，掌握更多的专业知识与技巧，并用自己的行为去影响、感染周围的人，包括客户。以自己的品德作为自己的职业素养，这是打造个人魅力的基础。

（二）适当地表现自己，建立个人影响力

就是个人如何从积极的角度去影响他人，从而在影响别人的过程中提升个人影响力。这些可以通过把握机会，在平时日常工作中树立自己的影响力。例如，有效的会议发言、日常工作总结、业余时间个人才艺的展示等，这些都是打造个人魅力的有效途径。

（三）树立个人的处世风格

要注意谈吐与处世方法，在日常工作、生活当中，特别是与物流客户交往的过程中，言谈举止要表现出与众不同的特有风度。在日常事务处理上要讲究工作方法、技巧，表现出一名工作人员特有的干练、泼辣与稳重，这是打造个人魅力，建立自我影响力的关键所在。

（四）树立专业形象与行业权威

与物流客户交往的过程中，注意总结经验与标准的建立，多出案例与工作标准，在领导、同事面前能发表个人见解等，逐渐树立自己在同事当中与行业间的

影响力，这样可以使个人魅力得到有效升华。

（五）让他们（领导、同事和物流客户）感受到自身的重要

人是感情动物，有强烈的自尊心，都希望得到别人的重视与尊重，你的行为要让领导、同事和物流客户感受到你的存在与作用。这样才能得到对方的承认与认可，才能最终实现提升个人魅力，建立自我影响力的作用。

个人魅力彰显一个人的工作能力，但个人魅力的提高，个人影响力的建立并非一日之功，要靠长期不懈的努力，只有在工作中不断总结，不断尝试，不断借鉴，不断创新，不断积累，才会达到期冀的高度。

案例赏析

如何扩大个人影响力

【经典回放】　王亮毕业于一所职业学校的计算机专业，毕业后应聘到了一家物流公司，当了一名物流信息管理员。公司老板精明强干，很是清高，总是把下属当作听差的，好像下属根本没有判断力，下属对他敬而远之。他们常常在微机室里，诉说对老板的不满。

王亮虽是一名新手，对老板的专制并非视而不见，但他不指责，反而更尽力去补救。当老板的专断对下属造成更大的困扰时，他会劝说同事们忍耐，不与老板发生冲突，不给公司造成损失。

工作中，王亮"天然的"（因为是新手）被当成"听差的"，但他总是努力工作。他做事总会出乎老板的预料之外，在汇报工作时，他会给出自己的分析，并提出建议。

有一天，当王亮以物流公司网络信息管理负责人身份和老板坐在一起时，老板说："我很早就在观察你，你虽来公司时间不长，但你做得比前辈还要好，你不但给我汇报了需要了解的物流信息，还提供了额外的信息。你很是让我放心。"

不久，公司开会时，所有的中层管理人员都被命令"去做这个"、"去做那个"，只有王亮例外。王亮得到的是："你的意见如何？"他的影响扩大了。这件事在公司内部引起了不小的轰动。由于王亮个人的不懈努力，他在人群中的影响圈也一点一点扩大，到最后，公司里一般采取的重大决定，都会去征求他的意见，包括老板在内。很快，他成了这家公司的副总裁。

【画龙点睛】 同时参加工作的同班同学又成了同事，为什么工作一段时间后，有人出类拔萃，脱颖而出；有人却默默无闻，甘居中游。究其原因，前者无非是工作认真负责，就像青岛啤酒厂的总裁当初洗瓶子就比别人洗得干净一样。不但能认真完成分内的任务，还能为团体利益而提出一些合理化建议，因而在领导和同事们面前不断扩大了个人影响力。后者则要么是工作不敬业，要么是对同事看不惯，对领导不满，而觉得自己是"怀才不遇"。

知识小链接

职场 28 招令你刮目相看

❀ 长相不令人讨厌，如果长得不好，就让自己有才气；如果才气也没有，那就总是微笑。

❀ 气质是关键。如果时尚学不好，宁愿淳朴。

❀ 与人握手时，可多握一会儿。真诚是宝。

❀ 不必什么都用"我"做主语。

❀ 不要向朋友借钱。

❀ 不要"逼"客户看你的家庭相册。

❀ 与人打"的"时，请抢先坐在司机旁。

❀ 坚持在背后说别人好话，别担心这好话传不到当事人耳朵里。

❀ 有人在你面前说某人坏话时，你只微笑。

❀ 自己开小车，不要特地停下来和一个骑自行车的同事打招呼。人家会以为你在炫耀。

❀ 同事生病时，去探望他。很自然地坐在他病床上，回家再认真洗手。

❀ 不要把过往的事全让人知道。

❀ 尊敬不喜欢的人。

❀ 对事不对人；或对事无情，对人要有情；或做人第一，做事其次。

❀ 自我批评总能让人相信，自我表扬则不然。

❀ 没有什么东西比围观者们更能提高你的保龄球成绩了。所以，平常不要吝惜你的喝彩声。

❀ 不要把别人的好，视为理所当然。要知道感恩。

● 榕树上的"八哥"在讲话，可只讲不听，结果乱成一团。要学会聆听。

● 尊重传达室里的师傅及搞卫生的阿姨。

● 说话的时候记得常用"我们"开头。

● 为每一位上台唱歌的人鼓掌。

● 有时要明知故问：你的钻戒很贵吧！有时，即使想问也不能问，比如：你多大了？

● 话多必失，人多的场合少说话。

● 把未出口的"不"改成："这需要时间"、"我尽力"、"我不确定"、"当我决定后，会给你打电话"。

● 不要期望所有人都喜欢你，那是不可能的，让大多数人喜欢就是成功的表现。

● 当然，自己要喜欢自己。

● 如果你在表演或是讲演的时候，只要有一个人在听也要用心地继续下去，即使没有人喝彩也要演，因为这是你成功的道路，是你成功的摇篮，你不是要看的人成功，而是要你自己成功。

● 有好东西吃的时候不要吃独食，主动告诉朋友或同事你了解的好资讯，有好事情的时候要能想到别人。

◀ 本单元小结 ▶

本单元从人际交往的基本礼仪入手，介绍了物流客户服务人员应了解和掌握的基本礼仪，如个人的仪表、服饰、言谈、仪态举止等。与物流客户交往是这些礼仪在实际工作中的具体应用，有更接近本专业实际的具体内容，如介绍礼仪、名片使用礼仪、待客礼仪、商务通信礼仪、交谈礼仪等。物流客户服务新手并非人人都能得心应手，有很多人都不同程度地存在交际障碍，要仔细分析"自卑"心理产生的原因，才能解开人际交往中的"自卑死结"。同时应在工作岗位上，与物流客户的交往中，慢慢建立自我影响力，使领导、同事以及物流客户觉得你存在的重要性。

关键词集成

礼仪 是人类为维护社会正常生活而要求人们共同遵守的最起码道德规范，它是人们在长期共同生活和相互交往中逐渐形成，并以风俗习惯和传统等方式固定下来的。

仪容 是指人的容貌，由发式、面容以及人体所有未被服饰遮掩的肌肤造型构成。

仪表 是指人的容颜，是一个人精神面貌的外在体现。

自卑心态 是由于缺乏自信，或在成长过程中受到某种挫折，缺乏心理承受能力的一种态度。也是近似本源的一种人的天性，人人都会有，只不过程度不同。

考 点 自 测

1. 单项选择题

（1）仪表包括人的容貌，是一个人的 （　　） 的外在体现。

    A. 容貌　　　　　B. 举止　　　　　C. 服饰　　　　　D. 精神面貌

（2）自我介绍的原则是简明扼要，一般以 （　　） 为宜。

    A. 半分钟　　　　B. 1 分钟　　　　C. 2 分钟　　　　D. 3 分钟

（3）电话通话时，因在电话中不知对方是否正在忙碌，故说话要简明，一般电话交谈时间以不超过 （　　） 为宜。

    A. 2 分钟　　　　B. 3 分钟　　　　C. 4 分钟　　　　D. 5 分钟

（4）与物流客户在交谈过程中要善于 （　　）。

    A. 插话　　　　　B. 恭维　　　　　C. 聆听　　　　　D. 辩解

（5）在与物流客户交谈时，因对方的意思相反而发生争执时应该 （　　）。

    A. 据理力争

    B. 提高讲话的音量

    C. 找同事或领导助阵

    D. 一度认同对方的观点后，再提出自己的意见

2. 多项选择题

（1）礼仪是一个人 （　　） 的外在表现。

    A. 思想　　　　　B. 道德水平　　　　C. 文化修养　　　　D. 交际能力

(2) 与物流客户联系打电话之前，要确认对方（　　）等情况。

　　A. 公司名称　　　　B. 部门　　　　　　C. 姓名　　　　　　D. 年龄

(3) 引领客户有技巧，当客户走在走廊中央时，你应在（　　）。

　　A. 后左侧　　　　　B. 后右侧　　　　　C. 前左侧　　　　　D. 前右侧

(4) 与物流客户交往作自我介绍时要注意（　　）三要素。

　　A. 姓名　　　　　　B. 单位　　　　　　C. 职务　　　　　　D. 特长

(5) 接受客户名片时应该（　　）。

　　A. 微微欠身　　　　B. 右手接受　　　　C. 双手接受　　　　D. 仔细阅读

3. 判断题（正确的打"√"，错误的打"×"）。

(1) 重视开展礼仪教育是道德实践的重要内容。（　　）

(2) 着装是指服装的穿着，就是穿衣。（　　）

(3) 自卑的心态只有少数个别人才有。（　　）

(4) 与物流客户打电话时可以抽烟或吃零食，因为对方看不见。（　　）

(5) 个人魅力就是指人长得漂亮，衣着光鲜。（　　）

4. 简答题

(1) 人际交往的礼仪有哪些？

(2) 有礼貌的握手顺序是怎样的？

(3) 解开人际交往中的"自卑死结"的方法有哪些？

(4) 与物流客户交往的基本礼仪有哪些？

(5) 怎样在物流客户的交往中建立自己的影响力？

案例综合分析

案例1

读懂小动作

　　去别人家做客，当主人的话可多可少，甚至经常劝你喝茶或提议看电视时，你就该告辞了。人总是在感到无话可说时，才提醒别人做一些无关紧要的事。再待下去，你可能就不受欢迎了。

　　正在对上司汇报工作，他的眼睛没有专注地看着你，或他的手指不经意地在桌上叩几下，很可能他已对你的汇报不满意了。如果你进去时，他的脚正在桌子下无聊地晃动，你说话间，他的脚忽然停止摇动，那他已对你的话产生了浓厚的兴趣。

和一个新近认识的客户谈话时，他的双手总是在不经意间抱在胸前，那表明他还是对你有所防备的，所以，在让他相信你以前，最好还是谨慎为之。

在酒桌上，一个向你频频敬酒的人，不是有求于你，就是对你有敌意，所以，你还是尽快弄清，究竟自己属于前者还是后者。若是前者，就赶快把话题引开或者答应他；若是后者，你就要装作喝醉了。

一个人向你发出了邀请，你兴致勃勃地落实邀请时，他忽然顾左右而言他。其实，他的邀请不过是顺口一说，你就不要追究下去了，除非你想让他讨厌。

发现你的失误没有告诉你，比告诉你要可怕得多，特别是两个人处于竞争的工作状态时。

一个面对你总是夸夸其谈的人并不是骄傲，他的内心恰好与他夸夸其谈的外表相反，是一个极度自卑的人。他的夸夸其谈，不过是用来掩饰内心的自卑罢了。

案例2

用"四招"建立自信

你敢说自己是第一吗？如果你是一个渴望成功的人，并且意识到以个性为中心是成功的基础，你就会回答：我是第一。

你一定要相信自己就是第一。一个连自己都不相信的人，能指望别人相信吗？鼓舞你的人，恰恰是你自己。

那么，怎样才能建立起自信心呢？

1. 坐在最前排

你是否注意到，在报告厅或教室的聚会中，后面的座位是怎么先被坐满的吗？大部分占据后排座位的人，都希望自己不会"太显眼"，而他们怕引人注目的原因，一定程度上就是缺乏信心。

坐在前面能建立信心。把它当作一个规则试试看，从现在开始，就尽量往前坐。当然，坐前面会比较显眼，但要记住：有关成功的一切，都是显眼的。

2. 走路速度加快25%

当安东尼·罗宾还是少年时，到镇中心去是很大的乐趣。在办完差事，坐进汽车后，母亲常常会对他说："大卫，我们坐一会儿，看看过路行人？"

母亲是位绝妙的观察行家，她会说："看那个家伙，你认为他正受到什么困扰呢?"或者:"你认为那边的女士要去做什么呢?"或者:"看看那个人,他似乎有点迷茫。"

观察人们走路,实在是一种乐趣。这比看电影便宜得多,也更有启发性。许多心理学家将懒散的姿势、缓慢的步伐,跟对自己、对工作以及对别人不愉快的感受联系在一起。但是,安东尼·罗宾告诉我们,借着改变姿势与速度,可以改变心理状态。

你若仔细观察就会发现,身体的动作是心灵活动的结果。那些遭受打击并被排斥的人,走路拖拖拉拉,完全没有表现出自信心。

普通人有普通人走路的模样,作出"我并不怎么以自己为荣"的表白。另一种人表现出超凡的信心,走起路来比一般人快,像跑。他们的步伐告诉整个世界:"我要去一个重要的地方,去做很重要的事情;更重要的是,我会在15分钟内成功。"

使用这种"走快25%的技术",抬头挺胸走快一点,你会感到自信心在滋长。

3. 练习正视别人

一个人的眼神,可以透露出许多信息。某人不正视你的时候,你会直觉地问自己:"他想要隐藏什么呢?他怕什么呢?他会对我不利吗?"不正视别人通常意味着:在你旁边,我感到很自卑;我感到不如你;我怕你。躲避别人的眼神意味着:我有罪恶感;我做了什么不希望你知道的事;我怕接触你的眼神,你会看穿我。这都是一些不好的信息。

正视别人等于告诉他:我很诚实,而且光明正大;我告诉你的话是真的,毫不心虚。

要让你的眼睛为你工作,就是要让你的眼神专注别人,这不但能给你信心,也能为你赢得别人的信任。

4. 主动当众发言

有很多思路敏捷、天资高的人,却无法发挥长处,参与讨论。并不是他们不想参与,而只是因为缺少信心。从积极的角度来看,如果尽量发言,就会增加信心,下次也更容易发言。所以,要多发言,这是信心的"维生素"。不论参加什么性质的会议,每次都要主动发言,也许是评论,也许是建议或提问题,都不要有例外,并且不要最后才发言。

要做"破冰船",第一个打破沉默。

【问题分析】

(1) 人们在交往过程中,往往有一些不经意的小动作,无声语言也叫身体语言,有声语言也会有言外之意,阅读此案例,你受到了哪些启示?

（2）你也许性格内向，有时也很自卑，但建立自信的方法很多。物流客户服务人员可根据自己的实际，在平时的生活、学习、工作中进行训练，不断总结，从而找出更适合自己建立自信心的方法。请你回顾一下，案例2介绍了哪四招？

实训巩固

与不同客户交往的模拟训练

【实训目的】

1. 巩固所学的人际交往基本礼仪；
2. 学生在老师指导下扮演不同角色；
3. 人际交往基本礼仪的实际运用。

【实训内容】

人际交往中基本礼仪的实际运用。

【实训准备】

1. 预习基本礼仪的内容。
2. 必要的道具，如沙发、杯子、开水瓶、扑克牌（用作名片）、电话机（座机）、手机等。
3. 在老师的指导下分组，物流客户服务人员组、物流客户组、评审组。

【实训步骤】

1. 由物流客户服务人员扮演接待人员，接待不同的物流客户，如运输、仓储、包装、配送、装卸、搬运等各类客户。
2. 从敲门到入座、敬茶、交谈、交换名片、送客等实际内容。
3. 电话交谈、打接电话的基本要求。

【实训总结】

1. 根据实训存在的问题进行点评。
2. 对实训效果好的组给予肯定或表彰。

【实训评估】

按组别：1. 纪律得分

2. 记录得分

3. 道具得分

4. 知识掌握得分

5. 扮演角色得分

▶ 心理测试

1. 检测你的逆商

逆商（Adversity Intelligence Quotient，AQ），即逆境商数，是指面对逆境或挫折时，人所产生的不同反应及由此释放的应对逆境的能力。情商、智商的概念人们早已熟知，而逆商却是一个陌生的新概念。美国著名学者、白宫知名商业顾问保罗·史托兹，在全球数十位著名科学家研究成果的基础上，提出了逆商的概念。他认为顺境需要 EQ，逆境需要 AQ。应对逆境的能力，最能体现一个人的生命价值。

（1）这是一个平常的周末，你正在家中休息。突然间接到一通电话，得知你的一位亲人被紧急送往医院，你必须前去照顾他（她），这时候你会？

A. 觉得完全无法应付这种状况

B. 尽力而为，但是期望事情早日结束

C. 有充沛的精力去应付这种状况

（2）有朋友邀请你去参加他们的假日野营，你会怎样的答复？

A. 拒绝，因为你比较喜欢过一种自己习惯的假日

B. 参加，假日没有更好的事情可以做

C. 高兴参加，并且将其他约会取消

（3）假如医生宣布你只剩下 6 个月的生命了，你会？

A. 争分夺秒寻访各地名医，力图挽回自己的生命

B. 花时间把后事安顿妥当，让你的家人和朋友做好心理准备

C. 尽量去做一些你一直想做的事情

（4）当有轻微头痛时，你会？

A. 立即上床睡觉

B. 吃一些止痛药，跟平常一样做事

C. 不去管它，状态跟平常一样

（5）当你遇到严重麻烦时，你是否想到过自杀？

    A. 经常会想   B. 偶尔想过   C. 从未想过

（6）你已经存够钱准备买房子，忽然听说有一处房子优惠出售，但你还没有足够的钱购置家具，这时候你会？

    A. 暂时不买房子，直到能够有钱买沙发

    B. 先买房搬进去，住空房子，等到有钱时再买家具

    C. 想其他办法添置或者翻新一些必要的家具

（7）在怎样的情况下，你会感到焦虑？

    A. 任何情况下   B. 预感到麻烦时   C. 在麻烦找上门的时候

（8）下列哪种情况最像你？

    A. 我有点纸上谈兵，在需要采取行动时总是犹豫不决

    B. 当我不得不作出决定时，先是犹豫不决，随后会采取行动

    C. 我比较喜欢主动采取行动，不喜欢呆坐着空想

（9）如果家里不幸失窃，你首先会？

    A. 感到震惊和痛心

    B. 十分生气，很快报警以捉拿窃贼

    C. 立即打电话给你投保的保险公司

（10）夜里突然停电了，你会作何反应？

    A. 上床去，直到停电结束

    B. 后悔没有事先做好准备

    C. 使用事先准备好的蜡烛

（11）在徒步旅行感到劳累后，你还可以走多远才停下来？

    A. 一步也走不动

    B. 几里路

    C. 按照原计划，尽可能完成既定行程

（12）你最怕自己出现何种情况？

    A. 精神崩溃

    B. 失去全部的存款和工作

    C. 失去家人和朋友

（13）当急需一大笔钱时，你会？

    A. 如果能借到，就去向朋友借钱

    B. 取出大部分存款

    C. 动脑筋尽快想出赚钱的方法

（14）下列哪句话对你来说是真实的？

　　A. 我对生活的态度是顺其自然

　　B. 我为生活制订了有弹性的计划，如果遇到好的机会，会马上加以更改

　　C. 我对生活的每件事情，几乎全都计划好了，并且贯彻始终

（15）下列这些情况，你最不能忍受的是哪一种？

　　A. 身体上的疼痛

　　B. 社会的非难

　　C. 沮丧

测试结果：A：0分；B：2分；C：4分。

总分41～60分：你的AQ足够高，不会因为两三次失败就气馁，具备了面对任何困难的能力。

总分21～40分：你的AQ属于中等水平。你很老练、能干，但如果遇到困难，随时会想着退回来。总是这样不管冒什么风险，你都没有成功的可能。

总分20分以下：你的AQ能力差。人生的宗旨是随遇而安，安全第一，遇到困难就会变得不知所措。

2. 测试你的自卑感

自卑感是一种激励因素，对个人和社会均有利，并能导致个性改善。但是沉重的自卑感可以使人垮掉，使人心灰意懒、无所事事。我们设法找到自己自卑感产生的原因，具体分析对待，并努力克服，就显得尤为重要了。

下面这个测试是帮助你找到自卑感产生的原因而设置的。请你在每题三个选项中选择一个最适合你的。

（1）你的身高与周围的人相比如何？

　　A. 相当低　　　　B. 差不多　　　　　　C. 高

（2）早上照镜子后，第一个念头是什么？

　　A. 再漂亮点就好了

　　B. 要仔细打扮

　　C. 满不在乎，毫不在意

（3）看到你最近拍摄的相片有何感想？

　　A. 不称心　　　B. 很好　　　　　　　C. 还可以

（4）再让你选一次性别，你将怎样选择？

　　A. 换一种性别　　B. 现在的性别　　　　C. 无所谓

（5）你是否想到过5年、10年后有什么极为不安的事？

　　A. 常有　　　　B. 没有　　　　　　　C. 偶尔有

(6) 你受周围的人欢迎吗？

    A. 受   B. 不受   C. 不太清楚

(7) 你被朋友起过绰号、挖苦过吗？

    A. 常有   B. 没有   C. 偶尔有

(8) 老师把批改后的考卷发下来，同学们要看，怎么办？

    A. 把打分的地方藏起来，不让他们看

    B. 让他们去看

    C. 不让他们去看

(9) 体育活动后，有过自己反正不行的想法吗？

    A. 有   B. 没有   C. 偶尔有

(10) 你有过在某件事上，毫不亚于他人的想法吗？

    A. 一两件   B. 从来没有   C. 不是特别之事，毫不在意

(11) 碰到寂寞和讨厌之事怎么办？

    A. 陷入烦恼   B. 忘却   C. 向朋友和家人诉说

(12) 被异性称为"不知趣的人"或"蠢东西"，你怎么办？

    A. 我会回敬他（她）"笨蛋，没教养！"

    B. 心中感到不好受

    C. 不在乎

(13) 如果听到有人说你朋友的坏话，你会怎样？

    A. 断然否认

    B. 心里担心会不会是真的

    C. 不管闲事，认为别人的事我不管

(14) 你暗恋的人喜欢上别人，怎么办？

    A. 灰心丧气   B. 向对手挑战   C. 毫不在乎，一切如常

(15) 如果你在一门功课上不管怎么努力都输给了对手，你将怎么办？

    A. 继续努力，争取超过

    B. 只好认为自己不行

    C. 让其他学科超过他

测试结果：A：**1分**，B：**2分**，C：**3分**。

总分28分以下的结论：你在做事情之前就断定自己不行，不清楚你所焦虑的事情的本来面貌，搞清楚的话就会恍然大悟，你的自卑感主要是由于你的无知所致。

总分28分以上的结论：你有过分追求、理想过大的缺点，你不满足现状，想出人头地，导致你去追求不切实际的幻想，也可以说，你与周围的人计较长短胜负，过于追求虚荣，反而陷入自卑而不能自拔。

参 考 文 献

［1］李浪．消费心理学［M］．长春：吉林文史出版社，2006．

［2］程越敏．物流营销实务［M］．北京：高等教育出版社，2007．

［3］董千里．物流市场营销学［M］．北京：电子工业出版社，2005．

［4］蒋长兵．现代物流管理案例集［M］．北京：中国物资出版社，2005．

［5］博瑞森营销培训讲师组．直销员客户心理与应对策略训练［M］．北京：中华工商联合出版社，2006．

［6］孙汗青．谁是你的客户［M］．北京：电子工业出版社，2008．

［7］赵一萍．物流客户服务［M］．北京：中国物资出版社，2006．

［8］方光罗．市场营销概论［M］．沈阳：东北财经大学出版社，2002．

［9］陈子秋．客户经理培训方案精选［M］．广州：广东经济出版社，2005．

［10］范爱明，王智．与顾客交往的 69 个禁忌［M］．北京：机械工业出版社，2008．

［11］现代物流管理课题组．物流客户管理［M］．实操版．广州：广东经济出版社，2007．

［12］陈冠任．中国各地商人性格特征调查报告［M］．北京：当代中国出版社，2002．

［13］乔顺．赢商：注定成为赢家的 10 项指标［M］．北京：北京邮电大学出版社，2007．

［14］魏雪．现代市场营销沟通［M］．北京：电子工业出版社，2005．

［15］金正昆．商务礼仪［M］．北京：北京大学出版社，2004．